华信经管创新系列

Economic Law

经济法教程

刘传辉　刘　敏　主　编

李阳梅　杨熙玲　副主编

電子工業出版社

Publishing House of Electronics Industry

北京·BEIJING

内 容 简 介

《经济法教程》是为适应我国高等学校非法律类专业学生学习和掌握经济法的实际需要，以实用为原则，依据相关理论和我国最新颁布的主要经济法律法规编写而成。《经济法教程》共十七章，包括绪论、个人独资企业法与合伙企业法、公司法、企业破产法、合同法、工业产权法、市场秩序法、产品质量法与消费者权益保护法、票据法、税收法律制度、会计法、对外贸易法、劳动法、证券法、信托法、保险法、金融法等法律制度。全书体系完整、重点突出、编排及内容新颖，注重案例教学及背景知识的扩展，具有很强的实用性。

图书在版编目 (CIP) 数据

经济法教程 / 刘传辉，刘敏主编. —北京：电子工业出版社，2017.7
(华信经管创新系列)
ISBN 978-7-121-30188-9

I. ①经… II. ①刘… ②刘… III. ①经济法－中国－高等学校－教材 IV. ①D922.29

中国版本图书馆 CIP 数据核字(2016)第 255643 号

策划编辑：王赫男
责任编辑：王赫男
印　　刷：北京嘉恒彩色印刷有限责任公司
装　　订：北京嘉恒彩色印刷有限责任公司
出版发行：电子工业出版社
　　　　　北京市海淀区万寿路 173 信箱　　邮编：100036
开　　本：787×1092　1/16　印张：16.75　字数：425 千字
版　　次：2017 年 7 月第 1 版
印　　次：2017 年 7 月第 1 次印刷
定　　价：33.00 元

凡所购买电子工业出版社图书有缺损问题，请向购买书店调换。若书店售缺，请与本社发行部联系，联系及邮购电话：(010) 88254888，88258888。

质量投诉请发邮件至 zlts@phei.com.cn，盗版侵权举报请发邮件至 dbqq@phei.com.cn。

本书咨询联系方式：wanghenan@phei.com.cn。

前言

市场经济是法治经济，在建设社会主义市场经济体制的过程中，需要大量的复合性人才，尤其是既懂经济又懂法律的经营管理人才。经济法是高等学校经济学、管理学等专业学生的一门重要的专业基础课。与其他课程相比，经济法具有以下几个显著特点：一是经济法的内容广泛而丰富，因而教材内容也涉及极广；二是经济法更新速度快，因而教材的内容也在不断地补充和修改；三是经济法的理论性强、实际操作性强，因而要注重实践能力的培养。针对以上特点，本教材做到规范与灵活相结合，理论与实践相结合。

本教材根据应用型高等院校教育的特点，依据我国最新颁布的经济法规编写而成，全书特色鲜明，在介绍应用型院校经管类本科生的专业基础知识后进行适当延伸，编写时以够用为原则加以取舍，突出重要知识点，并且使用了大量的案例，每章后安排了练习题，以扩充学生的知识面，强化对理论知识的掌握和运用，提高学生分析问题和解决问题的能力。

本书由西华大学刘传辉老师、四川大学锦城学院刘敏老师担任主编，四川大学锦城学院李阳梅、杨熙玲老师担任副主编。全书的基本思路和编写大纲由刘传辉提出和统筹，初稿写出后进行了修改、统稿和审定，并撰写了大部分章节，刘敏、李阳梅和杨熙玲撰写了相关章节，并对教材中的案例进行了梳理和校对。本书编写过程中借鉴了其他同行的教学研究成果，在此谨向他们致以敬意。其中，特别感谢山东云天学院院长助理冯建立老师给予的大力支持。

由于水平所限，教材中可能存在疏漏之处，敬请读者、专家批评指正，提供宝贵修改意见。

编　者

2017 年 6 月

目 录

第一章　绪　　论

重点掌握内容

1. 经济法的概念、经济法调整的对象
2. 经济法律关系的概念、经济法律关系的构成要素
3. 代理
4. 法律责任、经济纠纷的解决途径

案例导学

甲公司为日用化学品有限公司，在一次进出口商品交易会上，与香港 A 公司达成其定点生产 26 万瓶“美丽俏佳人”品牌化妆品协议，由香港 A 公司提供生产原料和“美丽俏佳人”品牌商标标识。甲公司不知“美丽俏佳人”商标为乙化妆品有限公司同类商品的注册商标，致使仿冒的“美丽俏佳人”牌化妆品涌入市场。由于甲公司生产的化妆品使用后产生较大的副作用，不少用户要求退货、赔偿，致使乙公司的国内、国外销售情况受到影响，经济损失严重。乙公司弄清原委后，向工商管理机关进行了举报，要求工商管理机关查处甲公司和 A 公司的仿冒行为；同时向法院提起诉讼，要求两公司共同承担侵权责任。而甲公司则辩称：其生产的“美丽俏佳人”品牌化妆品系按 A 公司委托定点生产，不是故意仿原告的“美丽俏佳人”商标，不应承担侵权责任。其间，甲公司一直生产“碧玉之兔”品牌清洁剂，质优价廉，深受广大用户欢迎。丙公司也生产清洁剂，在得知甲公司的“碧玉之兔”商标尚未注册后，丙公司便向国家商标局申请注册了“碧玉之兔”商标，其生产的清洁剂销路大为好转。后甲公司以该品牌为其首创并使用为由，要求丙公司停止使用该商标，但丙公司认为自己享有商标专用权，甲公司应停止使用。

思考：

1. 以上案例是否属于经济法律关系？如果是，有哪些经济法律关系？
2. 案例中谁是经济法律关系主体？为哪一类主体？
3. 各经济法律关系受哪些法律调整？
4. 乙公司能否要求甲公司承担侵权责任？为什么？

5. 工商管理机关可以对甲公司进行处罚吗？若可以，其处罚方式有哪些？
6. “美丽俏佳人”商标争议应如何处理？
7. 该案的审理对经济法律关系的影响是什么？

第一节　经济法概述

一、经济法的概念和调整对象

“经济法”这一概念起源于法国，但作为部门法开始研究则始于德国。从经济法产生的社会经济背景考察，西方国家的经济法是在自由资本主义向垄断资本主义过渡的过程中，国家为应对经济发展中所出现的垄断、市场失灵和经济危机等问题而越来越多地采取国家干预措施的背景下产生和发展起来的。在我国，经济法是在改革开放和加强经济法制的背景下逐步兴起，并随着社会主义市场经济体制的不断完善而不断丰富和发展的。

经济法是调整国家在管理和协调经济运行过程中所发生的法律关系的法律规范的总称。

经济法调整的对象是国家需要干预的特定经济关系。根据这一定义，经济法调整的对象具体包括：

(1) 市场主体调控关系，即国家在对市场主体的活动进行管理以及市场主体在自身运行过程中所发生的经济关系。

(2) 市场运行调控关系，即国家为了建立市场经济秩序，维护国家、经营者和消费者的合法权益而干预市场所发生的经济关系。

(3) 宏观经济调控关系，即国家从长远和社会公共利益出发，对关系国计民生的重大经济因素实行全局性管理过程中所发生的经济关系。

(4) 社会分配调控关系，即国家在国民收入进行初次分配和再分配过程中所发生的经济关系。

二、经济法的渊源

经济法的渊源是指经济法律规范借以存在和表现的形式，它主要表现在各国家机关根据其权限范围所制定的各种规范性文件之中。经济法的渊源有以下七个方面。

(一) 宪法

宪法是国家的根本大法，由全国人民代表大会制定，具有最高的法律效力，是经济法的基本渊源，是经济立法的基础。经济法以宪法为渊源，主要是从中汲取有关国家经济制度的精神和基本规范，例如：“中华人民共和国的社会主义经济制度的基础是生产资料的社会主义公有制，即全民所有制和劳动群众集体所有制”；“国家实行社会主义市场经济。国家加强经济立法，完善宏观调控”；“国有企业在国家法律规定的范围内有权自主经营”；“中华人民共和国公民有依照法律纳税的义务”等。

（二）法律

法律是由全国人民代表大会及其常务委员会制定的规范性法律文件，其地位和效力仅次于宪法，是经济法的主要渊源，它规定的多是基本经济关系。以法律形式表现的经济法律规范是经济法的主体和核心组成部分。经济法律例如：《公司法》、《个人独资企业法》、《合伙企业法》、《破产法》、《政府采购法》、《证券法》、《税收征收管理法》、《价格法》、《中国人民银行法》、《土地管理法》等。

（三）法规

法规包括行政法规和地方法规，其效力次于宪法和法律。行政法规是国务院为执行法律规定和履行宪法规定的行政管理职权而制定的规范性法律文件。地方性法规是省、自治区、直辖市以及较大的市的人民代表大会及其常务委员会根据本行政区域的具体情况和实际需要，在不同宪法、法律、行政法规相抵触的前提下制定的规范性法律文件。经济特区所在地的市的人民代表大会及其常务委员会也可以根据全国人民代表大会的授权制定法规，并在经济特区范围内实施。经济法大量以法规的形式存在，法规是经济法的重要渊源。经济行政法规例如：《公司登记条例》、《企业财务会计报告条例》、《反倾销条例》、《外汇管理条例》等。地方性法规的种类和数量很多，在此不一一列举。

（四）规章

规章包括国务院部门规章和地方政府规章。部门规章是指国务院各部门、委员会、中国人民银行、审计署和具有行政管理职能的直属机构，根据法律和国务院的行政法规、决定、命令，在本部门的权限范围内制定的规章。地方政府规章是指省、自治区、直辖市和较大的市的人民政府根据法律、行政法规和本省、自治区、直辖市的地方性法规制定的规章。规章是法律、行政法规的补充，对正确适用和执行法律、行政法规具有重要意义。部门规章例如：财政部颁布的《会计从业资格管理办法》、《代理记账管理办法》；中国人民银行颁布的《贷款规则》；证监会颁布的《证券公司管理办法》等。地方政府规章的种类和数量繁多，在此不一一列举。

（五）民族自治地方的自治条例和单行条例以及特别行政区的法律

民族自治地方的自治条例和单行条例是指民族自治地方的人民代表大会依照当地民族的政治、经济和文化特点，依法制定的自治条例和单行条例。民族自治地方的自治条例和单行条例可以依据当地民族的特点，对法律和行政法规的某些规定作出变通规定，但不得违背法律和行政法规的基本原则。特别行政区的法律是指特别行政区基本法、依法予以保留的特别行政区原有法律和特别行政区立法机关依法制定的法律。民族自治地方的自治条例和单行条例以及特别行政区的法律，也是经济法的渊源之一，主要适用于民族自治地方或特别行政区。

（六）司法解释

司法解释是指最高人民法院在总结审判实践经验的基础上发布的指导性文件

和法律解释。司法解释也是经济法的渊源之一，例如：最高人民法院颁布的《关于适用〈中华人民共和国合同法〉若干问题的解释》、《关于审理票据纠纷案件若干问题的规定》等。

（七）国际条约、协定

国际条约、协定是指我国作为国际法主体缔结或参加国际条约、双边或多边协定及其他具有条约、协定性质的文件。国际条约、协定在我国生效后，对我国国家机关、公民、法人或其他组织就具有法律上的约束力，因此，其也是经济法的渊源之一。

第二节 经济法律关系

法律调整人的行为和社会关系。法律关系即是社会关系被法律规范确认和调整之后所形成的权利和义务关系。经济法律关系是指社会经济关系被经济法律规范确认和调整之后所形成的由国家强制力保障实施的权利和义务关系。

一、经济法律关系的构成要素

经济法律关系的要素是指构成经济法律关系的必要条件，由主体、内容、客体三个要素构成，三者缺一不可。

（一）经济法律关系的主体

经济法律关系的主体是指参与经济法律关系、依法独立享有经济权利和承担经济义务的当事人。享有经济权利的当事人叫经济权利主体，承担经济义务的当事人叫经济义务主体。经济法律关系的主体资格是由国家法律规定并赋予的。现阶段，具备经济法律关系主体资格的组织和个人主要有以下几种。

1. 国家机关

国家机关是经济法律关系中的重要主体。国家机关包括国家权力机关、国家行政机关、国家司法机关等。国家权力机关主要是通过制定经济法律法规并监督其贯彻实施来实现国家组织与管理经济的职能。国家行政机关，特别是具有经济管理职能的行政机关，主要是作为经济管理主体出现在经济法律关系中，通过制定方针、政策、规章、制度等管理与协调各项经济活动。在某些情况下，国家机关或国家作为整体也可以作为经济实施主体参加经济法律关系，例如，国家对外签订政府贷款或担保合同，对内对外发行债券，政府出让土地使用权，作为股东投资设立企业等。

2. 企业

企业是依法设立的，以盈利为目的从事生产、流通和服务等经营活动的经济组织，包括各类法人企业和非法人企业。企业是经济法律关系最重要的主体。企业在经济法律关系中主要作为实施主体出现，但个别依法具有经济管理职能的特殊企业或公司，如中国长江三峡工程开发总公司等，也是经济管理主体。企业内部组织，如分公司、分厂、车间等分支机构或生产单位，虽无独立法律人格，但在一定条件下也是经济法律关系的主体。例如，其根据经济法律规定与企业订立承包或租赁合同时，分公司或分店作为纳税人时，便具有经济法律关系主体的地位。

《民法通则》第37条规定，我国法人必须具备的基本条件有四条：第一，依法成立。指法人必须符合法律规定和依法定程序才能成立。法人资格不是自封的，也不是生而有之的“天赋人权”，而是由法律赋予的。法人成立的合法包括实体合法和程序合法。法定程序也是国家法律对法人资格的确认过程。第二，有必要的财产和经费。这是法人以自己的名义进行民间活动并对其行为后果独立承担责任的物质基础。这种财产或经费首先必须是独立的，其次必须具有一定的数额规模。财产可以是实物或者货币，也可是其他权利。经费主要指国家预算拨款。第三，有自己的名称、组织机构和场所。法人名称是法人区别于其他法人的标志。法人组织机构是法人对内管理事务，对外代表法人进行民事活动的常设机关。法人场所是法人进行业务活动的地方。第四，能独立承担民事责任。指具有承担民事责任的独立能力。这是与法人需拥有的独立支配的财产相联系的。法人作为独立的民事体，对自己从事各项活动的后果，必须能以自己的财产独立承担民事责任。法人的设立人、成员以及工作人员对此不承担连带责任。能否独立承担民事责任是法人区别于非法人组织的一个关键特征。

3. 事业单位

事业单位是由国家财政拨款或其他资金来源设立的，不以盈利为目的从事文化、教育、科研、卫生等事业的单位。事业单位主要以经济实施主体的身份参加经济法律关系，但在根据法律授权或行政机关委托实施经济管理职责时，是以经济管理主体的身份参加经济法律关系的。

4. 社会团体

社会团体是由公民或组织依法自愿组成的社会组织，包括党团组织、工会、妇联、行业协会、学术团体等。当前，一些社会团体作为“第三部门”参加经济法律关系，在促进经济发展、维护正常经济秩序、完善市场经济功能方面发挥了独特的作用。

5. 个体工商户、农村承包经营户

个体工商户是指公民个人在法律允许的范围内，依法经核准登记，以盈利为目的从事工商业经营的个体经济。个体工商户可以起字号。农村承包经营户是指农村集体经济组织的成员，在法律允许的范围内，按照承包合同从事商品经营的形式。他们以“户”的名义参与经济法律关系。

6. 公民

公民可以依法从事各种生产经营活动和服务工作，同社会各方面发生经济关系，成为经济法律关系的主体。

案例

案情：某石料厂向当地工商管理部门申请开办环球建材公司，经批准后石料厂派出本厂副厂长为该公司负责人，并进行了登记，领取了营业执照。开业前后，石料厂实际没有投入资金。环球建材公司与外单位签订了许多合同，收取对方预付款周转资金。经营不到两年就因困难难以清偿债务而歇业。许多债权单位起诉，要求环球建材公司承担经济责任。

问题：

1）环球建材公司能否成为经济法律关系的主体？为什么？

2）石料厂应当承担环球建材公司的债务吗？

分析：

1）环球建材公司不应当承担经济责任。因为该公司虽经登记，获得营业执照，但由于其缺乏必要且独立的财产，不具备法人资格，不能作为经济法律关系的主体从事经营活动，也就不能独立承担经济合同纠纷的法律后果。

2）石料厂应当承担环球建材公司的债务。因为环球建材公司是石料厂申请开办的，系法人的分支机构，该公司和工作人员的行为后果应当由作为经济法律关系主体的法人承担。即环球建材公司的有关合同债务应当由石料厂承担。

（二）经济法律关系的内容

经济法律关系的内容是指经济法律关系主体依法享有的经济权利和承担的经济义务。它是经济法律关系的核心，直接体现了经济法律关系主体的利益和要求。

1. 经济权利

经济权利是经济法律关系主体依法能够作为或不作为以及要求他人作为或不作为的资格。我国法律赋予经济法律关系主体的经济权利极其广泛，主要有以下五种。

⑴经济职权，指国家机关及其工作人员在执行经济管理职能时依法享有的权利。经济职权具有隶属性质，国家机关及其工作人员依法行使经济职权时，其他经济法主体均应服从。经济职权对国家机关及其工作人员既是权利又是义务，不得随意转让或放弃。

⑵财产所有权和他物权，指财产所有人依法对自己所有的财产享有的占有、使用、收益和处分的权利。财产所有权的占有、使用、收益和处分四项权利可以在一定条件下与财产所有人分离，即形成各种他物权。

⑶法人财产权，指企业法人对企业所有者投资所设企业的全部财产在经营中所享有的占有、使用、收益和处分的权利。确立企业法人财产权，对于明确我国国有企业或公司中作为出资者的国家与企业法人之间的权责关系，具有重要的经济和法律意义。

⑷债权，指根据合同约定或法律规定，在当事人之间产生的特定的权利。债权是一种请求权，其义务主体是特定的。

⑸知识产权，是智力成果的创造人依法享有的权利的总称，包括专利权、商标权、著作权、非专利技术等。

2. 经济义务

经济义务是经济法律关系主体根据法律规定必须履行的某种经济责任，表现为经济法律关系的主体必须作出一定的行为或被禁止作出一定的行为。经济义务具有以下含义：

⑴义务主体必须作出或不作出一定行为，以满足权利主体的利益需求；

⑵义务主体只承担法定范围内的义务，超过法定范围，义务主体不受限制；

⑶义务主体如果不依法履行经济义务，则应承担相应的法律义务。

在经济法律关系中，经济法主体享有一定权利，必须以其他经济法主体承担一定的义务为前提，没有对应义务主体，权利主体的权利便缺乏保障。同时，经济权利和经济义务具有对等性，没有无权利的义务，也没有无义务的权利。权利和义务是统一的，不允许只享有权利不承担义务，也不能只承担义务不享有权利。

(三) 经济法律关系的客体

经济法律关系的客体是指经济法律关系的主体享有的经济权利和承担的经济义务所指向的对象。根据我国经济法律规范的规定，经济法律关系的客体包括物、经济行为和非物质财富。

1. 物

物是指能够为人们控制和支配、具有一定经济价值并以物质形态表现出来的物品。物包括自然存在的物品和人类劳动生产的产品，以及固定充当一般等价物的货币和有价证券等。从法律的角度看，物可以作多种划分，例如：特定物和种类物、主物和从物、动产和不动产、流通物和限制流通物、有形物和无形物等。

2. 经济行为

经济行为是指经济法主体为达到一定经济目的，实现其权利和义务所进行的经济活动，包括经济管理行为、完成工作行为和提供劳务行为等。

(1) 经济管理行为是指经济法律关系主体为行使经济管理权或经营管理权所从事的行为，例如经济决策行为、经济命令行为、审查批准行为、监督检查行为等。

(2) 完成工作行为是指作为经济法律关系主体的一方当事人利用自己的资金和技术设备为另一方当事人完成一定工作任务，而对方根据完成工作的数量和质量支付一定报酬的行为。

(3) 提供劳务行为是指作为经济法律关系主体的一方当事人利用自己的劳动和设施为另一方当事人提供一定服务的行为，如货物运输、仓储保管等。

3. 非物质财富

非物质财富也称为精神财富或精神产品，包括智力成果、道德产品和经济信息等。

(1) 智力成果是指经济法主体从事智力劳动所取得的成果，如科学发明、技术成果、艺术创作成果、学术论著等。

(2) 智力成果本身不直接表现为物质财富，但可以转化为物质财富。智力成果作为经济法律关系的客体，其法律表现形式主要有商标、发明、实用新型、外观设计、专有技术、文学、艺术和科学作品等。

(3) 道德产品是指人们在各种社会活动中取得的非物质化的道德价值，如荣誉称号、嘉奖表彰等，它们是公民、法人荣誉权的客体。经济信息是指反映社会经济活动发生、变化等情况的各种消息、数据、情报和资料等。

此外，在现实经济生活中权利也可以成为经济法律关系的客体，例如，土地使用权在土地出让和转让法律关系中就是这个法律关系的客体。

二、经济法律关系的发生、变更和终止

经济法律关系的发生、变更和终止要求具备三个条件：一是法律规范，即经济法律关系发生、变更和终止的法律依据；二是经济法律关系的主体，即权利义务的实际承担者；

三是有法律事实出现。法律事实是指由法律规范所确定的、能够直接引起法律关系发生、变更或终止的情况。法律规范和法律主体只是法律关系产生的前提，法律事实则是法律关系产生的具体条件，只有当法律规范规定的法律事实发生时，才会引起法律关系的发生、变更或终止。法律事实是法律关系发生、变更和终止的直接原因。

根据是否以人们的意志为转移作为标准，法律事实可以分为两大类：法律事件和法律行为。

（一）法律事件

法律事件是指不以法律关系主体的主观意志为转移的能够引起法律关系发生、变更和终止的现象，包括自然现象和社会现象两种。自然现象如自然灾害；社会现象如战争、社会动乱等，社会现象虽然与某些人的主观意志有关，但对经济法律关系主体来说，却是无法避免和克服的事件。

（二）法律行为

法律行为是指以法律关系主体意志为转移，能够引起法律关系发生、变更和终止的人们有意识的活动。法律行为是最普遍的法律事实，按行为的性质可分为合法行为和违法行为。合法行为是指经济法主体符合法律法规规定的行为，如签订合同。违法行为是指经济法主体违反法律法规规定的行为，如偷税行为。

第三节　代理

一、代理的概念及特征

法律行为通常是由行为人亲自进行的，但是法律也允许某些法律行为可以由他人代为办理。代理是指代理人在代理权限内，以被代理人的名义与第三人实施法律行为，由此产生的法律后果直接由被代理人承担的法律制度。代理具有以下三个特征。

（一）代理人必须以被代理人的名义实施法律行为

代理人的任务就是代替被代理人进行法律行为，而这种法律关系的主体是被代理人。不以被代理人的名义而以自己的名义代替他人实施法律行为不属于代理行为，不能产生代理的法律后果。如行纪、寄售等受托处分财产的行为就不是代理行为。

（二）代理人在代理权限内独立地向第三人进行意思表示

代理行为属于法律行为，代理人在代理权限内有权根据情况独立地进行判断并直接向第三人进行意思表示，以实现代理目的。非独立进行意思表示的行为不属于代理，如传递信息、居间行为等。

（三）代理的法律后果直接由被代理人承担

虽然代理行为是在代理人与被代理人之间进行的，但行为的目的是为了实现被代理人的利益，因此其产生的权利义务等法律后果应当由被代理人承担。这使代理行为与无效代理行为、冒名欺诈等行为区别开来。

代表与代理不同，代表所做的行为即等于被代表人的行为，而代理人所为的行为仍为代理人的行为，不过其法律后果归属于被代理人。例如，公司的法定代表人对外进行民事活动，就是代表公司而不是代理公司。

代理适用于民事主体之间设立、变更和终止权利义务的法律行为。依照法律规定或按照当事人的约定，应当由本人实施的民事法律行为不得代理，如遗嘱、婚姻登记、收养子女等。否则，应当认定为无效。

二、代理的种类

依照代理权的产生根据的不同，代理可以分为委托代理、法定代理和指定代理。

(一) 委托代理

委托代理是指基于被代理人委托授权而产生的代理，也称授权代理或意定代理。被代理人授权的意思表示属于单方法律行为，仅凭被代理人一方的意思表示即发生授权效力。被代理人有权随时撤销其委任，代理人也有权随时辞去其受任，但不能使被代理人和善意第三人因此蒙受损失，否则应承担赔偿责任。委托代理有如下特点：①代理人以作出意思表示为职能；②代理人得以被代理人的名义进行活动；③代理行为的法律效果直接归属于被代理人。

(二) 法定代理

法定代理是指基于法律的直接规定而产生的代理。法定代理通常适用于被代理人是无行为能力人或限制行为能力人的情况。如夫妻一方失去行为能力，另一方即为他的法定代理人。

(三) 指定代理

指定代理是指根据人民法院或有权机关的指定而产生的代理。指定代理适用于被代理人既无委托代理人，又无法定代理人而又有特定事项需要代理人代理的情况。

三、代理权的行使

(一) 代理权行使的一般要求

委托代理人应当按照被代理人的委托授权行使代理权；法定代理人应当依照法律规定行使代理权；指定代理人应当按照人民法院或者指定单位的指定行使代理权。代理人行使代理权必须符合被代理人的利益，并做到勤勉尽职、审慎周到，不得与他人恶意串通损害被代理人的利益，也不得利用代理权谋取私利。

(二) 滥用代理权的禁止

常见的滥用代理权的情形有：

(1)代理人以被代理人的名义与自己进行民事活动；

(2)代理双方当事人进行同一民事活动；

(3)代理人与第三人恶意串通，损害被代理人的利益。

法律禁止滥用代理权。代理人滥用代理权的，其代理行为无效，给被代理人及他人造成损失的，应当承担赔偿责任。代理人与第三人恶意串通损害被代理人利益的，由代理人和第三人承担连带责任。

案例

案情：王立生是某单位后勤处的负责人，其亲戚家的一头牛得了传染病，且使其他 15 头牛全部被传染，王立生利便用职权之便以该单位食堂的名义买下其亲戚家中 16 头病牛，随后又找人将该 16 头病牛全部杀掉，并把牛皮送其亲戚，牛肉运回本单位食堂，其亲戚送给他 1000 元作为酬谢。由于牛肉感染病毒，本单位职工食用后发生 9 人中毒，食堂只好将剩余的牛肉倒掉，造成经济损失 20 000 余元。有人将此事向单位反映后，单位责令王立生追回牛肉款。王立生表示，牛肉是其亲戚的，他是代理单位购买牛肉，发生损失应当由单位负责，与其个人没有关系。其所在单位遂起诉至区人民法院，要求王立生及其亲戚归还牛肉款。

问题：本案中法院应当如何判决？

分析：本案所涉及的是代理行为无效的问题。我国《民法通则》第六十六条第三款规定："代理人和被代理人串通，损害被代理人利益的，由代理人和第三人负连带责任。"由此可见，构成无效代理必须符合三个要件：一是代理人和第三人有主观上损害被代理人的故意，即恶意通谋；二是代理人和第三人客观上都实施了损害被代理人利益的共同行为，并且实际上也给被代理人造成了损害；三是代理人与第三人恶意串通与被代理人利益受到损害之间有因果关系，以上要件缺一不可。本案中，王立生作为单位后勤处的负责人，明知买下这 16 头病牛会给单位造成很大的经济损失，但仍然与其亲戚通谋，具备了主观上损害本单位利益的故意。在客观上，牛肉被本单位的职工食用后不仅造成了食物中毒，而且给本单位造成的直接经济损失达 20 000 元，损害实际发生。在因果关系上，该单位的经济损失正是由于王立生及其亲戚的恶意串通将病牛卖给该单位食堂而直接造成的。因此，王立生的行为虽然在形式上是代理该单位的行为，但根据《民法通则》第六十六条第三款的规定，在本质上是一种无效的代理行为，因而王立生应与其亲戚对该单位的损失负连带赔偿责任。

(三)无权代理

无权代理是指没有代理权而以他人名义进行的代理行为。无权代理有三种形式：没有代理权而实施的代理；超越代理权而实施的代理；代理权终止后实施的代理。在无权代理的情况下，只有经过被代理人的追认，被代理人才承担民事责任。对未经追认的行为，由行为人承担民事责任，但在下列情形下除外：

(1)被代理人知道他人以本人名义实施民事行为而不作否认表示的视为同意，应由被代理人承担民事责任；

(2)委托代理人为了维护被代理人的利益，在紧急情况下实施的超越代理权的民事行为，可以认定为有效；

(3)无权代理人的代理行为客观上使善意相对人有理由相信其有代理权，被代理人应当承担代理行为的法律后果。这种情况在法学理论上称为"表见代理"。

表见代理的情形有：①被代理人对第三人表示已将代理权授予他人而实际并未授权；②被代理人将某种有代理权的证明文件（如盖有公章的空白介绍信，空白合同文本、合同专用章等）交给他人，他人以这种文件使第三人相信其有代理权并与之进行法律行为；③代理授权不明；④代理人违反被代理人的意思或者超越代理权，第三人无过失地相信其有代理权而与之进行法律行为；⑤代理关系终止后未采取必要措施而使第三人仍然相信行为人有代理权，并与之进行法律行为。表见代理的被代理人之所以要承担民事责任，主要是为了保护善意无过失第三人的利益。第三人知道行为人没有代理权还与行为人实施民事行为给他人造成损害的，由第三人和行为人负连带责任。

第四节　经济仲裁与诉讼

一、经济纠纷的解决途径

经济纠纷又称为经济争议，指的是经济法律关系的主体在经济管理和经济活动中所发生的争议纠纷。在现实生活中经济纠纷大量存在，表现形式多种多样，不仅影响着当事人的正常生产经营活动，使其在经济上蒙受损失，而且还会使国家、社会利益受到巨大影响。因此，为了保护当事人的合法权益，维护国家、社会经济秩序，必须通过有效手段，及时化解出现的经济矛盾、经济纠纷。

（一）协商

协商是经济纠纷发生后，当事人双方在互谅互让、自愿协商的基础上一方或各自作出一定的让步，在双方都能接受的情况下达成和解协议而使矛盾纠纷顺利解决的一种方式。

以协商的方式解决经济纠纷，一是可以及时解决经济争议，自愿协商基础上的沟通交流有利于双方化解矛盾，避免产生长期怨恨，从而有利于继续合作；二是协商解决程序简单，成本低，可防止损失继续扩大。

（二）调解

经济纠纷发生后，当事人如果不愿意协商解决或者协商未果，可以由第三方站在中立的位置上从中斡旋以解决经济矛盾，此为调解。

在现实生活中，经济纠纷的调解具体表现为：由当事人双方共同认可的第三方从中斡旋调解；一方当事人向消费者协会投诉，由消费者协会主持调解；由一方当事人向有关行政管理机关申诉，由行政机关进行调解；在仲裁过程中，由仲裁委员会在作出裁决前进行调解；人民法院在审理民事和经济纠纷案件中所进行的调解。仲裁委员会和人民法院调解达成协议的，如果生效即具有法律效力，当事人如果不执行，可以依法强制执行。

（三）向行政机关投诉或申诉

《消费者权益保护法》、《产品质量法》、《反不正当竞争法》、《广告法》等多部法律都赋予经济法律关系的当事人发生经济纠纷或者合法权益受到侵害时，可以依据法律法规的规定，向行政主管部门进行反映、投诉的权利。行政主管机关接到投诉应依法作出行政处理，以维护当事人的合法权益。

公民、法人或者其他经济组织对行政机关作出的行政许可、行政处罚、行政强制等具体行政行为不服而引起的行政争议，可以依照法定的条件和程序向作出该具体行政行为的行政机关的上一级机关或者法定机关提出申请，从而由受理申请的行政机关对该具体行政行为进行复查并作出复议决定。

（四）仲裁

仲裁是指经济法律关系的各方当事人依照事先约定或事后达成的书面仲裁协议，将双方发生争议的事项，提交仲裁机构并由其对争议作出具有法律约束力的裁决的一种活动。

仲裁委员会受理仲裁申请后，应当依照法定要求组成仲裁庭。仲裁庭作出裁决前，可以先行调解。调解不成的，应当及时作出裁决。调解书和裁决书具有同等法律效力。如果当事人一方不履行裁决的，另一方当事人可以依照法律规定向人民法院申请执行。

（五）诉讼

诉讼是指人民法院依照法律规定，在当事人和其他诉讼参与人的参与下，通过审判程序解决纠纷的活动。

根据《中华人民共和国民事诉讼法》的相关规定，当事人提起诉讼必须符合以下条件：原告是与本案有直接利害关系的公民、法人和其他组织；有明确的被告；有具体的诉讼请求和事实、理由；属于人民法院受案范围和受诉人民法院管辖；当事人没有约定仲裁协议；当事人没有就同一事实、同一诉讼标的向法院重复起诉。

二、经济仲裁

（一）仲裁法概述

仲裁又称公断，“仲”为居中，“裁”是裁判。仲裁，是指纠纷当事人自愿选择或同意由一定机构对争议作出判断和裁决的制度。这是一种有效的和重要的解决经济纠纷的途径。

作为解决平等主体的公民之间、法人之间的财产关系、人身关系争议的重要方式，仲裁具有如下要件：①双方当事人自愿选择仲裁方式解决争议；②解决争议的仲裁机构是当事人选择的；③为解决争议作出的裁决对当事人具有约束力。

我国的经济仲裁机构和仲裁规则产生于20世纪80年代初期。涉外仲裁和国内仲裁是各自独立的体系。1994年8月31日，第八届全国人大九次会议通过了《中华人民共和国仲裁法》（以下简称《仲裁法》），自1995年9月1日起实施。2009年 8月27日第十一届全国人大常委会作了修订。这对建立统一、协调和健全的中国仲裁法律制度，并使之逐步实现现代化和国际化，具有重要意义。

（二）仲裁基本原则

1. 自愿原则

《仲裁法》第四条规定：“当事人采用仲裁方式解决纠纷，应当双方自愿，达成仲裁协议。没有仲裁协议，一方申请仲裁的，仲裁委员会不予受理。”这一原则充分体现了仲裁是双方当事人的选择和自愿。当事人自愿原则是仲裁制度的核心。这种自愿主要表现在以下几方面。

(1) 当事人有自由选择用仲裁或诉讼解决争议的权力。按照《仲裁法》的规定，当事人采用仲裁方式解决纠纷，应当双方自愿，达成仲裁协议。没有仲裁协议，一方申请仲裁的，仲裁委员会不予受理；一旦双方达成仲裁协议，一方再向人民法院起诉，人民法院不予受理。

(2) 当事人有自由选择仲裁的权利，仲裁不实行级别管辖和地域管辖，以保障其实现意思的自治的权利。

(3) 当事人可以自愿约定仲裁庭，由三名或一名仲裁员组成。

(4) 在仲裁过程中，当事人可以自愿达成和解协议，可以自愿请求仲裁庭调解，也可以自愿撤回仲裁申请。

2. 平等原则

《仲裁法》第二条规定：“平等主体的公民、法人和其他组织之间发生的合同纠纷和其他财产权益纠纷，可以仲裁。”这是我国民法理论在《仲裁法》上的充分体现。条文规定了任何当事人在仲裁活动中的地位是完全平等的，仲裁机关在进行仲裁时给予双方的权利义务也应依据同一部法律或法规规定，不能搞双重标准。

3. 独立仲裁原则

《仲裁法》明确规定：仲裁依法独立进行，不受行政机关、社会团体和个人的干涉。仲裁委员会独立于行政机关，与行政机关没有隶属关系。仲裁委员会之间也没有隶属关系，这一规定显示出仲裁制度最大的独立性，作为公断的仲裁，应居于居中位置，公正、公平、公开地仲裁决案件，以维护仲裁制度的严肃性。

4. 一裁终局原则

《仲裁法》第九条规定：仲裁实行一裁终局的制度。因为仲裁机构与仲裁人员均系当事人自愿选择，故仲裁对维护当事人权益有明确保障，客观上可采取一裁终局制。另外，一裁终局可以使当事人不必为无休止的冗长的司法活动消耗精力和财力。

(三) 仲裁机构与仲裁员

以仲裁方式解决纠纷的机构是仲裁委员会，仲裁委员会可以在省、自治区、直辖市人民政府所在地的市设立，也可以根据需要在其他设区的市设立。

仲裁委员会由其所在市的人民政府组织有关部门和商会共同组建，并报省、自治区、直辖市的司法行政部门登记。仲裁委员会由主任一人，副主任二至四人，委员七至十一人组成。根据《仲裁法》规定，仲裁委员会的主任、副主任和委员必须由法律、经济、贸易、专家和有实际经验的人员担任。

仲裁委员会的组成人员中，法律、经济、贸易专家不得少于三分之二。仲裁委员会必须从公道、正派的人员中聘任仲裁员，且担任仲裁员还必须符合下列条件之一：①从事仲裁工作满八年的；②从事律师工作满八年的；③曾任审判员满八年的；④从事法律研究，教学工作并具有高级职称的；⑤具有法律知识，从事经济、贸易等专业工作并具有高级职称或同等专业水平。

（四）仲裁协议及其效力

仲裁协议，是指双方当事人同意把他们之间可能发生或已经发生的争议交付某仲裁机构仲裁的共同意思表示。《仲裁法》第十六条规定：仲裁协议包括合同中订立仲裁条款和以其他方式在纠纷发生前或纠纷发生后达成的申请仲裁协议。仲裁协议应当包括以下三个方面：①请求仲裁的意思表示。这是仲裁协议最主要的内容。根据现有的经国家工商管理局监控的各类合同的格式条文中，均有“解决合同纠纷的方式一栏，当事人如要选择仲裁途径解决争议的，则必须在条文中明确写明由仲裁机构仲裁”。②约定仲裁事项，对于具体的事项有争议而申请仲裁，必须在仲裁协议中写明。③选定仲裁委员会。当事人除写明选择仲裁解决纠纷外，必须约定向何地，由何仲裁机关及仲裁委员会申请仲裁。

仲裁协议独立存在，合同的变更、解除、终止或无效，不影响仲裁协议的效力。当事人对仲裁的效力有异议，可以请求仲裁委员会作出决定或者请求人民法院作出裁定。当事人对仲裁协议的效力有异议，应当在仲裁庭首次开庭前提出。有下列情形之一的，仲裁协议无效：①约定的仲裁事项超出法律规定的仲裁范围的；②无民事行为能力或者限制民事行为能力人订立的仲裁协议；③一方采取胁迫手段，迫使对方订立仲裁协议的。

（五）仲裁程序

1. 申请和受理

仲裁的申请是当事人向仲裁委员会提出请求，要求该委员会对其所称有争议的事实进行公断。当事人申请仲裁应当符合下列条件：①有仲裁协议；②有具体的仲裁请求和事实、理由；③属于仲裁委员会的受理范围。

当事人申请仲裁要同时向仲裁委员会递交仲裁协议和具有法定内容的仲裁申请书及副本。仲裁委员会在收到仲裁申请书以后，必须在5天之内对申请书进行审理，从程序上确认该不该受理，如认为不符合受理条件，应当书面通知申请人不予受理，并说明理由。审理主要是在以下几个方面进行：①有无仲裁协议，即双方当事人是否约定采用仲裁方式解决争议，双方约定的仲裁机构是否明确无误，约定仲裁的事项是否清楚。②是否有具体的仲裁请求、事实和理由。③是否属于仲裁委员会受理的范围。仲裁机关管辖的是平等主体的公民、法人和其他组织之间发生的合同纠纷和其他财产权益纠纷，但是对婚姻纠纷、收养纠纷、抚养纠纷、继承纠纷及依法应当由行政机关处理争议则不属于仲裁机构管辖的范围。

仲裁委员会受理仲裁的，应当在仲裁规则规定的期限内将仲裁规则和仲裁员名册送达申请人，并将上述材料及仲裁申请书副本送达被申请人。被申请人收到仲裁申请书副本以后，应当在仲裁规定的期限内向仲裁委员会提交答辩书，如不作答辩，不影响仲裁程序的进行。被申请人可以承认或者反驳仲裁请求，有权提出反请求。一方当事人因另一方当事人的行为或者其他原因，可能使裁决不能执行或者难以执行的，可以申请财产保全。当事人申请财产保全的，仲裁委员会应当将当事人的申请依照《民事诉讼法》的规定提交人民法院；申请有错误的，申请人应当赔偿被申请人因财产保全所遭受的损失。

2. 组成仲裁庭

仲裁庭可以由三名仲裁员或者一名仲裁员组成。由三人组成的仲裁庭，设立首席仲裁员。合议庭是仲裁机构中根据合议制组成的仲裁庭。每一方当事人可以各自选定或委托仲裁委员会主任指定一名仲裁员，第三名仲裁员由当事人共同选定或者共同委托仲裁委员主任指定一名仲裁员作为首席仲裁员。如双方当事人约定由一名仲裁员成立仲裁庭的，应当由当事人共同选定或共同委托仲裁委员会主任指定仲裁员。当事人没有在仲裁规则规定的组成方式或选定仲裁员，由仲裁委员会主任指定。

仲裁庭组成后，仲裁委员会应当将仲裁庭组成情况书面通知当事人。为了保证仲裁制度的公正，如仲裁员有下列情况之一的，必须回避，当事人也有权提出回避申请：①是本案的当事人或者当事人、代理人的近亲属的；②与本案有利害关系的；③与本案当事人、代理人有其他关系可能影响公正仲裁的；④私自会见当事人、代理人或者接受当事人、代理人请客送礼的。

“当事人申请回避的，应当说明理由，并在首次开庭前提出，回避事由在首次开庭后知道的，也可以在最后一次开庭终结前提出。仲裁员是否回避，由仲裁委员会主任决定；仲裁委员会主任担任仲裁员时，由仲裁委员会集体决定。”

3. 开庭和裁决

按照《仲裁法》的规定，仲裁应当开庭进行。当事人协议不开庭的，仲裁庭可以根据仲裁申请书、答辩书及其他材料作出裁决。

通常仲裁不公开进行。当事人协议公开的，可以公开进行，但涉及国家秘密的除外。当事人应当对自己的主张提供证据。一切证据都应在开庭时出示。在仲裁庭开庭调查过程中，仲裁庭需对双方提出的主张及依据进行全面调查，特别是对案件起实质性作用的证据做客观的质证、调查。仲裁庭认为有必要收集的证据，可以自行收集。仲裁庭作出裁决前，可以先行调解。当事人自愿调解的，仲裁庭应当调解，调解不成的，应当及时作出裁决。调解达成协议的，仲裁庭应当制作调解书或者根据协议的结果制作裁决书。调解书与裁决书具有同等的法律效力。调解书经双方当事人签收后，即发生法律效力。裁决书作出之日起发生法律效力。

4. 裁决的执行

仲裁裁决是整个仲裁活动的结果和归宿，只有执行裁决，才能有效地保护当事人的合法权益。因此《仲裁法》规定：“当事人应当履行裁决”。一方当事人不履行的，另一方当事人可以按照《民事诉讼法》的有关规定向人民法院申请执行。受申请的人民法院应当执行。一方当事人申请执行裁决，另一方当事人申请撤销裁决的，人民法院应当裁定中止执行；人民法院裁定撤销裁决的，应当裁定终结执行。撤销裁决的申请被裁定驳回的，人民法院应当裁定恢复执行。如果被执行的财产在外国的，则应当由人民法院根据我国缔结或者参加的国际条约或双边协定，委托外国法院协助执行。

凡事具有下列情形之一的裁决依照《民事诉讼法》的规定是不能执行的：①当事人在合同中没有订有仲裁条款或者事后没有达成书面仲裁协议的；②被申请人没有得到指定仲裁员或者进行仲裁程序的通知，或者由于其他不属于被申请人负责原因未能陈述意见的；③仲裁庭的组成或者仲裁程序与仲裁规则不符的；④裁决的事项不属于仲裁协议的范围或者仲裁机构无权仲裁的；⑤人民法院认定该裁决违背了社会公共利益的。

5. 裁决的撤销

裁决机构作出的裁决具有强制执行的法律效力。只有当事人提出证据证明裁决有下列情形之一时，可以向仲裁委员会所在地的中级人民法院申请撤销裁决：①没有仲裁协议的；②裁决的事项不属于仲裁协议的范围或者仲裁委员会无权仲裁的；③仲裁庭的组成或者仲裁程序违反法定程序的；④裁决所根据的证据是伪造的或双方当事人隐瞒了足以影响公正裁决的证据的；⑤裁决违背社会公共利益的；⑥仲裁员在仲裁法案时有索贿受贿、徇私舞弊、枉法裁决行为的。人民法院经组成合议庭审查核实裁决有上述情形之一的，应当裁定撤销。当事人申请撤销裁决的，应当自收到裁决书之日起六个月内提出。

（六）涉外仲裁

涉外仲裁是指涉外民事纠纷的当事人根据仲裁协议，将他们已发生的争议，交给仲裁机构按法定程序，并作出有约束力裁决的一种解决争议的方法。根据《仲裁法》规定，涉外经济贸易、运输和海事发生的纠纷的仲裁，适用涉外仲裁的特别程序规定；没有规定的，适用《仲裁法》的其他有关规定。

三、经济诉讼

（一）经济诉讼概述

通过诉讼程序向人民法院起诉，并由其依法审理作出判决，是解决当事人的经济纠纷的途径之一。审理经济纠纷案件所依据的是我国的《民事诉讼法》。1991 年 4 月 9 日七届全国人大四次会议通过，并于同年 4 月 15 日公布实施的《中华人民民事诉讼法》（以下简称《民事诉讼法》），是我国审判经济纠纷案件在程序上的重要依据。

（二）经济诉讼的受案范围

我国受理经济诉讼案件的审判机构为各级人民法院的民事审判庭以及铁路运输法院、海事法院等。各审判机构的受案范围如下：

1. 经济诉讼的受案范围

公民、法人和其他组织之间各类经济合同纠纷案件，经济损害赔偿纠纷案件，知识产权纠纷案件，企业破产纠纷案件，股票、债券票据纠纷案件，以及其他经济纠纷案件，由人民法院的民事审判庭予以受理。

2. 海事法院的受案范围

海事法院与普通中级法院同级，受理国内和涉外的第一审海事案件和海商案件。对海事法院的裁决或判定不服的上述案件，由该海事法庭所在地的高级人民法院受理。海事法院的受案范围包括国内企业、组织、公民之间，中国企业、组织、公民同外国企业、组织、公民之间，外国企业、组织、公民之间，依法应当由我国法院管辖的海事、海商案件。海事法院受理如下五类案件：①海事侵权纠纷案件；②海商合同纠纷案件；③共同海损案件；④海事执行案件；⑤海事请求保全。

3. 铁路运输法院的受案范围

铁路运输法院主要审理在全国范围内有重大影响和高级人民法院移送的重大疑难的交通运输案件，包括：①与铁路运输有关的经济合同纠纷案件；②与铁路运输有关的侵权纠纷案件；③违反铁路安全保护法规的案件；④最高人民法院指定铁路运输法院受理的经济案件；⑤与铁路运输有关的其他经济纠纷案件。

（三）经济审判机构的管辖

所谓管辖，是指人民法院之间在受理第一审经济纠纷案件中的权限划分。它解决的是法院系统内部各级法院之间和上、下级法院之间的分工问题。管辖权，是指根据有关管辖的规定，某一案件应当由某一级人民法院或者某一人民法院进行审理的权限。人民法院是国家的审判机关，依法独立行使审判权。审判权和管辖权是既相联系又相区别的概念。审判权是审理案件的权利，只能由人民法院依法行使；我国有最高人民法院、地方各级人民法院和专门人民法院，它们都可以代表国家行使审判权，每一具体的第一审案件究竟由哪一级或者哪一个法院具体行使审判权，则是管辖要解决的问题，因此审判权是确定管辖的前提，管辖权是审判权的进一步落实。

《民事诉讼法》确定人民法院对经济纠纷案件管辖的原则是便于人民法院进行诉讼和审判，考虑各级人民法院的职能和工作负担的均衡，有利于公正审理案件；防止互相推诿或者争执管辖权，避免人民群众投诉无门，有利于维护国家主权。管辖的种类，在理论上可以从不同角度进行多种划分，我国《民事诉讼法》的管辖分为级别管辖、地域管辖、移送管辖和指定管辖四大类。

1. 级别管辖

级别管辖，是指根据案件的性质、影响范围的大小等，划分上下级人民法院之间受理第一审经济纠纷案件的权限和分工。我国人民法院系统共分四个级别，即最高人民法院、高级人民法院、中级人民法院和基层人民法院。每一个级别的法院根据权限范围，分别受理属于自己第一审的经济纠纷案件。

(1) 最高人民法院主要受理：在全国有重大影响的经济纠纷案件；最高人民法院认为应当由自己审理的第一审经济纠纷案件。

(2) 高级人民法院受理：在本辖区有重大影响的第一审经济纠纷案件；最高人民法院交办的经济纠纷案件。

(3) 中级人民法院受理：重大涉外案件；在本辖区有重大影响的案件，如争议标的数额比较大的案件；最高人民法院确定由中级人民法院管辖的案件，如专利纠纷案件、海事和海商案件。

(4) 基层人民法院受理：第一审经济纠纷案件，除法律另有规定以外，一般都由基层人民法院管辖。

2. 地域管辖

地域管辖，是指同级人民法院之间受理第一审经济案件的权限分工，它主要解决法院内部的横向分工问题。其中又分为一般地域管辖、特殊地域管辖、专属地域管辖等几种。

(1) 一般地域管辖。一般地域管辖是指经济纠纷案件应由被告住所地人民法院受理的管辖。如果是法人，则由法人机关所在地人民法院管辖。除特殊地域管辖和专属地域管辖确定管辖法院的条件外，其余的经济纠纷案件都适用此原则来确定管辖法院。这种原告就被告的做法，便于人民法院了解情况，有利于正确、合法、及时地处理案件和执行判决。

(2)特殊地域管辖。特殊地域管辖是指以引起法律关系发生、变更或消灭的法律事实为标准来划分法院的管辖权。适用特殊地域管辖的有以下情况：

① 因合同纠纷引起的诉讼，由被告住所地或者合同履行地人民法院管辖。合同双方当事人可以在书面合同中协议选择被告住所地、合同履行地、合同签订地、原告住所地、标的物所在地人民法院管辖，但不得违反《民事诉讼法》对级别管辖和专属管辖的规定。

② 因保险合同纠纷提起的诉讼，由被告住所地或者保险标的物所在地人民法院管辖。

③ 因票据纠纷提起的诉讼，由票据支付地或者被告住所地人民法院管辖。

④ 因铁路、公路、水上、航空运输和联合运输合同纠纷提起的诉讼，由运输始发地、目的地或者被告住所地人民法院管辖。

⑤ 因侵权行为提起的诉讼，由侵权行为地(包括侵权行为实施地、侵权结果发生地)或者被告住所地人民法院管辖。其中对产品质量不合格造成他人财产、人身损害提起诉讼的，产品制造地、产品销售地、侵权行为地和被告住所地的人民法院都有管辖权。

⑥ 因铁路、公路、水上和航空事故请求损害赔偿提起的诉讼，由事故发生地或者车辆，船舶最先到达地，航空器最先降落地或者被告住所地人民法院管辖。

⑦ 因船舶碰撞或者其他海事损害事故请求损害赔偿的案件，由碰撞发生地、碰撞船舶最先到达地，加害船舶被扣地或者被告住所地的法院管辖。

⑧ 因海难救助费用发生纠纷的案件，由救助地或者被救助船舶最先到达地法院管辖。

⑨ 因共同海损提起诉讼的案件，由船舶最先到达地、共同海损理算地或航程终止地的法院管辖。

两个以上人民法院都有管辖权的诉讼，原告可以选择其中一个人民法院提起诉讼，原告向两个以上有管辖权的人民法院起诉的，由最先立案的人民法院管辖。

(3)专属地域管辖。专属地域管辖是指法律规定某些案件只能由特定人民法院管辖，当事人不得协议变更管辖。它是特殊地域管辖的一种，因其诉讼标的具有特殊性，法律规定由特定的法院行使排他性管辖权。包括：因不动产纠纷提起的诉讼，由不动产所在地人民法院管辖；因港口作业中发生经济纠纷提起的诉讼，由港口所在地人民法院管辖。

3. 移送管辖

移送管辖是指人民法院受理案件后，发现本院对该案件无管辖权，依法将案件移送给有管辖权的人民法院审理。移送管辖是对案件的移送，而不是对案件管辖的移送。按照《民事诉讼法》的规定，如果受移送的人民法院认为受移送的案件依照规定不属于本院管辖的，应当报请上级人民法院指定管辖，不得再自行移送。

移送管辖还包括特定情况下，下级人民法院将自己有管辖权的案件报请上级人民法院审理，或者上级人民法院将自己有管辖权的案件交给下级人民法院审理。

4. 指定管辖

指定管辖是指两个不同法院之间对管辖发生争议，由双方协商解决，协商不成，报请他们的共同上级法院指定管辖。

(四)诉讼参加人

诉讼参加人是指参加诉讼的当事人或与当事人有相似诉讼地位的人。诉讼参加人包括当事人、共同诉讼人、法定代表人、第三人以及诉讼代理人。诉讼参加人享有诉讼权利和承担诉讼义务，除诉讼代理人外，诉讼参加人作为诉讼主体可以实施使诉讼程序发生、发展和终结的诉讼行为，并与案件结果有法律上的利害关系。

1. 当事人

当事人是指因民事权利义务发生争议，为保护终结的民事权益，以自己的名义起诉、应诉，并受人民法院裁判约束的人。当事人在第一审程序中，称为原告和被告；第二审程序中，称为上诉人与被上诉人；在执行过程中，称为申请人和被执行人。

当事人如果亲自进行诉讼活动，必须具有诉讼行为能力。《民事诉讼法》规定，公民、法人和其他组织可以作为民事诉讼的当事人；法人由其法定代表人进行诉讼，其他组织由其主要负责人进行诉讼。当事人在经济审判中享有以下诉讼权利：请求司法保护的权利；委托代理人进行诉讼的权利；申请回避的权利；收集和提供证据的权利；进行辩论的权利；请求调解的权利；自行和解的权利；提起上诉的权利；申请执行的权利；查阅和复制与本案有关材料的权利。当事人在诉讼中的义务是：依法行使诉讼权利；遵守法庭秩序和诉讼程序；履行发生法律效力的判决书、裁定书、和解书。

2. 共同诉讼人

共同诉讼人是指当事人一方或双方为二人以上，人民法院认为可以合并审理而一同在法院起诉的人。共同诉讼人制度有利于法院查明案件事实，保障法院裁判的统一，节约司法资源，实现诉讼经济。

共同诉讼分为必要的共同诉讼和普通的共同诉讼。必要的共同诉讼人是指对诉讼标的具有共同权利义务关系，必须共同进行诉讼，法院对案件必须合并审理的当事人。如承担连带责任的被代理人和代理人。普通共同诉讼人是指因诉讼标的为同一种类，法院认为可以合并审理并经当事人同意而共同进行诉讼的当事人。如租赁合同中分别拖欠租金的各承租人。

3. 法定代表人

诉讼活动由推选的法定代表人进行，其他成员不可以直接行使诉讼权利或承担诉讼义务。法院作出的裁判不仅对法定代表人发生法律效力，对未参加诉讼的群体成员也发生效力。

法定代表人必须是企业事业单位、机关、团体以及其他经济组织的正职负责人。没有正职负责人的，由主持工作的副职负责人担任法定代表人。设有董事会的法人，以董事长为法定代表人；没有董事长的法人，经董事会授权的负责人可作为法人的法定代表人。

4. 第三人

第三人是指为了维护自己的合法权力和利益，而参加到原告、被告已经开始的诉讼中进行诉讼的人。第三人参加诉讼的根据是对原告、被告争议的诉讼标的有独立请求权，或者案件处理结果可能与其有法律上的利害关系。第三人参加诉讼的目的在于维护自己的权益，这使得第三人区别于诉讼代理人。

在第一审没有参加诉讼的第三人，在第二审中为了保护自己的合法权益，可以申请参加诉讼。二审法院对于准予第三人参加案件，经调解达成协议的，人民法院应当作出裁定，撤销原判，发回重审。

5. 诉讼代理人

诉讼代理人是指以被代理人的名义，在诉讼代理权限范围内，为了维护被代理人的合法权益进行诉讼的人。诉讼代理人必须具备以下特征：①以当事人的名义，为了维护被代理人的权益而参加诉讼；②需在被代理人授权范围内进行诉讼活动；③代理行为产生法律结果均由被代理人承担。

（五）经济审判程序

经济审判程序是指人民法院审理以及执行经济纠纷案件必须遵循的法定的工作步骤和规范。《民事诉讼法》第二编“审判程序”规定了如下程序：第一审普通程序，第二审程序，审判监督程序，督促程序，公示催告程序，企业法人破产还债程序和执行程序。

1. 第一审普通程序

第一审普通程序是人民法院审理第一审经济案件适用的程序。按照《民事诉讼法》的规定，第一审普通程序包括以下内容：

(1) 起诉和受理。起诉是指原告依法向人民法院提出诉讼请求的诉讼行为。

起诉必须符合下列条件：①原告是与本案有直接利害关系的公民、法人和其他组织；②有明确的被告；③有具体的诉讼请求和事实、理由；④属于人民法院受理经济诉讼的范围和受诉人民法院管辖。

人民法院收到起诉状，经审查，认为符合受理条件的，应当在七日内立案，并通知当事人，认为不符合受理条件的，应该在七日内裁定不予受理。原告对裁定不服的，可以提起上诉。

(2) 审理前的准备。人民法院应当在立案后五日内将起诉状副本发送被告，被告在收到之日起十五日内提出答辩状。答辩是被告对原告提出的诉讼请求及理由进行回答、辩解和反驳。被告提出答辩状的，人民法院在收到之日起五日内将其副本发送原告。被告不提出答辩状的，不影响人民法院审理。在审理之前，人民法院应当组成合议庭。人民法院在受理案件通知书和应诉通知书中，应当向当事人告知有关的诉讼权利和义务。此外，合议庭组成人员确定后，应当在三日内告知当事人并认真审核诉讼材料，根据需要调查取证。

(3) 调解。《民事诉讼法》规定，在分清是非、查明事实的基础上，根据双方自愿进行调解，调解达成协议的，人民法院应当制作调解书。调解书应当写明诉讼请求，案件的事实和调解结果，由审判人员、书记员签名，并加盖人民法院印章。调解书经双方当事人签收后，即具有法律效力。调解未达成协议，或者调解书送达前一方反悔的，人民法院应当及时判决。

(4) 开庭审理。开庭审理是指人民法院在当事人和其他诉讼参与人的参加下，对案件进行实体审理的诉讼活动。《民事诉讼法》规定，经济案件的审理，除涉及国家秘密、个人隐私或者法律另有规定的以外，应当公开进行。涉及商业秘密的案件，当事人申请不公开审理的，可以不公开审理。人民法院对于公开的或不公开审理的案件，一律公开宣告判决。对判决不服的，当事人可以在十五日内上诉。

(5) 简易程序。对争议不大、简单的经济纠纷，人民法院也可以采用简易程序，由独任审判员对案件进行调解或审判。

2. 第二审程序

第二审程序，是指当事人不服第一审人民法院作出的判决或裁定而提起上诉时，上级人民法院对第一审人民法院未发生法律效力的裁判。第二审程序，也叫上诉程序，是终审程序。《民事诉讼法》规定，不服第一审判决的上诉期为十五日，不服第一审裁定的上诉期为十日。第二审案件审理程序基本上与第一审相同，但第二审案件不是全面审理案件，而是对上诉人上诉请求的事实与适用的法律进行审理，以贯彻经济诉讼的原则。第二审法院对上诉案件经过审理按照下列情形分别处理：①原判决认定事实清楚，适用法律正确，判决驳回上诉，维持原判；②原判适用法律错误，依法改判；③原判认定事实错误，或者认定事实不清，证据不足，裁定撤销原判决，发回原审人民法院重审，或查清事实后改判；④原判决违反法定程序，可以影响正确判决的，裁定撤销原判决，发回原人民法院重审。

第二审人民法院的判决与裁定是终审判决与裁定，应当在第二审立案之日起三个月内审结。有特殊情况需要延长的，由法院院长批准。对于裁定的上诉案件，应当自第二审立案之日起三十日内作出终审裁定。

3. 审判监督程序

审判监督程序，也叫再审程序，是指人民法院对已经发生法律效力的判决、裁定、调解书发现确有错误，依法重新进行审理的程序。

根据《民事诉讼法》的规定，审判监督程序可由人民法院决定再审，人民检察院抗诉提起再审和当事人申请再审三种方式提起。

人民法院对进行再审的案件，均应当作出裁定，中止原判决的执行。人民法院审理再审案件，一律实行合议制。如果是原审人民法院再审，还应另行组成合议庭，原合议庭成员或独任审判员不得参加新组成的合议庭。

4. 督促程序

督促程序是指债权人向人民法院申请向债务人发出支付令，督促债务人履行以给付金钱、有价证券为内容的债务的一种程序。

根据《民事诉讼法》的规定，债权人请求向债务人给付金钱、有价证券的，如果债权人与债务人没有其他债务纠纷并且支付令能够送达债务人的，债权人可以向有管辖权的人民法院申请支付令，债务人应当自收到之日起十五日内清偿债务或者向人民法院提出书面异议。债务人在法定期间不提出异议又不履行支付令的，债权人可以向人民法院申请执行。

5. 公示催告程序

公示催告程序是指人民法院依据当事人的申请，以公示的方式催告可能存在而又身份不明的利害关系人，在法定期间内向人民法院申报并在逾期无人申报时作出除权判决的程序。《民事诉讼法》规定，可以背书转让的票据持有人，因票据被盗、遗失或者灭失，可以向票据支付地的基层人民法院申请公示催告。

6. 企业法人破产还债程序

企业法人破产还债程序是指企业法人因严重亏损，无力清偿到期债务，人民法院根据债权人或债务人的申请，依法宣告债务人破产，并统一按比例清偿债务的程序。该程序适用于具有法人资格的集体企业、联营企业、私营企业、中外合资经营企业、中外合作经营企业和外资企业等。

7. 执行程序

执行程序是指人民法院根据已发生法律效力的判决、裁定及其他法律文书的规定，依法强制不履行的义务人履行义务的程序。申请执行期限从法律文书规定履行期间的最后一日起计算，双方或者一方当事人是公民的为一年，双方是法人或者其他组织的为六个月。

执行措施是指法律规定的，强制实现生效法律文书的具体方法和手段。包括以下几点：①查询、冻结、划拨被执行人的存款；②扣留、提取被执行人储蓄存款或者劳动收入；③查封、扣押、冻结、拍卖、变卖被执行人的财产；④搜查被执行人的隐匿财产；⑤强制被执行人迁出房屋或者退出土地；⑥强制被执行人交付法律文书指定的给付；⑦强制执行法律文书确定的行为；⑧强制办理或者禁止办理有关财产权的证照手续；⑨责令被执行人支付迟延履行期间的债务、利息、迟延履行金等。

(六)涉外经济诉讼程序的特别规定

涉外经济审判，是指具有涉外因素的经济审判，人民法院受理的涉外经济纠纷案件主要包括以下几类：①国内一方当事人同外国一方当事人在经济、贸易、运输和海事中发生的纠纷，向人民法院起诉案件；②外国企业、外国组织在中国境内从事投资经营活动，在税务、劳务等方面对我国主管部门的处理有异议，依法向人民法院起诉的案件；③外国企业、组织之间在我国领域内发生的经济、贸易、运输和海事纠纷，向人民法院起诉的案件；④外国企业、组织之间在我国领域外发生的经济、贸易、运输和海事纠纷，当事人按照书面协议向我国人民法院起诉的案件。

涉外海事纠纷案件的审理，由海事法院受理。此外，涉及港澳的经济纠纷案件，包括两个部分：一是涉及在港澳的外国人及其企业、组织的经济纠纷案件；另一个是涉及港澳同胞及其企业、组织的经济纠纷案件。前者属于涉外案件；后者不属于涉外案件。但鉴于目前港澳的特殊情况，在审理程序上，有些可以参照《民事诉讼法》有关涉外诉讼程序的规定办理。

审理具有涉外因素的经济纠纷案件，有特别规定的，适用特别规定；没有特别规定的，适用一般规定，并应遵守《民事诉讼法》的基本原则。对于因合同纠纷或者其他财产权益纠纷引起的涉外经济案件，《民事诉讼法》扩大了其他地域管辖的范围。对于涉外合同或者涉外财产权益纠纷案件，允许当事人用书面协议选择与争议有实际联系的地点的法院管辖。但选择中华人民共和国人民法院管辖的，不得违反《民事诉讼法》关于级别管辖和专属管辖的规定。

在涉外经济审判程序中，不在中华人民共和国领域内居住的当事人，适用关于诉讼期间的特别规定，即被告在收到起诉书副本后三十日内提出答辩状；被告申请延期的，由人民法院决定，不服第一审判决的，上诉期为三十日。被上诉人在收到上诉状副本后，应当在三十日内提出答辩状；如不能在规定期限内提出上诉状或提出答辩状，申请延期的由人民法院决定。可见，涉外经济审判程序中关于期间的规定，有时间稍长和可以依法延长两个特点。

四、诉讼时效

(一)诉讼时效的概念

诉讼时效是指权利人不在法定期间内行使权利则丧失请求人民法院保护其权利的制度，也就是权利人向人民法院请求保护其民事权利的法定期间。

诉讼时效届满，权利人消灭的是胜诉权而不是实体权利。权利人超过诉讼时效期间提起诉讼，人民法院仍应受理。如果查明诉讼时效确已届满，又无延长的正当理由，应以此判决权利人败诉。诉讼时效具有普遍性和强制性，当事人不得约定放弃或变更。诉讼时效届满后，义务人自愿履行义务的，不受诉讼时效限制。义务人履行义务后，又以超过诉讼时效为由反悔的，法律不予支持。

（二）诉讼时效的种类

诉讼时效可以分为一般诉讼时效、特别诉讼时效和长期诉讼时效。

1. 一般诉讼时效

一般诉讼时效是指法律规定的具有普遍意义的诉讼时效。《民法通则》规定，向人民法院请求保护民事权利的诉讼时效期间为两年，法律另有规定的除外。

2. 特别诉讼时效

特别诉讼时效是指由民法或单行法律规定的只适用于特定情况的诉讼时效期间。如《民法通则》规定，下列诉讼时效期间为一年：身体受到伤害要求赔偿的；出售质量不合格的商品未声明的；延付或拒付租金的；寄存财物丢失或损毁的。《合同法》规定，国际货物买卖合同和技术进出口合同争议提起诉讼或申请仲裁的期间为四年。

3. 长期诉讼时效

长期诉讼时效是指对被侵害的民事权利给予诉讼保护的最长诉讼时效期间。《民法通则》规定，诉讼时效期间从知道或应当知道权利被侵害之日起计算。但是，从权利被侵害之日起超过二十年的，人民法院不予保护。这里规定的二十年就是长期诉讼时效。

诉讼时效期间的计算，从权利人知道或应当知道被侵害事实和致害人时开始。例如，人身伤害赔偿的诉讼时效期间，若伤害明显的，从受伤害之日起计算；若伤害当时未被发现的，后经检查确诊并能证明是由侵害引起的，从伤势确诊之日起计算。

（三）诉讼时效的中止、中断和延长

1. 诉讼时效的中止

诉讼时效的中止是指在诉讼时效期间的最后六个月内，因不可抗力或者其他障碍不能行使请求权，暂时停止计算诉讼时效期间，待阻碍时效进行的事由消失后，继续计算诉讼时效期间。阻碍诉讼时效进行的事由是指不可抗力和其他障碍。其他障碍是指除不可抗力外使权利人无法行使请求权的客观情况，包括权利被侵害的无民事行为能力人、限制民事行为能力人，没有法定代理人，或者法定代理人死亡，或者法定代理人丧失行为能力的，可以认定为因其他障碍不能行使请求权。根据《民法通则》的规定，只有在诉讼时效期间的最后六个月内发生中止事由的，才能中止诉讼时效。如果在诉讼时效期间的最后六个月前发生上述法定事由，到最后六个月开始时法定事由已消除的，则不能发生诉讼时效中止；但如果该法定事由到最后六个月开始时仍然继续存在，则应自最后六个月开始时中止诉讼时效，直到该障碍消除。

2. 诉讼时效的中断

诉讼时效的中断是指在诉讼时效进行中，因发生一定的法定事由，致使已经经过的时效期间统归无效，待时效中断的法定事由消除后，诉讼时效期间重新计算。根据《民法通

则》的规定，引起诉讼时效中断的事由包括：权利人提起诉讼；当事人一方向义务人提出请求履行义务的要求；当事人一方同意履行义务。

3. 诉讼时效的延长

诉讼时效的延长是指人民法院对已经完成的诉讼时效，根据特殊情况而予以延长。特殊情况是指权利人由于客观的障碍在法定诉讼时效期间内不能行使请求权的情形，具体由人民法院判定，这是法律赋予司法机关的一种自由裁量权。

第五节 经济法律责任

一、经济法律责任的概念

法律责任是指行为人因违法行为、违约行为或者根据法律规定而应当承担的某种不利的法律后果。法律责任具有国家强制性并以法律的规定为最终依据。

二、经济法律责任的形式

违反经济法的法律责任主要有民事责任、行政责任和刑事责任。

(一)民事责任

民事责任是指由于违反民事法律、违约或者根据民事法律的规定所应当承担的法律责任。民事法律责任的主要形式有：停止侵害、排除妨碍、消除危险、返还财产、恢复原状、赔偿损失、支付违约金等。

(二)行政责任

行政责任是指国家行政机关或者国家授权的有关单位对违反经济法的单位或个人依法给予的行政处罚或行政处分。其中，行政处罚是指行政主体对行政相对人违反行政法律规范的行为所给予的法律制裁。行政处罚的具体形式有：警告、罚款、没收违法所得和非法财物、暂扣或者吊销许可证或执照、行政拘留等。行政处分是指对违反法律规定的国家机关工作人员或被授权、委托的执法人员所实施的内部制裁措施。行政处分的具体形式有：警告、记过、记大过、降级、撤职、开除等。

(三)刑事责任

刑事责任是指国家司法机关对触犯刑法，构成犯罪的行为人所给予的刑罚制裁。刑事责任分为主刑和附加刑两类。主刑包括管制、拘役、有期徒刑、无期徒刑和死刑；附加刑包括罚金、剥夺政治权利、没收财产、驱逐出境。

课后练习题

一、思考题

1. 什么是经济法?经济法调整的对象是什么?

2. 什么是经济法律关系？经济法律关系的要素有哪些？试举例说明。

3. 什么是代理？代理的种类有哪些？

4. 什么是代理权的滥用、无权代理和表见代理？

5. 什么是诉讼时效、诉讼时效的中止和诉讼时效的中断？

6. 什么是法律责任？在我国法律责任具体包括几类？

7. 经济纠纷的解决途径有哪些？

8. 试述仲裁的基本原则。

二、案例分析

1. 飞天公司与海艺公司签订了一份装饰工程合同。合同约定：海艺公司包工包料，负责完成飞天公司办公大楼的装饰工程。事后双方另行达成补充协议，约定因该合同的履行发生纠纷，由某仲裁委员会裁决。在装饰工程竣工后，质检单位鉴定复合地板及瓷砖为不合格产品。飞天公司要求海艺公司返工并赔偿损失，海艺公司不同意，引发纠纷。请回答以下问题：

(1)假设某法院受理了飞天公司的起诉，海艺公司应诉答辩，海艺公司在开庭时，向法院提交了仲裁协议，对此，法院应如何处理？

(2)假设某法院受理飞天公司的起诉，诉讼过程中海艺公司与飞天公司达成和解协议，可如何结案？

2. 赵某与房东张某商定租住其一套二居室住房 1 年，租期为 2013 年 9 月 1 日至 2014 年 8 月 31 日。双方约定先预付半年租金，第 6 个月期满(2014 年 2 月 28 日)再支付其余租金。经履行法定程序后，赵某按期搬入住房。但 2014 年 2 月 28 日，赵某并未支付其余租金。2014 年 8 月，赵某在仍未支付租金的情况下突然搬走，不知去向。已知张某从未向赵某讨要过其余租金。请问：

1. 张某为保护自己的权益，应在什么时间内主张自己的权利？

2. 假设 2015 年 1 月 10 日张某突然去世，其子女和保姆为争夺遗产继承权上诉。2015 年 5 月 10 日法院二审作出判决，则张某的继承人向赵某主张权利的诉讼时效期间应如何计算？

第二章　个人独资企业法和合伙企业法

重点掌握内容

掌握个人独资企业的概念、设立条件、债务偿清顺序，合伙企业概念、法律相关规定、普通合伙企业和有限合伙企业的相关内容及有限合伙企业中普通合伙人和有限合伙人的区别。

案例导学

2004 年 1 月，甲、乙、丙三人决定投资设立一合伙企业，并签订了书面合伙协议。合伙协议的部分内容如下：(1) 甲、乙均以货币出资，丙以劳务出资；(2) 由甲执行合伙企业事务，对外代表合伙企业；(3) 合伙企业签订购销合同及代销合同应经其他合伙人同意。合伙企业在存续期间，发生下列事实：

(1) 2004 年 5 月，甲擅自以合伙企业的名义与善意第三人 A 公司签订了代销合同，乙、丙认为损害合伙企业的利益，即向 A 公司表示对该合同不予承认，因为甲合伙人无单独与第三人签订代销合同的权利。

(2) 甲为了改善企业经营管理，于 2004 年 4 月独自决定聘任合伙人以外的 B 担任该合伙企业的经营管理人员。

要求：根据以上事实，回答下列问题：

(1) 丙以劳务出资是否符合规定？说明理由。

(2) 甲以合伙企业名义与 A 公司所签订的代销合同是否有效？说明理由。

(3) 甲聘任 B 担任合伙企业的经营管理人员是否符合规定？说明理由。

第一节　个人独资企业法律制度

一、个人独资企业法律制度概述

(一)个人独资企业的概念

个人独资企业是指依照《中华人民共和国个人独资企业法》(下称《个人独资企业法》)在中国境内设立，由一个自然人投资，财产为投资人个人所有，投资人以其个人财产对企业债务承担无限责任的经营实体。

个人独资企业具有以下法律特征：

(1)个人独资企业是由一个自然人投资的企业。

(2)个人独资企业的投资人对企业的债务承担无限责任。

(3)个人独资企业的内部机构设置简单，经营管理方式灵活。

(4)个人独资企业是非法人企业。

(二)个人独资企业企业法的概念

个人独资企业法有广义和狭义之分。广义的个人独资企业法，是指国家关于个人独资企业的各种法律规范的总称；狭义的个人独资企业法，是指 1999 年 8 月 30 日第九届全国人大常委会第十一次会议通过、自 2000 年 1 月 1 日起施行的《中华人民共和国个人独资企业法》。

二、个人独资企业的设立

(一)个人独资企业的设立条件

(1)投资人为一个自然人，且只能是中国公民。

(2)有合法的企业名称。企业名称应与其责任形式及从事的营业相符合，可以叫厂、店、部、中心、工作室等，名称中不得使用“有限”、“有限责任”或者“公司”字样。

(3)有投资人申报的出资。

投资人可以个人财产出资，也可以家庭共有财产作为个人出资。

可以用货币出资，也可以用实物、土地使用权、知识产权或者其他财产权利出资。

(4)有固定的生产经营场所和必要的生产经营条件。生产经营场所包括企业的住所和与生产经营相适应的处所。住所是企业的主要办事机构所在地，是企业的法定地址。

(5)有必要的从业人员。即要有与其生产经营范围、规模相适应的从业人员。

(二)个人独资企业的设立程序

1. 提出申请

申请设立个人独资企业，应当由投资人或者其委托的代理人向个人独资企业所在地的登记机关提出设立申请，并向登记机关提义相关文件。

2. 工商登记

登记机关对符合规定条件的予以登记，发给营业执照；对不符合规定条件的，不予登记，并发给企业登记驳回通知书。个人独资企业营业执照的签发日期，为个人独资企业成立日期。

3. 分支机构登记

个人独资企业设立分支机构，应当由投资人或者其委托的代理人向分支机构所在地的登记机关申请设立登记。分支机构经核准登记后，应将登记情况报该分支机构隶属的个人独资企业的登记机关备案，分支机构的民事责任由设立该分支机构的个人独资企业承担。

三、个人投资企业的投资人

（一）个人独资企业的投资人

根据我国有关法律、行政法规规定，国家公务员、党政机关领导干部、警官、法官、检察官、商业银行工作人员，不得作为投资人申请设立个人独资企业。

（二）个人独资企业的事务管理

1. 个人独资企业事务管理的方式

个人独资企业投资人可以自行管理企业事务，也可以委托或者聘用其他具有民事行为能力的人负责企业的事务管理。

2. 个人独资企业事务管理的内容

个人独资企业事务管理的内容包括以下几个方面：

(1) 个人独资企业应当依法设置会计账簿，进行会计核算。

(2) 个人独资企业招用职工的，应当依法与职工鉴定劳务合同，保障职工的劳动安全，按时、足额发放职工工资。

(3) 个人独资企业应当按照国家规定参加社会保险，为职工缴纳社会保险费。

(4) 个人独资企业可以依法申请贷款，取得土地使用权，并享有法律、行政法规规定的其他权利。

四、个人独资企业的解散和清算

（一）个人独资企业的解散

个人独资企业有下列情形之一时，应当解散：

(1) 投资人决定解散；

(2) 投资人死亡或者被宣告死亡，无继承人或者继承人决定放弃继承；

(3) 被依法吊销营业执照；

(4) 法律、行政法规规定的其他情形。

（二）个人独资企业的清算

个人独资企业解散的，应当进行清算，清算程序如下：

1. 通知和公告债权人

个人独资企业解散的，由投资人自行清算或者由债权人申请人民法院指定清算人进行清算。投资人自行清算的，应当在清算前15日内书面通知债权人，无法通知的，应当予以公告。

2. 财产清偿顺序

财产按照下列顺序清偿：

(1) 所欠职工工资和社会保险费用；

(2) 所欠税款；

(3) 其他债务。

个人独资企业财产不足以清偿债务的，投资人应当以其个人的其他财产予以清偿。

3. 清算期间对投资人的要求

清算期间，个人独资企业不得开展与清算目的无关的经营活动，在按法律规定的财产清偿顺序清偿债务前，投资人不得转移、隐匿财产。

4. 投资人的持续清偿责任

个人独资企业解散后，原投资人对个人独资企业存续期间的债务仍应承担偿还责任，但债权人在5年内未向债务人提出偿债请求的，该责任消灭。

5. 注册登记

个人独资企业清算结束后，投资人或者人民法院指定的清算人应当编制清算报告，并于15日内到登记机关办理注册登记。经登记机关注册登记，个人独资企业终止。个人独资企业办理注册登记时，应当交回营业执照。

第二节　合伙企业法律制度

一、合伙企业法概念

(一) 合伙的概念

合伙是指两个以上的人为着共同目的，相互约定共同出资、共同经营、共享收益、共担风险的自愿联合。

(二) 合伙企业的概念及分类

1. 合伙企业的概念

合伙企业，是指自然人、法人和其他组织依照《中华人民共和国合伙企业法》(下称《合伙企业法》) 在中国境内设立的普通合伙企业和有限合伙企业。

2. 合伙企业的分类

合伙企业分为普通合伙企业和有限合伙企业。普通合伙企业由普通合伙人组成，合伙人对合伙企业债务承担无限连带责任。《合伙企业法》对普通合伙人承担责任的形式有特别规定的，从其规定。有限合伙企业由普通合伙人和有限合伙人组成，普通合伙人对合伙企业债务承担无限连带责任，有限合伙人以其认缴的出资额为限对合伙企业债务承担责任。

（三）合伙企业法的概念和基本原则

1. 合伙企业法的概念

合伙企业法有广义和狭义之分。狭义的合伙企业法，是由国家最高立法机关依法制定的、规范合伙企业合伙关系的专门法律，即《合伙企业法》。广义的合伙企业法，是指国家立法机关或者其他有权机关依法制定的、调整合伙企业合伙关系的各种法律规范的总称。

2. 合伙企业法的基本原则

《合伙企业法》规定了下列基本原则：(1)协商原则；(2)自愿、平等、公平、诚实信用原则；(3)守法原则；(4)合法权益受法律保护原则；(5)依法纳税原则。

二、普通合伙企业

（一）普通合伙企业的概念

普通合伙企业，是指由普通合伙人组成，合伙人对合伙企业债务承担无限连带责任的一种合伙企业。

普通合伙企业具有以下特点：

(1)由普通合伙人组成。普通合伙人，是指在合伙企业中对合伙企业的债务依法承担无限连带责任的自然人、法人和其他组织。国有独资公司、国有企业、上市公司以及公益性的事业单位、社会团体不得成为普通合伙人。

(2)合伙人对合伙企业债务依法承担无限连带责任，法律另有规定的除外。

（二）合伙企业的设立

1. 合伙企业的设立条件

(1)有2个以上的合伙人。合伙人为自然人的，应当具有完全民事行为能力。

(2)有书面合伙协议。合伙协议应当依法由全体合伙人协商一致，以书面形式定立。合伙协议经全体合伙人签名、盖章后生效。

(3)有合伙人认缴或者实际缴付的出资。合伙协议生效后，合伙人应当按照合伙协议的规定缴纳出资。合伙人可以用货币、实物、知识产权、土地使用权或者其他财产权利出资，也可以用劳务出资。

(4)有合伙企业的名称和生产经营场所。

(5)法律、行政法规规定的其他条件。

2. 合伙企业的设立登记

合伙企业的设立登记，应按如下程序进行：

(1)申请人向企业登记机关提交相关文件，申请登记。

(2)企业登记机关核发营业执照。申请人提交的登记申请材料齐全、符合法定形式，企业登记机关能够当场登记的，应于当场登记，发给营业执照。合伙企业的营业执照签发日期，为合伙企业的成立日期。

合伙企业设立分支机构，应当向分支机构所在地的企业登记机关申请登记，领取营业执照。

（三）合伙企业财产

1. 合伙企业财产的构成

合伙人的出资、以合伙企业名义取得的收益和依法取得的其他财产，均为合伙企业的财产。合伙企业的财产由以下三部分构成。

(1) 合伙人的出资。合伙人可能用货币、实物、知识产权、土地使用权或者其他财产权利出资，也可以用劳务出资。

(2) 以合伙企业名义取得的收益。主要包括合伙企业的公共积累基金、未分配的盈余、合伙企业债权、合伙企业取得的工业产权和非专利技术以及合伙企业的名称(商号)、商誉等项财产权利。

(3) 依法取得其他财产。如合法接受赠与的财产等。

2. 合伙企业财产的性质

合伙企业的财产具有独立性和完整性两方面的特征。独立性，是指合伙企业的财产独立于合伙人，合伙人出资以后，一般来说，便丧失了对其作为出资部分的财产的所有权或者持有权、占有权，合伙企业的财产权主体是合伙企业，而不是单独的每一个合伙人。完整性，是指合伙企业的财产作为一个完整的统一体而存在，合伙人对合伙企业财产权益的表现形式仅是依照合伙协议所确定的财产受益份额或者比例。

3. 合伙人财产份额的转让

合伙人财产份额的转让须遵守以下规定：

(1) 除合伙协议另有约定外，合伙人向和合伙人以外的人转让其在合伙企业中的全部或者部分财产份额时，须经其他合伙人一致同意。如果合伙协议有另外约定，即合伙协议约定，合伙人向合伙人以外的人转让其在合伙企业中的全部或者部分财产份额时，无须经过其他合伙人一致同意，比如约定 2/3 以上合伙人同意或者一定出资比例同意的情况下，则应执行合伙协议的规定。

(2) 合伙人之间转让在合伙企业中的全部或者部分财产份额时，应当通知其他合伙人。

(3) 合伙人向合伙人以外的人转让其在合伙企业中的财产份额时，在同等条件下，其他合伙人有优先购买权。但是，合伙协议另有约定除外。

合伙人以外的人成为合伙人须修改合伙协议，未修改合伙协议的，不应算作是法律所称的“合伙企业的合伙人”。

合伙人以其在合伙企业中的财产份额出质的，须经其他合伙人一致同意；未经其他合伙人一致同意，其行为无效，由此给善意第三人造成损失的，由行为人依法承担赔偿损失。

（四）合伙事务执行

1. 合伙事务执行的形式

合伙人执行合伙企业事务，可能有两种形式。

(1) 全体合伙人共同执行合伙事务。在采取这种形式的合伙企业中，按照合伙协议的约定，各个合伙人都直接参与经营，处理合伙企业的事务，对外代表合伙企业。

(2) 委托一个或数个合伙人执行合伙事务。

合伙人将合伙事务委托一个或数个合伙人执行，但并非所有的合伙事务都可以委托给部分合伙人决定。除合伙协议另有约定外，合伙企业的下列事项应当经全体合伙人一致同意：

① 改变合伙企业的名称；

② 改变合伙企业的经营范围、主要经营场所的地点；

③ 处分合伙企业的不动产；

④ 转让或者处分合伙企业的知识产权和其他财产权利；

⑤ 以合伙企业名义为他人提供担保；

⑥ 聘任合伙人以外的人担任合伙企业的经营管理人员。

2. 合伙人在执行合伙事务中的权利和义务

(1) 合伙人在执行合伙事务中的权利

① 各合伙人无论其出资多少，都有权平等享有执行合伙企业事务的权利。

② 执行合伙事务的合伙人对外代表合伙企业。

③ 不执行合伙事务的合伙人有权监督执行事务合伙人执行合伙事务的情况。

④ 合伙人查阅合伙企业会计账簿等财产资料的权利。

⑤ 合伙人有提出异议的权利和撤销委托的权利。

(2) 合伙人在执行合伙事务中的义务。

① 执行事务合伙人应当定期向其他合伙人报告事务执行情况以及合伙企业的经营和财务状况。

② 合伙人不得自营或者同他人合伙经营与本合伙企业相竞争的业务。

③ 除合伙协议另有约定或经全体合伙人一致同意外，合伙人不得同本合伙企业进行交易。

④ 合伙人不得从事损害本合伙企业利益的活动。

3. 合伙事务执行决议办法

合伙事务执行决议办法：

(1) 由合伙协议对决议办法作出约定。

(2) 实行合伙人一人一票并经全体合伙人过半数通过的表决办法。

(3) 依照《合伙企业法》的规定作出决议。

4. 合伙企业的损益分配

(1) 合伙损益。合伙损益包括两方面的内容：一是合伙利益，二是合伙亏损。

(2) 合伙损益分配原则。

① 合伙企业的利益分配、亏损分担，按照合伙协议的约定办理；合伙协议未约定或者约定不明确的，由合伙人协商决定；协商不成的，由合伙人按照实缴出资比例分配、分担；无法确定出资比例的，由合伙人平均分配、分担。

② 合伙协议不得约定将全部利润分配给部分合伙人或者由部分合伙人承担全部亏损。

5. 非合伙人参与经营管理

除合伙协议另有约定外，经全体合伙人一致同意，可以聘用合伙人以外的人承担合伙企业的经营管理人员。

（五）合伙企业的债务清偿

1. 合伙企业的账务清偿

（1）合伙企业的债务，应当由合伙企业的财产来承担。在合伙企业存在自己的财产时，合伙企业的债权人应首先从合伙企业的全部财产中求偿。

（2）合伙企业不能清偿到期债务的，合伙人承担无限连带责任。合伙人的连带责任，是指当合伙企业的全部财产不足以偿付到期债务时，合伙企业的债权人对合伙企业所付债务，可以向任何一个合伙人主张，该合伙人不得以其出资的份额大小、合伙协议有特别约定、合伙企业债务另有担保人或者自己已经偿付所承担的份额的债务等理由来拒绝。

（3）合伙人之间的债务分担和追偿。合伙人由于承担无限连带责任，清偿数额超过规定的其亏损分担比例的，有权向其他合伙人追偿。合伙企业的亏损分担，按照合伙协议的约定办理；合伙协议未约定或者约定不明确的，由合伙人协商决定；协商不成的，由合伙人按照实缴出资比例分担；无法确定出资比例的，由合伙人平均分担。

2. 合伙人个人的债务偿清

（1）合伙人发生与合伙企业无关的债务，相关债权人不得以其债权抵消其对合法企业的债务；也不得代位行驶合伙人在合伙企业中的权利。

（2）合伙人的自有财产不足清偿其在合伙企业无关的债务时，该合伙人可以以其从合伙企业中分取的收益用于清偿。如果其他合伙人不愿意接受该债权人成为其合伙企业新的合伙人，可以由他们中的一人或者数人行使优先购买权，取得该债务人的财产份额。受让人支付的价金，用于向该债权人清偿债务。

（六）入伙与退伙

1. 入伙

入伙是指在合伙企业存续期间，合伙人以外的第三人加入合伙，从而取得合伙人资格。

（1）入伙的条件和程序。

新入伙人入伙，除合伙协议另有约定外，应当经全体合伙人一致同意，并依法订立书面入伙协议。订立入伙协议时，原合伙人应当向新合伙人如实告知原合伙企业的经营状况和财务状况。

（2）新合伙人的权利和责任。

入伙的新合伙人与原合伙人享有同等权利，承担同等责任。但是，如果原合伙人愿意以更优越的条件吸引新合伙人入伙，或者新合伙人愿意以较为不利的条件入伙，也可以在入伙协议中另行约定。

新合伙人对入伙前合伙企业的债务承担无限连带责任。

2. 退伙

退伙是指合伙人退出合伙企业，从而丧失合伙人资格。

（1）退伙的原因。

自愿退伙，是指合伙人基于自愿的意思表示而退伙。自愿退伙可分为协议退伙和通知退伙两种。

A 协议退伙。在合伙企业存续期间，有下列情形之一的，合伙人可以退伙：①合伙协议约定的退伙事由出现；②经全体合伙人一致同意；③发生合伙人难以继续参加合伙的事由；④其他合伙人严重违反合伙协议约定的义务。

B 通知退伙。合伙协议未约定合伙期限的，合伙人在不给合伙企业事务执行造成不利影响的情况下，可以退伙，但应当提前 30 日通知其他合伙人。

法定退伙，是指合伙人因出现法律规定的事由而退伙。法定退伙分为当然退伙和除名两类。

A 当然退伙。合伙人当然退伙情形有：①作为合伙人的自然人死亡或者被依法宣告死亡；②个人丧失偿债能力；③作为合伙人的法人或者其他组织依法被吊销营业执照、责令关闭、撤销，或者被宣告破产；④法律规定或者协议约定合伙人必须具有相关资格而丧失该资格；⑤合伙人在合伙企业中的全部财产份额被人民法院强制执行。

B 除名。合伙人有下列情形之一的，经其他合伙人一致同意，可以决议将其除名：①未履行出资义务；②因故意或者重大过失给合伙企业造成损失；③执行合伙事务时有不正当行为；④发生合伙协议约定的事由。对合伙人的除名决议应当书面通知被除名人。被除名人接到除名通知之日起 30 日内，除名生效，被除名人退伙。被除名人对除名决议有异议的，可以自接到除名通知之日起 30 日内，向人民法院起诉。

(2) 退伙的效果

一是财产继承。合伙人死亡或者被依法宣告死亡的，对该合伙人在合伙企业中的财产份额享有合法继承权的继承人，按照合伙协议的约定或者经全体合伙人一致同意，从继承开始之日起，取得该合伙企业的合伙人资格。

有下列情形之一的，合伙企业应当向合伙人的继承人退还被继承合伙人的财产份额：①继承人不愿意成为合伙人；②法律规定或者合伙协议约定合伙人必须具有相关资格，而该继承人未取得该资格；③合伙协议约定不能成为合伙人的其他情形。

二是退伙结算。①合伙人退伙，其他合伙人应当与该退伙人按照退伙时的合伙企业财产状况进行结算，退还退伙人的财产份额。退伙人对给退伙企业造成的损失负有赔偿责任的，相应扣减其应当赔偿的数额。退货时有未了结的合伙企业事务的，待该事务了结后进行结算。②退伙人在合伙企业中财产份额的退还办法，由合伙协议约定或者由全体合伙人决定，可以退还货币，也可以退还实物。③合伙人退伙时，合伙企业财产少于合伙企业债务的，退伙人应当依照法律规定分担亏损；合伙协议未约定或者约定不明确的，由合伙人协商决定；协商不成的，由合伙人按照实缴出资比例分担；无法确定出资比例的，由合伙人平均分担。

退伙人对基于其退伙前的原因发生的合伙企业债务，承担无限连带责任。

三、有限合伙企业

(一) 有限合伙企业的概念及法律适用

1. 有限合伙企业的概念

有限合伙企业是指由有限合伙人和普通合伙人共同组成，普通合伙人对合伙企业债务承担无限连带责任，有限合伙人以其认缴的出资额为限对合伙企业债务承担责任的合伙组织。

有限合伙企业与普通合伙企业和有限责任公司相比较，具有以下显著特征。

(1) 在经营管理上，普通合伙企业的合伙人，一般均可参与合伙企业的经营管理。有限责任公司的股东有权参与公司的经营管理(含直接参与和间接参与)。而在有限合伙企业中，有限合伙人不执行合伙事务，而由普通合伙人从事具体的经营管理。

(2) 在风险承担上，普通合伙企业的合伙人之间对合伙债务承担无限连带责任。有限责任公司的股东对公司债务以其各自的出资额为限承担有限责任。而有限合伙企业中，不同类型的合伙人所承担的责任则存在差异，其中有限合伙人以其各自的出资额为限承担有限责任，普通合伙人之间承担无限连带责任。

2. 有限合伙企业的法律适用

《合伙企业法》规定了两种类型的企业，即普通合伙企业和有限合伙企业。有限合伙企业与普通合伙企业之间既有相同之处，也有差异处，其中两者的差别主要表现为合伙企业的内部构造上。普通合伙企业的成员均为普通合伙人(特殊的普通合伙企业除外)，而有限合伙企业的成员则被划分为两部分，即有限合伙人和普通合伙人。这两部分合伙人在主体资格、权利享有、义务承受与责任承担等方面存在着明显的差异。在法律适用中，凡是《合伙企业法》中对有限合伙企业有特殊规定的，应当适用有关《合伙企业法》中对有限合伙企业的特殊规定。无特殊规定的，适用有关普通合伙企业及其合伙人的一般规定。

(二) 有限合伙企业的特殊规定

与普通合伙企业相比，有限合伙企业有不同的规定。

(1) 在有限合伙企业存续期间，有限合伙人的人数可能发生变化。然而，无论如何变化，有限合伙企业中必须包括有限合伙人与普通合伙人两部分，否则，有限合伙企业应当进行组织形式变化。有限合伙企业仅剩有限合伙人的，应当解散；有限合伙企业仅剩普通合伙人的，应当转为普通合伙企业。

有限合伙人不得以劳务出资。

有限合伙人应当按照合伙协议的约定按期足额缴纳出资；未按期足额缴纳的，应当承担补缴义务，并对其他合伙人承担违约责任。

(2) 有限合伙企业由普通合伙人执行合伙事务。有限合伙人不执行合伙事务，不得对外代表有限合伙企业。第三人有理由相信有限合伙人为普通合伙人并与其交易的，该有限合伙人对该笔交易承担与普通合伙人同样的责任。有限合伙人未经授权以有限合伙企业名义与他人进行交易，给有限合伙企业或者其他合伙人造成损失的，该有限合伙人应当承担赔偿责任。有限合伙人可以同本有限合伙企业进行交易。但是，合伙协议另有约定的除外。有限合伙人可以自营或者同他人合作经营与本有限合伙企业相竞争的业务。但是，合伙协议另有约定的除外。

(3) 有限合伙人可以将其在有限合伙企业中的财产份额出质。但是，合伙协议另有约定除外。有限合伙人可以按照合伙协议的约定向合伙人以外的人转让其在有限合伙企业中的财产份额，但应当提前30日通知其他合伙人。

(4) 有限合伙人的自有财产不足清偿其与合伙企业无关的债务的，该合伙人可以以其从有限合伙企业中分取的收益用于清偿；债权人也可以依法请求人民法院强制执行该合伙人在有限合伙企业中的财产份额用于清偿。人民法院强制执行有限合伙人的财产份额时，应当通知全体合伙人。在同等的条件下，其他合伙人有优先购买权。

(5)新入伙的有限合伙人对入伙前有限合伙企业的债务，以其认缴的出资额为限承担责任。有限合伙人退伙后，对基于其退伙前的原因发生的有限合伙企业债务，以其退伙时从有限合伙企业中取回的财产承担责任。

四、合伙企业解散和清算

(一)合伙企业解散

合伙企业解散，是指各合伙人解除合伙协议，合伙企业终止活动。

合伙企业由下列情形之一的，应当解散：

(1)合伙期限届满，合伙人决定不再经营；

(2)合伙协议约定的解散事由出现；

(3)全体合伙人决定解散；

(4)合伙人已不具备法定人数满 30 天；

(5)合伙协议约定的合伙目的已经实现或者无法实现；

(6)依法被吊销营业执照、责令关闭或者被撤销；

(7)法律、行政法规规定的其他原因。

(二)合伙企业清算

合伙企业解散的，应当进行清算。

1. 确定清算人

合伙企业解散，应当由清算人进行清算。清算人由全体合伙人承担；经全体合伙人过半数同意，可以自合伙企业解散事由出现后 15 日内指定一个人或者数个合伙人，或者委托第三人，担任清算人。自合伙企业解散事由出现之日 15 日内未确定清算人的，合伙人或者其他利害关系人可以申请人民法院指定清算人。

2. 清算人职务

清算人在清算期间执行下列事务：

(1)清理合伙企业财产，分别编制资产负债表和财务清单；

(2)处理与清算有关的合伙企业未了结事务；

(3)清缴所欠税款；

(4)清理债权、债务；

(5)处理合伙企业清偿债务后的剩余财产；

(6)代表合伙企业参加诉讼或者仲裁活动；

3. 通知和公告债权人

清算人自被确定之日起 10 日内将合伙企业解散事项通知债权人，并于 60 日内在报纸上公告。债权人应当自接到通知书之日起 30 日内，未接到通知书的自公告之日起 45 日内，向清算人申报债权。债权人申报债权，应当说明债权的有关事项，并提供证明材料。清算人应当对债权进行登记。清算期间，合伙企业存续，但不得开展与清算无关的经营活动。

4. 财产清偿顺序

合伙企业财产在支付清算费用和职工工资、社会保险费用、法定补偿金以及缴纳所欠税款、清偿债务后的剩余财产，依照《合伙企业法》关于利润分配和亏损分担的规定进行分配。

合伙企业财产清偿问题主要包括以下三方面的内容。

(1) 合伙企业的财产首先用于支付合伙企业的清算费用。清算费用包括：①管理合伙企业财产的费用，如仓储费、保管费、保险费。②处分合伙企业财产的费用，如聘任工作人员的费用等。③清算过程中的其他费用，如通告债权人的费用、调查债权的费用、咨询费用、诉讼费用等。

(2) 合伙企业的财产支付合伙企业的清算费用后的清偿顺序如下：合伙企业职工工资、社会保险费用和法定补偿金；缴纳所欠税款；清偿债务。其中，法定补偿金主要是指法律、行政法规和规章所规定的应当支付给职工的补偿金，如《中华人民共和国劳动法》规定的解除劳务合同的补偿金。

(3) 分配财产。合伙企业财产依法清偿后仍有剩余时，对剩余财产，依照《合伙企业法》的规定进行分配，即按照合伙协议的约定办理；合伙协议未约定或者约定不明确的，由合伙人协商决定；协商不成的，由合伙人按照实缴出资比例分配；无法确定出资比例的，由合伙人平均分配。

5. 注销登记

清算结束后，清算人应当编制清算报告，经全体合伙人签名、盖章后，在 15 日内向企业登记机关报送清算报告，申请办理合伙企业注销登记。

合伙企业注销后，原普通合伙人对合伙企业存续期间的债务仍应承担无限连带责任。

6. 合伙企业不能清偿到期债务的处理

合伙企业不能清偿到期债务的，债权人可以依法向人民法院提出破产清算申请，也可以要求普通合伙人清偿。合伙企业依法被宣告破产的，普通合伙人对合伙企业债务仍应承担无限连带责任。

课后练习题

一、思考题

1. 什么是个人独资企业？其设立条件和设立程序是什么？
2. 什么是合伙企业？有哪些种类？
3. 普通合伙企业设立的条件是什么？
4. 有限合伙企业有哪些特殊规定？
5. 普通合伙企业与有限合伙企业有什么不同之处？

二、案例分析题

2010 年 1 月，赵、钱、孙、李四人决定设立一合伙企业，并签订书面协议，内容如下：(1) 赵出资 10 万元，钱以实物折价出资 8 万元，经其他人同意孙以劳务出资 6 万元，李货币出资 4 万元。(2)赵、钱、孙、李四人按 2:2:1:1 比例分配利润和承担风险；(3)由赵执行合伙企业事务，对外代表企业，但签订大于 1 万元的销售合用应经其他人同意。协议未约定经营期限。

发生以下事实：

(1)2010 年 5 月赵擅自以合伙企业名义与红天签定合同，红天公司不知道其内部限制。钱获知后，向红天公司表示不承认。

(2)2011 年 1 月，李提出退伙，并不给企业造成任何不利影响。2011 年 3 月李经清算退伙。4 月新合伙人周出资 4 万元入伙。2011 年 5 月，合伙企业的债权人绿光公司就合伙人李退伙前的 24 万元现合伙人和李共同承担连带责任。李以自己退伙为由，周以自己新入伙为由拒绝承担。

(3)赵为了改善企业的经营管理，于 2011 年 4 月独自聘任田某为合伙企业的经营管理人，并以合伙企业的名义对蓝海公司提供担保。

(4)2012 年 4 月，合伙人钱在与黄河公司的买卖合同中，无法偿还到期债务 8 万元。黄河公司于 2012 年 6 月向人民法院提起诉讼。黄河公司胜诉，于 2012 年 8 月申请强制执行钱在合伙企业中的财产份额。

据以上事实回答下列问题：

(1)赵跟红天公司的合同是否有效？为什么？

(2)李的主张是否成立？为什么？如果李向红天偿还 24 万元，可以向哪些当事人追偿？金额多少？

(3)周的主张是否成立？为什么？

(4)赵聘用田某及为蓝海公司担保是否合法？为什么？

(5)合伙人钱被人民法院强制执行其份额后，合伙企业决定对其除名是否符合法律规定？为什么？

(6)李的退伙属于何种情况？其退伙应符合哪些条件？

第三章　公　司　法

重点掌握内容

1. 公司的概念、公司的种类
2. 有限责任公司、一人独资公司、国有独资公司
3. 股份有限公司
4. 公司的合并、分立、解散
5. 公司的债券、公司组织机构的设置及职权。

案例导学

乙的行为是否合法？

甲持有某股份有限公司的股份为11%，担任该公司的董事长，其朋友丙担任公司的副董事长。甲的儿子乙担任公司的人事部经理。2012 年 5 月，甲患重病突然辞世，致使公司暂时陷入无董事长的局面，因乙是甲的唯一合法继承人，为了使公司不因甲的去世而受到影响，乙及时召集并主持股东大会，对公司的未来发展作出安排。

思考：乙的行为是否合法？

第一节　公司法概述

一、公司的概念、特征及种类

（一）公司的概念

公司是现代企业组织形式中的一种重要组织形式，已被世界上许多国家广泛采用。在我国，公司是指依照法定条件和法定程序设立，以营利为目的的企业法人。

（二）公司的特征

公司虽然是企业的一种，但与其他企业有着显著的区别，这种区别体现在公司的特征之中。概括起来，公司具有以下特征。

（1）依法设立。这是指公司必须以法定条件、法定程序设立。一方面要求公司的章程、资本、组织机构、活动原则等必须合法；另一方面要求公司设立要经过法定程序进行工商登记。

（2）以营利为目的。这是指出资者设立公司的目的是为了盈利，即从公司经营中获得利润。因此，盈利的目的不仅要求公司本身为盈利而活动，而且要求公司有盈利时应当分配给股东。

（3）以股东的投资行为为基础设立。股东投资行为形成的权利是股权，股权是一种独立的特殊权利，既不同于所有权，也不同于经营权，更不同于债权。《公司法》规定，公司股东依法享有受益权、参与重大决策的权利和选择经营者的权利等。

（4）具有法人资格，即公司有自己独立的财产，能够以其财产独立承担责任，股东以其认缴的出资额或认购的股份为限对公司债务承担有限责任。我国《公司法》规定的有限责任公司和股份有限公司都具有法人资格。

（三）公司的种类

依照不同的标准，可以对公司作不同的分类。

（1）根据公司的股本结构和股东对公司债务承担责任的不同，可以把公司分为有限责任公司、股份有限公司、无限公司和两合公司。

① 有限责任公司，又称有限公司，是指股东以其认缴的出资额为限对公司债务承担责任，公司以其全部财产对公司债务承担责任的公司。

② 股份有限公司，又称股份公司，是指将全部资本分为等额股份，股东以其认购的股份为限对公司承担责任，公司以其全部财产对公司债务承担责任的公司。

③ 无限公司，是指由两个以上的股东组成，全体股东对公司债务承担无限责任的公司。无限公司与合伙具有基本相同的法律性质，但不同的是有些国家规定无限公司具有法人资格。

④两合公司，是指由负有无限责任的股东和负有有限责任的股东组成，无限责任股东对公司债务承担无限连带责任，有限责任股东仅就其认缴的出资额为限对公司债务承担责任。其中，无限责任股东是公司的经营管理者，有限责任股东不参与公司的经营管理。

我国《公司法》规定的公司形式仅为有限责任公司和股份有限公司。

（2）根据公司的组织管辖关系，将公司分为总公司和分公司。总公司是指依法设立并管辖公司全部组织的具有法人资格的总机构。分公司不具备法人资格，其一切行为均代表总公司，一切法律后果均由总公司承担。

（3）根据公司之间的资本控制和依附关系可以将公司分为母公司和子公司。母公司是指拥有其他公司一定数额的股份或根据协议能够控制其他公司的各种事项的公司。母公司具有法人资格。子公司是指一定数额的股份被另一公司控制或依照协议被另一公司实际控制、支配的公司。

(4) 根据股东对象和股份能否自由转让的不同，可以将公司分为封闭式公司和开放式公司。封闭式公司又称不上市公司，是指公司股本全部由设立公司的股东拥有，且股份不能在证券市场上自由转让的公司。在我国，有限责任公司就属于此类公司。开放式公司又称为上市公司，是指可以按法律程序公开招股，股东人数无法定限额，股份可以在证券市场上公开自由转让的公司。在我国，股份有限公司属于此类公司。

(5) 根据公司国籍的不同，可以将公司分为本国公司和外国公司。本国公司是指依照我国法律并在我国境内设立的公司。外国公司是指依照外国法律在中国境外登记成立的公司。

二、公司法的概念

公司法是指调整在公司设立、组织、运营等过程中发生的各种法律关系的法律规范的总称。公司法的宗旨是为了规范公司的组织和行为，保护公司、股东和债权人的合法权益，维护社会经济秩序，促进社会主义市场经济的发展。

《中华人民共和国公司法》(以下简称《公司法》)，于 1993 年 12 月 29 日第八届全国人民代表大会常务委员会第五次会议通过，1994 年 7 月 1 日起施行。该法全面规定了有限责任公司和股份有限公司的设立、组织、运营及其行为等有关问题。2005 年 10 月 27 日全国人大常委会对《公司法》进行了全面修订，自 2006 年 1 月 1 日起施行。2013 年 12 月 28 日第十二届全国人民代表大会常务委员会第六次会议再次对《公司法》进行修订，自 2014 年 3 月 1 日起施行。

第二节　有限责任公司

一、有限责任公司的设立

有限责任公司是指由法定数额的股东共同出资设立，股东以其认缴的出资额为限对公司债务承担有限责任，公司以其全部资产对其债务承担责任的企业法人。

(一) 有限责任公司设立的条件

设立有限责任公司需要具备五个条件。

(1) 应具有符合法定人数的股东。根据我国《公司法》的规定，有限责任公司的股东人数必须在五十人以下。

(2) 有符合公司章程规定的全体股东认缴的出资额。

原《公司法》规定的有限责任公司注册资本的最低限额为人民币三万元，法律、行政法规对有限责任公司注册资本的最低限额有较高规定的从其规定。2013 年修订的《公司法》放宽了注册资本登记条件，除了法律、行政法规以及国务院决定对公司注册资本最低限额另有规定的情况之外，取消了有限责任公司最低注册资本三万元，一人有限责任公司最低注册资本十万元，股份有限公司最低注册资本五百万元的限制。不再限制公司设立时股东的首次出资比例，也不再限制股东的货币出资比例。

有限责任公司股东的出资方式可以是多样的，货币、实物、知识产权、非专利技术、土地使用权都可以用来出资。以实物、知识产权、非专利技术、土地使用权出资的，必须进行评估作价，核实财产，不得高估或者低估作价。

(3)有股东共同制定的公司章程。公司章程是指公司所必备的规定其名称、宗旨、资本、组织机构等对内对外事务的基本法律文件。有限责任公司章程应载明下列事项：公司名称和住所；公司经营范围；公司注册资本；股东的姓名或名称；股东的出资方式、出资额和出资时间；公司的机构及其产生办法、职权、议事规则；公司法定代表人；股东会会议认为需要规定的其他事项。有限责任公司的章程由股东制定，对全体股东、董事、监事、经理都具有约束力，他们都必须依照公司章程的规定行使职权。

(4)有公司的名称和住所。有限责任公司的名称中不得包含下列内容和文字：有损国家和社会公共利益；可能对公众造成欺骗或误解；外国国家(地区)名称；国际组织名称；政党名称；党政军机关名称；群众组织、社会团体名称；军队番号；汉语拼音字母(外文名称中使用的除外)、数字等。

(5)建立符合有限责任公司的组织机构。

(二)有限责任公司设立的程序

设立有限责任公司必须经过下列程序。

(1)确定股东。

(2)订立公司章程，全体股东必须在公司章程上签名盖章。

(3)认缴公司的资本。

原《公司法》规定公司全体股东的首次出资额不得低于注册资本的 20%，也不得低于法定的注册资本最低限额，其余部分由股东自公司成立之日起两年内缴足。其中，投资公司可以在五年内缴足。

2013 年修订的《公司法》将注册资本实缴登记制改为认缴登记制。实缴制是指企业营业执照上的注册资本是多少，该公司的银行验资账户上就必须有相应数额的资金。认缴制则是工商部门只登记公司认缴的注册资本总额，无须登记实收资本，不再收取验资证明文件。

新公司法施行后，公司股东可以自主约定认缴出资额、出资方式、出资期限等，并记载于公司的章程。即从 2014 年 3 月 1 日起，股东(发起人)可自主约定出资方式和货币出资比例，不再要求公司设立时全体股东必须有首期出资，对于货币占注册资本的比例也不作要求，有助于提高公司股东(发起人)资金使用效率。

(4)公司向有关登记管理机关申请设立登记。

原《公司法》规定有限责任公司的股东缴足出资后，应由全体股东指定的代表人或共同委托的代理人作为申请人向所在地的工商行政管理机关申请设立登记，并提交公司登记申请书、公司章程等文件。法律、法规规定需要经有关部门审批的，还应提交审批文件。

2013 年修订的《公司法》删除了提交验资证明的规定，简化了公司登记程序。验资报告的取消，是与注册资本实缴登记改为认缴登记相关联的。由于注册资本的到位情况，不需要工商部门进行监督，而是对社会公众进行公示，所以，注册资本到位的证明——验资报告不再存在。

(5)公司设立登记。有限责任公司所在地的工商行政管理机关对公司设立登记申请进行审查，认为符合条件的，进行核准登记，颁发营业执照，公司即告成立并取得法人资格。公司营业执照颁发之日，为公司成立之日。

案例

案情：某市有甲、乙、丙三家国有企业，经市政府有关部门批准，共同出资组建某有限责任公司。该公司以生产经营为主，甲企业以货币出资，乙企业以厂房、设备等出资，丙企业以商标权和专利权出资。各方约定，公司董事会由7人组成。

问题：

1. 该有限责任公司应在哪级工商行政管理部门办理设立登记手续？

2. 该公司的注册资本额应为多少？

分析：

1. 应在市工商行政管理部门办理。

2. 依据2013年新修订的《公司法》，注册资本登记制改为认缴登记制。新公司施行后，公司股东可以自主约定认缴出资额、出资方式、出资期限等，并记载于公司的章程。工商部门只登记公司认缴的注册资本总额，无须登记实收资本，不再收取验资证明文件。

二、有限责任公司的组织机构

一般的有限责任公司的组织机构由股东会、董事会和监事会组成。股东人数较少和规模较小的有限责任公司，其组织机构由股东会、执行董事和监事组成。

（一）股东会

1. 股东会的组成和性质

有限责任公司股东会由全体股东组成，股东会是公司的权力机构，依法行使职权。股东会是非常设机关，仅以会议形式存在，只有在召开股东会会议时，股东会才作为公司机关存在。

2. 股东会的职权

根据新《公司法》三十七条的规定，股东会享有以下职权：

(1)决定公司的经营方针和投资计划；

(2)选举和更换不是由职工代表担任的董事、监事，决定有关公司董事、监事的报酬事项；

(3)审议批准董事会的报告；

(4)审议批准监事会或监事的报告；

(5)审议批准公司的年度财务预算方案、决算方案；

(6)审议批准公司的利润分配方案和弥补亏损方案；

(7)对公司增加或减少注册资本作出决议；

(8)对发行公司债券作出决议；

(9)对公司合并、分立、变更公司形式、解散和清算等事项作出决议。

(10)修改公司章程。

对以上所列事项股东以书面形式一致表示同意的，可以不召开股东会会议，直接作出决定，并由全体股东在文件上签名、盖章。

3. 股东会的召开和决议

股东会的首次会议由出资最多的股东召集和主持，依法行使职权。股东会会议分为定期会议和临时会议。定期会议应当按照公司章程的规定按时召开。代表十分之一以上表决权的股东、三分之一以上董事、监事会或者不设监事会的公司的监事，可以提议召开临时会议。

股东会会议由股东按照出资比例行使表决权，但是公司章程另有规定的除外。股东会对修改公司章程、增加或减少注册资本、分立、合并、解散或者变更公司形式作出决议，必须经过代表三分之二以上表决权的股东通过。

4. 股东的权利和义务

根据《公司法》的规定，有限责任公司的股东享有以下权利：

(1)参加股东会并按出资比例行使表决权。

(2)了解公司经营状况和财务状况，查询股东会会议记录和公司财务会计报告。

(3)选举和被选举为董事会成员、监事会成员。

(4)按实缴的出资比例收取红利；但是，全体股东约定不按照出资比例分取红利或者不按照出资比例优先认缴出资的除外。

(5)依法转让出资。

(6)优先购买其他股东转让的出资。

(7)优先认购公司新增资本。

(8)公司终止后，依法分得公司剩余财产。

(9)股东的合法权益受到侵犯时，有权向人民法院提起诉讼。新《公司法》规定，公司经营管理发生严重困难，继续存续会使股东利益受到重大损失，通过其他途径不能解决的，持有公司全部股东表决权百分之十以上的股东，可以请求人民法院解散公司。

有限责任公司的股东应承担下列义务：

(1)缴纳所认缴的出资；

(2)以其出资额为限对公司债务承担有限责任；

(3)公司依法成立后，不得抽回出资；

(4)公司章程中规定的其他义务。

案例

案情：水晶宫有限责任公司是一家经营电器批发的企业，注册资本100万元。近年来由于市场不景气，公司资本总额与其实有资产悬殊，2008年4月，水晶宫有限责任公司决定减少注册资本。5月，股东会以代表1/2以上表决权的股东通过决议，将公司注册资本减至人民币40万元；公司自作出减少注册资本决议之日就向公司登记机关办理变更登记。

问题：依据《公司法》，水晶宫有限责任公司在减少注册资本的过程中存在哪些问题?

分析：(1)水晶宫有限责任公司的减资决议仅有代表1/2以上表决的股东通过，决议程序不合法。依公司法规定，股东会对公司增减资本作出决议，必须经代表2/3以上表决权的股东通过。

（2）水晶宫有限责任公司在作出减资决议后立即申请变更登记不符合公司法规定。依公司法，水晶宫有限责任公司在作出减资决议后应履行通知、公告债权人程序。

（二）董事会

1．董事会的性质和组成

董事会是有限责任公司的业务执行机关，享有业务执行权和日常经营的决策权。它是一般有限责任公司的必设机关和常设机关，股东人数较少或规模较小的公司除外。

有限责任公司设董事会的，其成员为三人至十三人。两个以上的国有企业或者两个以上的其他国有投资主体投资设立的有限责任公司，其董事会成员中应当有公司职工代表；其他有限责任公司董事会成员中可以有公司职工代表。董事会中的职工代表由公司职工通过职工代表大会、职工大会或者其他形式民主选举产生。

董事会设董事长一人，可以设副董事长。董事长、副董事长的产生办法由公司章程规定。董事任期由公司章程规定，但每届任期不得超过三年。董事任期届满，连选可以连任。董事任期届满未及时改选，或者董事在任期内辞职导致董事会成员低于法定人数的，在改选出的董事就任前，原董事仍应当依照法律、行政法规和公司章程的规定，履行董事职务。

2．董事会的职权

依照新《公司法》四十六条的规定，董事会享有以下职权：

（1）召集股东会会议，并向股东会作报告；

（2）执行股东会的决议；

（3）决定公司的经营计划和投资方案；

（4）制定公司的年度财务预算方案、决算方案；

（5）制定公司的利润分配方案和弥补亏损方案；

（6）制定公司增加或减少注册资本及发行公司债券的方案；

（7）制定公司合并、分立、解散和变更公司形式的方案；

（8）决定公司内部管理机构的设置；

（9）决定聘任或者解聘公司经理及其报酬事项，并根据经理的提名决定聘任或者解聘公司副经理、财务负责人及其报酬事项；

（10）制定公司的基本管理制度；

（11）公司章程规定的其他职权。

3．董事会的召开和决议

董事会会议由董事长召集和主持；董事长不能履行职务或者不履行职务的，由副董事长召集和主持；副董事长不能履行职务或者不履行职务的，由半数以上董事共同推举一名董事召集和主持。法律同时规定，董事会应当对所议事项的决定做成会议记录，出席会议的董事应当在会议记录上签名。董事会决议的表决，实行一人一票。

4．董事长和执行董事的职权

有限责任公司的董事长和执行董事的职权有：主持股东会会议；召开和主持董事会会议；检查董事会决议的实施情况；对外代表公司；设立公司时，向公司登记机关申请登记，领取营业执照；公司章程规定的其他职权。

5. 经理

有限责任公司的经理是负责公司日常经营管理的高级管理人员，由董事会聘任或解聘，经理对董事会负责。根据《公司法》的规定，经理在日常管理活动中行使下列职权：

(1)主持公司的生产经营管理工作，组织实施董事会决议；

(2)组织实施公司年度经营计划和投资方案；

(3)拟定公司内部管理机构设置方案；

(4)拟定公司的基本管理制度；

(5)制定公司的具体规章；

(6)提请聘任或者解聘公司副经理、财务负责人；

(7)聘任或者解聘应由董事会聘任或者解聘以外的管理人员；

(8)公司章程和董事会授予的其他职权；

(9)列席董事会会议。

(三)监事会

1. 监事会的性质及其组成

监事会是规模较大的有限责任公司的常设机关，专司监督职能。监事会对股东会负责，并向股东会报告工作。规模较大的有限责任公司设立监事会，其成员不得少于三人。监事会应在其成员中推举一名召集人。

监事会由股东代表和适当比例的公司职工代表组成，其中职工代表的比例不得少于三分之一，具体比例由公司章程规定。监事会当中的职工代表由公司职工民主选举产生。股东人数较少和规模较小的公司，可以不设监事会，仅设一至两名监事。董事、高级管理人员不得兼任监事。监事的任期每届为三年，可以连选连任。监事任期届满未及时改选，或者监事在任期内辞职导致监事会成员低于法定人数的，在改选出的监事就任前，原监事仍应当依照法律、行政法规和公司章程的规定，履行监事职务。

2. 监事会的职权

监事会或者监事行使下列职权：

(1)检查公司财务；

(2)对董事、高级管理人员执行公司职务的行为进行监督，对违反法律、行政法规、公司章程或者股东会决议的董事、高级管理人员提出罢免建议；

(3)当董事、高级管理人员的行为损害公司利益时，要求董事、高级管理人员予以纠正；

(4)提议召开临时股东会会议，在董事会不履行公司法规定的召集和主持股东会会议职责时召集和主持股东会会议；

(5)向股东会会议提出提案；

(6)依照公司法的规定，对董事、高级管理人员提起诉讼；

(7)公司章程规定的其他职权。

(四)董事、监事、高级管理人员的任职资格限制和行为限制

1. 董事、监事、高级管理人员的任职资格限制

有下列情形之一的人员，不得担任公司的董事、监事、经理：

(1) 无民事行为能力或者限制民事行为能力；

(2) 因贪污、贿赂、侵占财产或者破坏社会主义市场经济秩序，被判处刑罚，执行期满未逾五年，或者因犯罪被剥夺政治权利，执行期满未逾五年；

(3) 担任破产清算的公司、企业的董事长或者厂长、经理，对该公司的破产负有责任的，自该公司、企业破产清算完结之日起未逾三年；

(4) 担任因违法被吊销营业执照、责令关闭的公司、企业的法定代表人，并负有个人责任的，自该公司、企业被吊销营业执照之日起未逾三年；

(5) 个人所负数额较大的债务到期未清偿；

(6) 国家公务员不得担任公司的董事、监事、高级管理人员。

2. 董事、监事、高级管理人员的行为限制

董事、监事、高级管理人员不得有下列行为：

(1) 挪用公司资金；

(2) 将公司资金以其个人名义或者以他人名义开立账户存储；

(3) 违反公司章程的规定，未经股东会、股东大会或者董事会的同意，将公司资金借贷给他人或者以公司的财产为他人提供担保；

(4) 违反公司章程的规定或者未经股东会、股东大会或者董事会的同意，与本公司订立合同或者进行交易；

(5) 未经股东会、股东大会同意，利用职务便利为自己或者他人谋取属于公司的商业机会，自营或者为他人经营与所任职公司同类的业务；

(6) 接受他人与公司交易的佣金归自己所有；

(7) 擅自披露公司秘密；

(8) 违反对公司忠实义务的其他行为。

董事、监事、高级管理人员违反上述规定所得的收入应归公司所有。

三、一人有限责任公司

一人有限公司是指只有一个自然人股东或一个法人股东的有限责任公司。其具有以下特征：

(1) 一人有限公司的股东只有一个，可以是自然人，也可以是法人。一个自然人只能投资设立一个一人有限公司，该一人有限公司不得投资设立新的一人有限公司。

(2) 一人有限公司不设股东会。

(3) 股东不能证明公司财产独立于股东个人财产的，应当对公司债务承担连带责任。

(4) 一人有限公司除关于设立组织机构的规定外，其他的规定适用有限责任公司。

四、国有独资公司

(一) 国有独资公司的概念和特征

国有独资公司是指国家单独出资、由国务院或者地方人民政府委托本级人民政府国有资产监督管理机构履行出资人职责的有限责任公司。其特征如下：

（1）国有独资公司的出资主体只能是国家。

（2）国有独资公司以有限责任公司的形式存在，除关于设立组织机构的规定外，其他规定适用有限责任公司的规定。

（3）国有独资公司不设立股东会，股东会的职权由国有资产监督管理机构行使。

（4）国有独资公司章程应由国有资产监督管理机构制定，或者由董事会制定报国有资产管理机构批准。

（二）国有独资公司的组织机构

1. 董事会

国有公司的董事会是其执行机构，公司董事会经国有资产监督管理机构授权可以行使股东会的全部职权，决定公司的重大事项。

国有公司的董事会由董事长一人，副董事长若干人和董事若干人组成。董事会成员中应当有公司职工代表。董事会成员由国有资产监督管理机构委派，董事会成员中的职工代表，由公司职工代表大会选举产生。董事每届任期不得超过三年。

国有独资公司设经理，由董事会聘任或者解聘。经理的职权适用有限责任公司的规定。

2. 监事会

监事会是国有独资公司的监督机构，其职权适用有限责任公司的规定和国务院的有关规定。国有独资公司监事会的成员不得少于五人，其中职工代表的比例不得低于三分之一，具体比例由公司章程规定。监事会成员由国有资产监督管理机构委派，但是监事会中的职工代表由公司职工代表大会选举产生。监事会主席由国有资产监督管理机构从监事会成员中指定。

第三节 股份有限公司

一、股份有限公司的设立

股份有限公司是指全部资本由等额股份构成并通过发行股票筹集资本，股东以其所认购股份对公司承担责任，公司以其全部资产对公司债务承担责任的企业法人。

设立股份有限公司应具备下列条件：

（1）发起人符合法定人数；

（2）有符合公司章程规定的全体发起人认购的股本总额或者募集的实收股本总额；

（3）股份发行、筹办事项符合法律规定；

（4）发起人制定公司章程，对于采取募集方式设立的公司，公司章程需经创立大会通过；

（5）有公司名称，建立符合股份有限公司要求的组织机构；

（6）有公司的住所。

二、股份有限公司设立的方式

股份有限公司设立的方式有两种：发起设立和募集设立。

1. 发起设立

发起设立是指公司的全部股份或者首期发行的股份由发起人自行认购，不向发起人之外的任何人募集而设立公司。发起设立的程序分为以下步骤。

(1) 发起人认购股份。采取发起设立方式设立的股份有限公司，其注册资本是在公司登记机关登记的全体发起人认购的股本总额。在缴足前，不得向他人募集股份。

(2) 发起人缴清股款。发起人可以用货币出资，也可以用实物、知识产权、非专利技术或者土地使用权作价出资。

(3) 召开创立大会。发起人缴清全部股款并验资后三十日内应当召开创立大会，选举董事会和监事会。发起人应当在创立大会召开十五日前将会议日期通知各认股人或者予以公告。创立大会应有代表股份总数二分之一以上的认股人出席方可举行。

(4) 申请设立登记。董事会应于创立大会结束三十日内，向公司登记机关报送文件，申请设立登记。公司登记机关对符合条件的予以登记，发给公司营业执照。公司营业执照签发之日，为公司成立之日。公司成立后，应当进行公告。

2. 募集设立

募集设立是指认购公司全部股份或首期发行股份的一部分，其余向社会募集或向特定对象公开募集而设立公司。募集设立需经过以下程序。

(1) 发起人认购股份。发起人认购的股份不得少于公司股份总数的百分之三十五，其余股份应当向社会公开募集。法律、法规另有规定的，从其规定。

(2) 制作招股说明书。招股说明书应当附有发起人制定的公司章程，并载明下列事项：发起人认购的股份数；每股的票面金额和发行价格；无记名股票的发行总数；认股人的权利、义务；募集资金的用途；本次募股的起止期限及逾期未募足时认股人可撤回所认股份的说明。

(3) 签订承销协议和代收股款协议。发起人向社会公开募集股份，应当同银行签订代销、代收股款协议。

(4) 提出申请。发起人向社会公开募集股份时，必须向国务院证券管理部门递交募股申请和有关文件。

(5) 国务院证券管理部门审查批准。

(6) 公开募集股份。发起人经国务院证券管理部门批准后，可以向社会公开募集股份。认股人认购后，应按照所认股数额缴纳股款。

(7) 召开创立大会。发行股份的股款缴足后，经法定的验资机构验资并出具证明，发起人应当在三十日内召开公司创立大会。创立大会应有代表股份总数二分之一以上的认股人出席，方可举行。

发行股份超过招股说明书规定的截止期限未募足的，或者发行股份的股款缴足后，发起人在三十日内未召开创立大会的，认股人可以按照所缴股款并加算银行同期存款利息，要求发起人返还。

(8) 进行设立登记。公司在创立大会结束三十日内，由董事会向公司登记机关申请设立登记。登记机关对符合条件的予以登记，发给营业执照。

三、股份有限公司的组织机构

股份有限公司的组织机构由股东大会、董事会和监事会构成。

（一）股东大会

1. 股东大会的性质和组成

股东大会是由全体股东组成的公司权力机构，是股份有限公司的最高权力机关。

2. 股东大会的职权

股东大会行使下列职权：

(1)决定公司的经营方针和投资计划；

(2)选举和更换董事、由股东代表出任的监事，决定有关董事、监事的报酬事项；

(3)审议批准董事会的报告和监事会的报告；

(4)审议批准公司的年度财务预算方案、决算方案；

(5)审议批准公司的利润分配方案、弥补亏损方案；

(6)对公司增加或减少注册资本作出决议；

(7)对发行公司债券作出决定；

(8)对公司的合并、分立、解散和清算等事项作出决议；

(9)修改公司章程。

3. 股东大会的召开

股东大会应当每年召开一次。有下列情形之一的，应当在两个月内召开临时股东大会：

(1)董事人数不足公司法规定的人数或者公司章程规定的人数的三分之二；

(2)公司未弥补的亏损达到股本总额的三分之一；

(3)单独或合计持有公司股份百分之十以上的股东请求；

(4)董事会认为必要；

(5)监事会提议召开；

(6)公司章程规定的其他情形。

股东大会会议由董事会依法负责召集，由董事长主持。召开股东大会，应当将会议审议的事项于会议召开二十日以前通知各股东。临时股东大会不得对通知中未列明的事项作出决议。发行无记名股票的，应当于会议召开三十日以前公告会议召开的时间、地点和审议事项。无记名股票持有人出席股东大会的，应当于会议召开五日以前至股东大会闭会时止将股票交存于公司。

4. 股东大会的决议

股东大会的决议实行股份多数决定原则。股东出席股东大会，所持每一股份拥有一表决权。但公司持有的本公司股票没有表决权。股东大会作出决议，一般事项必须经出席会议的股东所持表决权的半数以上通过。股东大会对公司的合并、分立、解散、修改公司章程或变更公司的形式等作出决议，必须经出席会议的股东所持表决权的三分之二以上通过。

案例

案情：A 股份有限公司拟召开 2012 年度股东大会年会，审议批准董事会报告、审议批准监事会报告、审议批准年度财务预算方案、决算方案、审议批准公司的利润分配方案。公司在国务院证券管理部门指定的报纸上登载了召开股东大会年会的通知。通知内容如下：

A股份有限公司关于召开2012年度股东大会年会的通知

兹定于2012年5月15日在公司本部办公楼二层会议室内召开2012年度股东大会年会，特通知如下:

一、凡持有本公司股份50万股以上的股东可向本公司索要本通知，并持通知出席股东大会会议。

二、持有本公司股份不足50万股的股东，可自行组合，每50万股选出一名代表，向本公司索要本通知，并持通知出席股东大会会议。

三、持有本公司股份不足50万股的股东，5月10日前不自行组合产生代表的，本公司将向其寄送“通讯表决票”，由其通讯表决。

A股份有限公司董事长***

2012年5月5日

问题: 阅读上述资料，指出上述通知有哪些违法之处？根据什么？

分析: 有下列违法之处:

(1)通知发出时间违反公司法。根据公司法规定，召开股东大会，应于会议召开30日以前通知各股东。

(2)通知中未将审议的四个事项列出。根据公司法规定，召开股东大会，应将审议事项通知各股东。

(3)通知中一、二项均违反公司法，剥夺了部分股东表决权。根据是，违反股东平等原则，即公司法关于“股东出席大会，所持每一股份有一表决权”的规定。

(4)通知的第三项，强行股东选择通讯表决形式，剥夺了股东的质询权。根据是，违反了公司法关于股东“对公司经营提出建议或者质询”的规定。

(5)通知由董事长署名，而不是署公司董事会。违反了股东大会应由有召集权的人召集的规定。根据是，公司法规定，股东大会由董事会依公司法规定负责召集。

(二)董事会

1. 董事会的性质和组成

董事会是股份有限公司的执行机构，由股东大会选举产生，对股东大会负责。董事会由全体董事组成，成员有五人至十九人。董事会设董事长一人，可以设副董事长。董事长和副董事长由董事会以全体董事的过半数选举产生。

2. 董事会的职权

董事会对股东会负责，行使下列职权：

(1)负责召集股东大会，并向股东大会报告工作；

(2)执行股东大会的决议；

(3)决定公司的经营计划和投资方案；

(4)制定公司的年度财务预算方案、决算方案；

(5)制定公司的利润分配方案、弥补亏损方案；

(6)制定公司增加或减少注册资本的方案以及发行公司债券的方案；

(7)拟定公司合并、分立、解散的方案；

(8)决定公司内部管理机构的设置；

(9)聘任或者解聘公司经理，根据经理的提名，聘任或者解聘公司副经理、财务负责人，决定其报酬事项；

(10)制定公司的基本管理制度。

3. 董事会会议

董事会每年度至少召开两次会议，每次会议应当于会议召开十日前通知全体董事和监事。

董事会会议应有过半数董事出席方可举行。董事会决议的表决实行一人一票。董事会作出决议必须经全体董事过半数通过。董事会会议应由董事本人出席；董事因故不能出席的，可以书面委托其他董事代为出席董事会，委托书中应载明授权范围。

董事应对董事会的决议承担责任。若董事会的决议违反法律、行政法规或者公司章程，致使公司遭受严重损失，参与决议的董事应对公司负赔偿责任，但经证明在表决时曾表示异议并记载于会议记录的，该董事可以免除责任。

4. 董事长

董事长是公司的法定代表人，董事长召集和主持董事会会议，检查董事会决议的实施情况。副董事长协助董事长工作，董事长不能履行职务或者不履行职务的，由副董事长履行职务；副董事长不能履行职务或者不履行职务的，由半数以上董事共同推举一名董事履行职务。

5. 经理

经理是对股份有限公司的日常管理负有全面责任的高级管理人员，由董事会聘任或解聘，对董事会负责。经董事会决定，可以由董事兼任经理。经理行使的职权适用有限责任公司关于经理职权的规定。

案例

案情：甲股份有限公司(以下简称甲公司)于2006年2月1日召开董事会会议，该次会议召开情况及讨论决议事项如下：

(1)甲公司董事会的7名董事中有6名出席该次会议。其中，董事谢某因病不能出席会议，电话委托董事李某代为出席会议并行使表决权。

(2)甲公司与乙公司有业务竞争关系，但甲公司总经理胡某于2003年下半年擅自为乙公司从事经营活动，损害甲公司的利益，故董事会作出如下决定：解聘公司总经理胡某；将胡某为乙公司从事经营活动所得的收益收归甲公司所有。

(3)为完善公司经营管理制度，董事会会议通过了修改公司章程的决议，并决定从通过之日起执行。

问题：根据上述情况和《公司法》的有关规定，回答下列问题：

(1)董事谢某电话委托董事李某代为出席董事会会议并行使表决权的做法是否符合法律规定？简要说明理由。

(2)董事会作出解聘甲公司总经理的决定是否符合法律规定？简要说明理由。

(3)董事会作出将胡某为乙公司从事经营活动所得的收益收归甲公司所有的决定是否符合法律规定？简要说明理由。

(4)董事会作出修改公司章程的决议是否符合法律规定？简要说明理由。

分析：

(1)不符合法律规定。根据规定，股份有限公司召开董事会，董事因故不能出席时，可以书面委托其他董事代为出席，但书面委托书中应载明授权范围。在本题中，董事谢某以电话方式委托董事李某代为出席会议行使表决权，委托方式不合法。

(2)符合法律规定。根据规定，解聘公司经理属于董事会的职权。

(3)符合法律规定。根据规定，董事、监事高级管理人员不得未经股东会或股东大会同意，利用职务便利为自己或者他人谋取属于公司的商业机会，自营或者为他人经营与所任职公司同类的业务，否则所得收入归公司所有。

(4)不符合法律规定。根据规定，股份有限公司修改公司章程应由股东大会决定。

(三)监事会

1. 监事会的性质和组成

监事会是股份有限公司的监督机构，对公司的财务及业务的执行情况进行监督。股份有限公司设监事会，其成员不得少于三人。监事会应在其成员中推选一名召集人。监事会由股东代表和适当比例的公司职工代表组成，具体比例由公司章程规定。监事会中的职工代表由公司职工民主选举产生。董事、经理和财务负责人不得兼任监事。监事的任期每届为 3 年，可以连选连任。

2. 监事会的职权

监事会行使下列职权：检查公司的财务；对董事、经理执行公司职务时违反法律、法规或者公司章程的行为进行监督；当董事和经理的行为损害公司的利益时，要求董事和经理予以纠正；提议召开临时股东大会；监事列席董事会会议；公司章程规定的其他职权。

(四)董事、监事、高级管理人员任职资格的限制及责任

董事、监事、高级管理人员任职资格的限制及责任与有限责任公司相同。

第四节　公司的合并、分立及破产、解散和清算

一、公司的合并和分立

(一)公司的合并

1. 公司合并的概念

公司合并是指经两个以上的公司按照公司法的规定及协议约定，不经过清算程序，直接结合为一个公司。其主要目的是增强竞争力，扩大经营范围。

2. 公司合并的种类

公司合并分为两种：吸收合并和新设合并。吸收合并是指一个公司吸收了其他公司，被吸收的公司终止。新设合并是指两个以上的公司合并设立一个新公司，原合并各方均终止。

3. 公司合并的程序

公司合并需经过以下四个程序：

(1)股东会或股东大会作出合并决议。有限责任公司的合并由股东会作出决议，必须由代表 2/3 以上表决权的股东通过才有效。股份有限公司的合并，由股东大会作出决议，必须由出席会议的股东所持表决权的三分之二以上通过方为有效，而且还必须经国务院授权的部门或省级人民政府批准。

(2)合并公司各方签订合并协议。合并协议应包括下列内容：合并各方的名称、住所；合并后存续公司或新设公司的名称、住所；合并各方资产状况及处理方法；合并各方的债权债务处理办法等。

(3)编制资产负债表和财产清单并通知债权人。公司应当自作出合并决议之日起十日内通知债权人，并于三十日内在报纸上公告。债权人自接到通知书之日起三十日内，未接到通知书的自第一次公告之日起四十五日内，有权要求公司清偿债务或者提供相应担保。

(4)公司合并登记。公司合并之后，应当向公司登记管理机关办理变更登记。

4. 公司合并后的法律后果

公司合并后，首先对公司的法人资格产生了深刻的影响。在吸收合并中，吸收方的法人资格继续存在，被吸收方的法人资格消灭，并办理注销登记。在新设合并中，合并各方的法人资格均消灭，重新设立新的法人。其次，对合并各方的债权和债务产生了深刻的影响。在吸收合并中，被吸收的公司的原债权人有权要求吸收的公司清偿债务或提供相应担保。在新设合并中，合并各方的债权债务由新成立的法人承受，原债权人有权要求新成立的公司清偿债务。

(二)公司的分立

1. 公司分立的概念

公司分立是指根据公司法的规定和双方协议约定，不经过清算程序，将一个公司变为两个或两个以上公司的法律行为。

2. 公司分立的种类

公司的分立分为两种：派生分立和新设分立。派生分立是指一个公司以其部分资产另设立新公司，原公司继续存在。新设分立是指一个公司以全部资产另设数个新公司，原公司被解散。

3. 公司分立的程序

(1)股东会或股东大会作出分立决议。有限责任公司的分立由股东会作出决议，必须由代表 2/3 以上表决权的股东通过才有效。股份有限公司的分立，由股东大会作出决议，必须由出席会议的股东所持表决权的三分之二以上通过方为有效，而且还必须经国务院授权的部门或省级人民政府批准。不同意公司分立的股东在知道公司分立之后，有权要求回购他持有的公司股份，公司应当允许。

(2)分立公司各方签订分立协议。分立协议应包括下列内容：分立各方的名称、住所；分立后存续公司或新设公司的名称、住所；分立各方资产状况及处理方法；分立各方的债权债务处理办法等。

(3)编制资产负债表和财产清单，并通知债权人。公司应当自作出分立决议之日起十日内通知债权人，并于三十日内在报纸上公告。

(4)公司分立登记。公司分立之后，应当向公司登记管理机关办理变更登记。

4. 公司分立后的法律后果

公司分立后，公司分立前的债务由分立后的公司承担连带责任。但是，公司在分立前与债权人就债务清偿达成的书面协议另有约定的除外。

二、公司的解散和清算

(一)公司解散

公司解散是指已经成立的公司，因公司章程或者法定事由出现而停止公司的经营活动并开始公司的清算，使公司法人资格消灭的法律行为。

公司解散的原因有两种：一般解散原因和强制解散原因。一般解散原因主要有：公司章程规定的营业期限届满或者公司章程规定的其他解散事由出现；股东会或者股东大会决议解散；因公司合并或者分立需要解散。强制解散的原因主要有：依法被吊销营业执照、责令关闭或者被撤消；公司经营管理发生严重困难，继续存续会使股东利益受到重大损失，通过其他途径不能解决的，持有公司全部股东表决权百分之十以上的股东，可以请求人民法院解散公司。

(二)公司的清算

公司的清算是指在公司面临终止的情况下，负有公司清算义务的主体按照法律规定的方式、程序对公司的资产、负债、股东权益等公司的状况作全面的清理和处置，使得公司与其他社会主体之间产生的权利和义务归于消灭,从而为公司的终止提供合理依据的行为。公司清算的最基本分类是破产清算与非破产清算。破产清算是指在公司不能清偿到期债务的情况下，依照破产法的规定所进行的清算。非破产清算则是指在公司解散的情况下，依照公司法的规定所进行的清算。这种区分的目的主要是公司所依法进行的清算程序不同。公司终止时，如果财产足以偿还债务时，所进行的清算为非破产清算，理论上全部债权人的债权均能实现，而且往往还存在剩余财产可供分配。否则，如果财产已不足以偿还全部债务的，则必须按照破产法规定的破产清算程序进行清算。公司法规定公司清算的程序有以下几个。

1. 成立清算组

公司应当在解散事由出现之日起十五日内成立清算组，开始清算。有限责任公司的清算组由股东组成；股份有限公司的清算组由董事或者股东大会确定的人员组成。逾期不成立清算组进行清算的，债权人可以申请人民法院指定有关人员组成清算组进行清算。人民法院应当受理该申请，并及时组织清算组进行清算。清算组在清算期间行使下列职权：

(1)清理公司财产，分别编制资产负债表和财产清单；

(2)通知、公告债权人；

(3)处理与清算有关的公司未了结的业务；

(4)缴清所欠税款以及清算过程中产生的税款；

(5)清理债权、债务；

(6)处理公司清偿债务后的剩余财产；

(7)代表公司参与民事诉讼活动。

2. 申报债权

清算组应当自成立之日起十日内通知债权人，并于六十日内在报纸上公告。债权人应当自接到通知书之日起三十日内，未接到通知书的自公告之日起四十五日内，向清算组申报其债权。债权人申报债权，应当说明债权的有关事项，并提供证明材料。清算组应当对债权进行登记。在申报债权期间，清算组不得对债权人进行清偿。

3. 清理公司财产，清偿债务

清算组在清理公司财产、编制资产负债表和财产清单时，应当制定清算方案，并报股东会、股东大会确认。公司财产在分别支付清算费用、职工的工资、社会保险费用和法定补偿金、缴纳所欠税款、清偿公司债务后的剩余财产，有限责任公司按照股东的出资比例分配，股份有限公司按照股东持有的股份比例分配。清算期间，公司存续，但不得开展与清算无关的经营活动。公司财产在未依照前款规定清偿前，不得分配给股东。

清算组在清理公司财产、编制资产负债表和财产清单时，发现公司财产不足清偿债务的，应当依法向人民法院申请宣告破产。公司经人民法院裁定宣告破产后，清算组应当将清算事务移交给人民法院。

4. 清算终结

公司清算结束后，清算组应当制作清算报告，报股东会、股东大会确认，并报送公司登记机关，申请注销公司登记，公告公司终止。

(三)公司的破产

清算组在清理公司财产、编制资产负债表和财产清单后，发现公司财产不足清偿债务的，应当依法向人民法院申请宣告破产。公司经人民法院裁定宣告破产后，清算组应当将清算事务移交给人民法院。

第五节 公司的债券和股份

一、公司的债券

(一)公司债券的概念和特征

公司债券是指公司依照法定条件和程序发行的，约定在一定期限内还本付息的有价证券。从我国公司法的有关规定来看，公司债券具有以下特点：

1. 公司债券是由股份有限公司和特定的有限责任公司发行的债券；

2. 公司债券是公司以借贷方式向公众筹集资金，具有利率固定、风险较小、易于吸引投资者的优点；

3. 公司债券是一种要式证券。其制作必须遵照公司法第 167 条的规定，记载公司名称、债券票面金额、利率、偿还期限等事项，并由董事长签名，公司盖章；

4. 公司债券是一种有价证券。公司债券持有人是公司的债权人，享有按照约定期限取得利息、收回本金的权利；发行债券的公司作为向社会公众借款的债务人，负有按照约定期限向债券持有人还本付息的义务。公司债券作为一种有价证券，可以自由流通转让、质押和继承；

5．公司债券持有人具有广泛性，可以向社会公众公开募集。

（二）公司债券的种类

公司债券主要有以下几类：

1．按是否记名可分为：①记名公司债券，即在券面上登记持有人姓名，支取本息要凭印鉴领取，转让时必须背书并到债券发行公司登记。②不记名公司债券，即券面上不需载明持有人姓名，还本付息及流通转让仅以债券为凭，不需登记。

2．按持有人是否参加公司利润分配可分为：①参加公司债券，指除了可按预先约定获得利息收入外，还可在一定程度上参加公司利润分配的公司债券。②非参加公司债券，指持有人只能按照事先约定的利率获得利息的公司债券。

3．按是否可提前赎回分为：①可提前赎回公司债券，即发行者可在债券到期前购回其发行的全部或部分债券。②不可提前赎回公司债券，即只能一次到期还本付息的公司债券。

4．根据债券能否转化为股权分为：①可转换公司债券，即可以转换为公司股权的债券；②不可转换公司债券，即不能转换为公司股权的债券。

二、公司的股份

（一）公司股份的概念、分类

股份是指股份有限公司发行的、以股票形式表现出来的、证明持有者是公司股东的最基本构成单位。根据不同的标准，可将股份分为不同的种类。

1．根据股票上是否注明股东的姓名或名称，可将股份分为记名股票和无记名股票。公司向发起人、法人发行的股票，应当为记名股票；对社会公众发行的股票，可以为记名股票，也可以为无记名股票。

2．按股东的权利内容不同可分为普通股、优先股。普通股的收益完全依赖公司盈利的多少，因此风险较大，但享有优先认股、盈余分配、参与经营表决、股票自由转让等权利。优先股享有优先领取股息和优先得到清偿等优先权利，但股息是事先确定好的，不因公司盈利多少而变化，一般没有投票及表决权。

3．按发行范围可分为 A 股、B 股、H 股和 F 股四种。A 股是在我国国内发行，供国内居民和单位用人民币购买的普通股票；B 股是专供境外投资者在境内以外币买卖的特种普通股票；H 股是我国境内注册的公司在香港发行并在香港联合交易所上市的普通股票；F 股是我国股份公司在海外发行上市流通的普通股票。

（二）公司股份的转让

股东的股份可以转让，但应遵守下列规定：股东转让其股份，应当在依法设立的证券交易场所进行或者按照国务院规定的其他方式进行。记名股票，由股东以背书方式或者法律、行政法规规定的其他方式转让，转让后由公司将受让人的姓名或者名称及住所记载于股东名册。无记名股票的转让，由股东将该股票交付给受让人后即发生转让的效力。发起人持有的本公司股份，自公司成立之日起一年内不得转让。公司公开发行股份前已发行的股份，自公司股票在证券交易所上市交易之日起一年内不得转让。

公司董事、监事、高级管理人员应当向公司申报所持有的本公司的股份及其变动情况，在任职期间每年转让的股份不得超过其所持有本公司股份总数的百分之二十五；所持本公司股份自公司股票上市交易之日起一年内不得转让。上述人员离职后半年内，不得转让其所持有的本公司股份。公司章程可以对公司董事、监事、高级管理人员转让其所持有的本公司股份作出其他限制性规定。

课后练习题

一、思考题

1. 什么是经济法?经济法调整的对象是什么？
2. 什么是公司？公司有哪些特征？
3. 什么是有限责任公司？设立有限责任公司应具备哪些条件？
4. 简述有限责任公司的组织机构。
5. 比较有限责任公司和股份有限公司的相同点和不同点。
6. 什么是公司债券，什么是公司股份？有什么相同点和不同点？
7. 简述股份发行和转让的规定。

二、案例分析

1. A、B、C 三个企业拟设立有限责任公司，分别出资为 150 万元，200 万元，50 万元。三方草拟的章程规定：(1) 第一股东享有同等的表决权；(2) 董事会决定公司的经营方针和投资计划；(3) 董事会由 5 人组成；(4) 监事会由 A、B、C 各派一个组成；(5) 若在经营期间三方合作有问题，可抽回出资。

分析：A、B、C 草拟的章程是否存在问题？为什么？

2. 三江市有 4 家生产经营冶金产品的集体企业，拟设立一股份公司，只发行定向募集的记名股票。总注册资本为 480 万元，每个企业各承担 100 万元。在经过该市有关领导同意后，正式开始筹建。4 个发起人各认购 100 万元，其余 80 万元向其他企业募集，并规定，只要支付购买股票的资金，就即时交付股票，无论公司是否成立。且为了吸引企业购买，可将每股 1 元优惠到每股 0.9 元。一个月后，股款全部募足，发起人如开创立大会，但参加人所代表的股份总数只有 48%。主要是有两个发起人改变主意，抽回了其股本。创立大会决定仍要成立公司，就向公司登记机关提交了申请书，但公司登记机关认为根本达不到设立股份公司的条件，且违法之处甚多，不予登记。此时发起人也心灰意冷，宣布不成立公司了，各股东的股本也随即退回。但这样一来，公司在设立过程中所产生的各项费用及公司名义欠下的债务达 12 万，加上被退回股本的发起人以外的要求赔偿利息损失 3 万元，合计 15 万元的债务，各发起人之间互相推诿，谁也不愿承担。各认股人于是推选 2 名代表到法院状告 4 个发起人，要求偿还债务。4 个发起人辩称，公司有能成立，大家都有责任，因此各人损失自己承担。

分析：

(1) 本案的股份公司成立过程中有哪些违法之处？

(2) 本案 4 个发起人是否应承担公司不能成立时所产生的债务？为什么？

第四章 企业破产法

重点掌握内容

1. 企业破产与破产法的概念、破产界限破产费用
2. 共益债务及破产管理人的法律规定
3. 破产债权的申报和确认及债权人会议的法律规定
4. 破产财产的处置与分配制度
5. 重整程序与和解制度的法律规定

案例导学

三鹿集团毒奶粉事件

三鹿集团股份有限公司 2008 年出现毒奶粉事件，在产品召回过程中，经销商先期垫付近 10 亿元赔偿款，后与经销商签订提前还款协议，三鹿集团面临全面停产，负债 11.03 亿元，石家庄商业银行和平西路支行向中级人民法院提出破产申请，在破产程序中，由三鹿集团旗下子公司三鹿商贸为破产管理人，三鹿集团在支付员工工资、社保及将房产拍卖还款后已没有任何财产可支配。2009 年 11 月 20 日，中院裁定终结破产程序。显示：三鹿对普通债权清偿率为零。

思考：

1. 三鹿商贸公司作为破产程序管理人是否合法？
2. 向经销商作出的提前清偿的承诺的效力如何？
3. 三鹿集团破产程序终结后，受害消费者并没有得到赔偿。思考：破产法规定是否存在不合理之处。

第一节 企业破产法概述

一、破产的概念

破产是在债务人不能清偿到期债务，并且资产不足以清偿全部债务或者明显缺乏清偿能力的情况下，由法院主持强制执行其全部财产，公平清偿全体债权人的法律制度。就破产的性质而言，破产是一种法律规定的债务清偿的特殊手段，其目的在于通过破产的程序使全体债权人获得公平受偿，保护债权人的合法权益。

二、破产法的概念

企业破产法是指在企业法人不能清偿到期债务，并且资产不足以清偿全部债务或者明显缺乏清偿能力的情况下，法院强制清算其全部财产，公平清偿债权人或通过和解、重整延缓清偿债务，避免企业法人破产的法律规范的总称。企业破产法有广义和狭义之分。狭义的企业破产法仅指对企业法人破产清算的法律，广义的企业破产法则还包括以避免企业破产为主要目的的各种和解与重整方面的法律规范。2006 年 8 月 27 日第十届全国人民代表大会常务委员会第二十三次会议通过《中华人民共和国企业破产法》(以下简称《企业破产法》)，自 2007 年 6 月 1 日起实施。

三、《企业破产法》的适用范围

《企业破产法》适用于所有的企业法人，不论是国有企业、私有企业、还是外资企业；不管是有限责任公司，还是股份有限公司。

第二节 破产申请的提出与受理

一、破产界限

破产界限亦称破产原因，是指法院据以宣告债务人破产的法律标准。《企业破产法》第二条："企业法人不能清偿到期债务，并且资产不足以清偿全部债务或者明显缺乏清偿能力的，依照本法规定清理债务。"根据该条规定，破产界限有两个原因：一是企业法人不能清偿到期债务并且资产不足以清偿全部债务；二是企业法人不能清偿到期债务，并且明显缺乏清偿能力。由此可见，破产界限的标准就是企业法人不能清偿到期债务，通常简称为不能清偿。不能清偿在法律上的着眼点是债务关系能否正常维系，其要点为：

1. 债务人丧失清偿能力，不能以财产或信用等任何方法清偿债务；

2. 债务人不能清偿的是已到期的、债权人提出偿还要求的、无争议或已有确定名义(指已经生效的判决、裁决确定)的债务；

3. 债务人对全部或主要债务长期连续不能偿还，而不是因资金周转困难等暂时延期支付。

宣告债务人企业破产必须符合法律规定的破产界限，但并非所有达到破产界限的企业均应宣告破产。《企业破产法》第二条第二款规定：“企业法人有前款规定情形，或者有明显丧失清偿能力可能的，可以依照本法规定进行重整。”根据这一规定，达到破产界限的企业法人，不一定马上被宣告破产，可以进行重整。重整作为《企业破产法》规定的一个程序，是经企业债权人或债务人向法院申请，对债务人企业实施强制治理，以避免破产清算的制度。大多数国家的企业破产法都规定了重整制度，目的在于防止一些企业尤其是大中型企业的破产引发社会问题，以稳定经济、稳定社会。

二、破产申请的提出

《企业破产法》第七条规定：“债务人有本法第二条规定的情形，可以向人民法院提出重整、和解或者破产清算申请。债务人不能清偿到期债务，债权人可以向人民法院提出对债务人进行重整或者破产清算的申请。企业法人已解散但未清算或者清算完毕，资产不足以清偿债务的，依法负有清算责任的人应当向人民法院申请破产清算。”根据这一规定，破产申请主要涉及如下问题。

（一）破产申请的主体

破产申请的主体包括：债务人、债权人以及依法负有清算责任的人。

1.《企业破产法》赋予债务人重整、和解或者破产清算申请权，目的在于使债务人主动通过破产程序解决纠纷，摆脱债务困境，甚至避免破产清算，恢复生产经营。

2.《企业破产法》赋予债权人重整或者破产清算申请权，目的在于保护债权人的利益。

3．在企业法人已解散、未清算完毕且资产不足以清偿债务的特殊情况下，负有清算责任的人负有向法院申请破产清算的法定义务。

（二）破产案件的管辖

破产申请应向有管辖权的人民法院提出。企业破产案件由债务人住所地人民法院管辖。债务人住所地是指债务人的主要办事机构所在地，债务人主要办事机构所在地不明确的，由其注册地人民法院管辖。基层人民法院一般管辖县、县级市或者区的工商行政管理机关核准登记企业的破产案件；中级人民法院一般管辖地区、地级市（含本级）以上的工商行政管理机关核准登记企业的破产案件；纳入国家计划调整的企业破产案件，由中级人民法院管辖。

（三）破产申请的形式

破产申请应以书面形式提出。提出破产申请时，应当向人民法院提交破产申请和有关证据。破产申请书应当载明下列事项：

1．申请人、被申请人的基本情况；

2．申请目的，即和解、重整或者破产清算；

3．申请的事实和理由，包括债权债务的由来、债权的性质和数额、债权到期债务人不能清偿的事实和理由等；

4．人民法院认为应当载明的其他事项。

债务人提出申请的，还应当向人民法院提交财产状况说明、债务清册、债权清册、有关财务会计报告、职工安置预案及职工工资的支付和社会保险费用的缴纳情况等。

三、破产申请的受理

（一）破产申请受理的期限

债权人提出破产申请的，人民法院应当自收到申请之日起五日内通知债务人。债务人对申请有异议的，应当自收到人民法院通知之日起七日内向人民法院提出。人民法院应当自异议期满之日起十日内裁定是否受理。除上述规定的情形外，人民法院应当自收到破产申请之日十五日内裁定是否受理。特殊情况下需要延长裁定受理期限的，经上一级人民法院批准，可延长十五日。

人民法院裁定受理破产申请的，应当自裁定之日起五日内送达申请人。债权人提出申请的，人民法院应当自裁定作出之日起五日内送达债务人。债务人应当自裁定送达之日起十五日内，向人民法院提交财产状况说明、债务清册、债权清册、有关财务会计报告、职工安置预案及职工工资的支付和社会保险费用的缴纳情况。

人民法院裁定不受理破产申请的，应当自裁定作出之日起五日内送达申请人并说明理由，申请人对不受理的裁定不服的，可以自裁定送达之日起十日内向上一级人民法院提起上诉。人民法院受理破产申请后至破产宣告前，经审查发现债务人不符合《企业破产法》规定情形的，可以裁定驳回申请。申请人对裁定不服的，可以自裁定送达之日起十日内向上一级人民法院提起上诉。

人民法院裁定受理破产申请的，应当同时指定管理人。人民法院应当自裁定受理破产申请之日起二十五日内通知已知的债权人，并予以公告。

（二）破产申请受理的效力

自人民法院受理破产申请的裁定送达债务人之日起至破产程序终结之日，债务的有关人员承担下列义务：

1．妥善保管其占有和管理的财产、印章和账簿、文书等资料；

2．根据人民法院、管理人的要求进行工作，并如实回答询问；

3．列席债权人会议并如实回答债权人的询问；

4．未经人民法院许可，不得离开住所地；

5．不得新任其他企业的董事、监事、高级管理人员。

上述所称有关人员，是指企业的法定代表人。经人民法院决定，可以包括企业的财务管理人员和其他经营管理人员。

人民法院受理破产申请后，债务人不得对个别债权人的债务进行清偿，否则清偿无效。

人民法院受理破产申请后，债务人的债务或财产持有人应当向管理人清偿债务或交付财产。债务人的债务人或财产持有人故意违反前款规定向债务人清偿债务或交付财产，导致债权人受到损失的，不免除其清偿债务或交付财产的义务。

人民法院受理破产申请后，管理人对破产申请受理前成立而债务人和对方当事人均未履行完毕的合同，有权决定解除或继续履行，并通知对方当事人。管理人自破产申请受理之日起二个月内未通知对方当事人或者自收到对方当事人催告之日起三十日内未答复的，视为解除合同。管理人决定继续履行合同的，对方当事人应当履行；但是对方当事人有权要求管理人提供担保。管理人不提供担保的，视为解除合同。

人民法院受理破产申请后，有关债务人财产的保全措施应当解除，执行程序应当中止。破产申请受理前，人民法院的财产保全和强制执行措施是为了使某一个债权人的债权得以实现，而破产程序则是为了保障全体债权人的债权得到公平的受偿，因此为维护全体债权人合法权益，在人民法院受理破产申请以后，有关债务人的财产保全措施应当解除，执行程序应当中止。保全措施解除后，财产计入破产财产；执行程序中止后，债权人凭生效的法律文书向受理破产案件的人民法院申报债权。

人民法院受理破产申请后，已经开始而尚未终结的有关债务人的民事诉讼或者仲裁应当中止；在管理人接管债务人财产以后，该诉讼或者仲裁继续进行。人民法院受理破产申请后，有关债务人的民事诉讼，只能向受理破产申请的人民法院提起。

第三节　破产管理人

一、破产管理人的概念

破产管理人是人民法院依法受理破产申请的同时指定的全面接管破产企业并负责破产财产的保管、清理、估价、处理和分配，总管破产事务的人。

二、破产管理人的产生和组成

（一）管理人的产生

《企业破产法》规定，管理人由人民法院指定。债权人会议认为管理人不能依法公正地执行职务或者有其他不能胜任职务情形的，可以申请人民法院予以更换。管理人没有正当理由不得辞去职务。管理人辞去职务应当经人民法院许可。

管理人的报酬由人民法院确定。管理人的报酬属于破产费用，债权人会议对管理人的报酬有异议的，有权向人民法院提出，由人民法院决定是否需要对管理人的报酬进行调整。

（二）管理人的组成

《企业破产法》规定，管理人可以由有关部门、机构的人员组成清算组或者依法设立的律师事务所、会计师事务所、破产清算事务所等社会中介机构担任。根据这一规定，依法能够担任管理人的情形有以下几种：

1. 由有关部门、机构的人员组成的清算组担任，主要适用于国有企业。有关部门主要是指破产企业的上级主管部门、财政、工商管理、计划、审计、税务、物价、劳动、社会保险、土地管理、国有资产管理机构等；

2. 由依法设立的律师事务所担任。律师事务所是律师的执业机构，由其担任破产管理人，一方面可以指派律师参与破产财产事务的处理，利用律师掌握的法律专业知识合法、公平地处理破产事务；另一方面律师事务所作为依法设立的独立组织，在管理破产事务中能够对法院、债权人独立承担法律责任；

3. 由依法设立的会计师事务所担任。会计师事务所是注册会计师的执业机构，由其担任破产管理人，一方面可以指派注册会计师参与破产财产事务的处理，利用注册会计师掌握的会计、审计等专业知识合法、公平地处理破产事务；另一方面同律师事务所一样能够独立承担法律责任；

4. 由依法设立的破产清算事务所担任。破产清算事务所是指专门从事破产清算业务的机构。目前社会上虽然已经出现这样的机构，但是国家尚未制定相应法律、行政法规对破产清算事务所作出明确规定；

5. 由其他依法设立的社会中介机构担任，如资产评估机构、税务师事务所等；

管理人除了可以由有关组织担任外，也可以由自然人担任。《企业破产法》规定，人民法院根据债务人的实际情况，可以在征询有关社会中介机构的意见后，指定该机构具备相关专业知识并取得执业资格的人员担任管理人。个人担任管理人的，应当参加执业责任保险。

三、破产管理人的职责

管理人依法执行职务，向人民法院报告工作，并接受债权人会议和债权人委员会的监督。管理人的具体职责，概括起来可以归纳为如下方面。

（一）全面接管破产的债务人企业

1. 接管债务人的财产、印章和账簿、文书等资料；
2. 决定债务人的内部管理事务；
3. 决定债务人的日常开支和其他必要开支；
4. 在第一次债权人会议召开之前，决定继续或者停止债务人的营业。

（二）保管和清理与债务人有关的财产

1. 调查债务人财产状况，制作财产状况报告；
2. 管理债务人的财产。管理人在接管债务人财产后，必须采取适当的措施对债务人财产予以管理，避免财产毁损、灭失，损害债权人及其他利害关系人的利益。

（三）对外代表债务人

在债务人进入破产程序后，已由管理人全面接管债务人，因此债务人的一切对外活动不再由债务人进行，而是由管理人进行。具体包括：代表债务人参加诉讼；对债务人财产清理清算后，由管理人对债务人财产进行变卖、拍卖、变现等处分。

（四）提议召开债权人会议

在破产程序进行中，管理人遇到必须由债权人会议决定的事务，管理人可以提议召开债权人会议。在债权人会议召开时，管理人应列席会议，并向债权人会议报告职务执行情况，接受债权人的询问。

（五）其他职责

其他职责指除以上职责外，人民法院认为管理人应履行的其他职责。

此外，为了避免因管理人履行职责不当而危及债权人的利益，《企业破产法》对管理人履行职责设定了一定的限制。《企业破产法》规定，在第一次债权人会议召开之前，管理人实施下列行为时，应当经人民法院许可：

1．决定继续或停止债务人的营业；

2．涉及土地、房屋等不动产权益的转让；

3．探矿权、采矿权、知识产权等财产权的转让；

4．全部库存或者营业的转让；

5．借款；

6．设定财产担保；

7．债权和有价证券的转让；

8．履行债务人和对方当事人均未履行完毕的合同；

9．放弃权利；

10．担保物的取回；

11．对债权人的利益有重大影响的其他财产处分行为。

第四节　债务人财产

一、债务人财产的概念及范围

债务人财产是指破产申请受理时属于债务人的全部财产，以及破产申请受理后至破产程序终结前债务人取得的财产。以人民法院受理破产申请为界限，债务人财产划分为两部分。

1．破产申请受理时属于债务人的全部财产，包括动产、不动产、财产权利。其中动产主要有债务人的货币、机器设备、办公用品、原材料、尚未出售的产品或商品、交通工具等；不动产主要有房屋、构筑物及林木等；财产权利主要是指土地使用权、债权、知识产权、票据权利、股权、物权等。

2．破产申请受理后至破产程序终结前债务人取得的财产，包括动产、不动产、财产权利。人民法院受理破产申请后，债务人的财产即由管理人接管，管理人可以决定是否继续营业、接受第三人的交付。这样在破产申请受理后至破产程序终结前，债务人的财产仍然可以处在变化的状态，如果在这期间因继续经营或者因第三方交付财产而取得财产，仍应属于债务人的财产。

二、撤销权

（一）撤销权的概念

撤销权是指因债务人实施的减少债务人财产的行为危及债权人的债权时，管理人可以请求人民法院撤销该行为的权利。设立撤销权制度的目的在于恢复债权人财产，防止因债务人对财产的不当处理损害债权人的利益，最大限度地确保债权人债权的实现。

（二）可撤销行为

《企业破产法》规定，人民法院受理破产申请前一年内，涉及债务人财产的下列行为，管理人有权请求人民法院予以撤销。

1．无偿转让财产的。债务人如果以无偿转让财产的方式转让财产，将导致财产的减少，从而损害债权人的利益，因此无论第三人主观上是否有过错，管理人均可以请求撤销该行为，以恢复债务人财产原状。

2．以明显不合理的价格进行交易的。无论是以明显不合理的低价将财产或权益转让给第三人，还是以明显不合理的高价受让财产或权益，都将严重损害债权人的利益，因此管理人均有权请求撤销该行为，恢复财产原状。

3．对没有财产担保的债务提供财产担保的。这种行为对有财产担保的债权人是有利的，但是对其他债权人是不利的，因此对没有财产担保的债务提供财产担保会损害债权人的利益，管理人有权要求撤销该担保。

4．对未到期的债务提前清偿的。债务是否到期以债务人与第三人之间签订的合同中约定履行期限来确认。如果合同中对履行期限没有约定或约定不明确，按合同法规定，债务人可以随时履行，在这种情况下不能认定对未到期的债务提前清偿。

5．放弃债权的。债权意味着财产或者财产权益，所以放弃债权等于是放弃财产或者财产权益，也就意味着债务人财产的减少，从而损害债权人的利益，因此管理人有权要求撤销该行为。

（三）撤销权的行使

根据《企业破产法》的规定，撤销权的行使应当符合下列要求。

1．必须由管理人行使撤销权；

2．可撤销的行为必须发生在人民法院受理破产申请前一年内。超过一年的，债务人即使发生上述行为，也不属于可撤销的行为。

经管理人的请求被人民法院撤销的行为即归于消灭。如果据此取得财产，管理人有权予以追回。对于已领受债务人财产的第三人，应负有返还财产的义务，原物不存在时，应折价赔偿。

（四）个别清偿的撤销

个别清偿是指债务人在对多个债权人承担债务的情况下，只对个别债权人进行债务清偿的行为。债务人进行个别清偿，损害的是其他多数债权人的利益，因此，为了保护所有债权人的利益，对于个别清偿行为应予以撤销。

《企业破产法》规定，人民法院受理破产申请前六个月内，债务人有不能清偿到期债务，并且资产不足以清偿全部债务或者明显缺乏清偿能力，仍对个别债权人进行清偿的，管理人有权请求人民法院予以撤销。但是，个别清偿使债务人财产受益的除外。

三、债务人的无效行为

所谓无效行为，也称无效民事行为，是指行为人的行为因不具备法律规定的有效条件而没有法律效力。无效行为自始无效，即该行为自实施之日起就没有法律效力，因实施无效行为取得的财产，应当通过返还财产、赔偿损失等方式使行为人的财产恢复到行为之前的状态。《企业破产法》规定，涉及债务人财产的下列行为无效。

1．为逃避债务隐匿、转移财产的行为为无效行为，如果据此取得财产，管理人有权予以追回；

2．虚构债务或者承认不真实的债务，不但妨碍管理人履行职责，而且严重损害债权人的合法权益，因此该行为为无效行为，如果据此取得财产，管理人有权予以追回。

四、抵销权

抵销权是指当事人双方互负债务，又互享债权，各以自己的债权充抵对方所负债务，使自己的债务与对方的债务在等额内消灭的制度。《企业破产法规定》:“债权人在破产申请受理前对债务人负有债务的,可以向管理人主张抵消。”抵销权对破产债权人具有重要意义，因为债权人的债权按破产程序清偿通常只能得到部分偿还，而债权人的破产企业所负的债务却须完全偿还，抵销权可使破产债权人在抵消的破产债权额内得到全额偿还。

第一，根据《企业破产法》的规定，抵销权的行使应当符合下列要求。

1．债权人对债务人负有债务，且债权人对债务人所负债务产生于破产申请受理之前。这种互负债务，无论是否已到清偿期限，无论债务标的、给付种类是否相同，均可主张抵消。在破产申请受理之后债权人对债务人负有的债务，不能主张抵消。

2．抵销权只能由债权人行使，且债权人必须向管理人提出。

第二，《企业破产法》规定，有下列情形之一的，不得抵销。

1．债务人的债务人在破产申请受理后取得他人对债务人的债权的。这是指在破产申请受理前，破产企业的债务人对破产企业并不享有债权，仅对破产企业负有债务，但是破产企业的债务人以外的第三人对破产企业享有债权。在破产申请受理后，第三人将其对破产企业的债权，全部或部分转让给破产企业的债务人，使破产企业的债务人也成为破产企业的债权人。这种情况下的互负债务、互享债权，不得抵销。

2．债权人已知债务人有不能清偿到期债务或者破产申请的事实，对债务人负有债务的；但是，债权人因为法律规定或者有破产申请一年前所发生的原因而负担债务的除外。

3．债务人的债务人有不能清偿到期债务或者破产申请的事实，对债务人取得债权的；但是债务人的债务人因为法律规定或者有破产申请一年前所发生的原因而取得债权的除外。

五、其他由管理人依法处理的债务人财产

《企业破产法》除规定因涉及债务人财产的行为被撤销或者无效而取得的债务人的财产，管理人有权追回外，还对其他由管理人依法处理的债务人财产的情形作出了规定，主要包括：

1. 人民法院受理破产申请后，债务人的出资人尚未完全履行出资义务的，管理人应当要求该出资人缴纳所认缴的出资，而不受出资期限的限制；

2. 债务人的董事、监事和高级管理人员利用职权从企业获取的非正常收入和侵占的企业财产，管理人应当追回；

3. 人民法院受理破产申请后，管理人可以通过清偿债务或者提供为债权人接受的担保，取回质物、留置物。上述规定的债务清偿或者替代担保，在质物或者留置物的价值低于被担保的债权额时，以该质物或者留置物当时的市场价值为限。

4. 人民法院受理破产申请后，债务人占有的不属于债务人的财产，该财产的权利人可以通过管理人取回。但是，《企业破产法》另有规定的除外。

5. 人民法院受理破产申请时，出卖人已将买卖标的物向作为买受人的债务人发运，债务人尚未收到且未付清全部价款的，出卖人可以取回在运途中的标的物。但是，管理人可以支付全部价款，请求出卖人交付标的物。

案例

案情：

某企业与 2004 年 2 月 1 日被债权人申请破产，2004 年 4 月 1 日人民法院依法宣告其破产，4 月 1 日成立清算组，企业破产时管理的财产和债权人申请的债权情况如下：

1. 企业破产是经营管理的财产评估变现价值如下：(1) 第一号房产价值 300 万元，全部用于对 A 银行的债务抵押；(2) 第二号房屋价值 160 万，属于租用 B 公司的房屋；(3) 对外投资 140 万；(4) 专利评估作价 70 万；(5) 破产前职工以资本金形式投入的款项(货币资金)30 万元；(6) 2003 年 12 月 1 日破产企业主动放弃对 G 公司的到期债权 100 万元。

2. 债权人申请的债权情况如下：(1) A 银行对该破产企业发放三年贷款，本金 200 万，年利率 10%，到期应计利息共 60 万元，尚有 1 年到期；(2) B 公司拥有到期债权 700 万元；(3) C 公司因为破产企业担保，替破产企业偿还债务本息共 350 万元；(4) D 公司因清算解除合同造成直接损失 140 万元，根据合同规定，违约金为 30 万元；(5) 欠税务机关税收罚款 90 万。另外，发现该企业对 B 公司拥有债权 190 万元，欠税款 130 万元。法院的诉讼费用 10 万元，管理人员报酬 20 万元，为继续经营而支付的职工工资及社会保险费 30 万元。

问题：

1. 该破产案件中哪些属于别除权，金额多少？
2. 该破产案件中哪些属于抵消权，金额多少？
3. 该破产案件中哪些属于取回权，金额多少？
4. 该破产案件中哪些属于撤销权，金额多少？

分析：

1. 别除权：指债权人不依破产程序，而由破产财产中的特定财产单独受偿的权利。

本题中第一号房产用于对 A 银行的债务抵押属于别除权，金额为 240 万元。

2. 抵消权：债权人在破产申请受理前对债务人负有债务的，可以向管理人主张抵销。

该企业对 B 公司拥有债权 190 万元属于抵消权，金额为 190 万元。

3. 一般取回权——法院受理申请后，债务人占有的不属于债务人的财产，该财产的权利人可以通过“管理人”取回。本题中租用 B 公司的第二号房屋属于取回权，金额为 160 万元。

4. 法院受理破产申请前 1 年内，涉及债务人财产的下列行为，管理人有权请求人民法院予以撤销：无偿转让财产的；以明显不合理的价格进行交易的；对没有财产担保的债务提供财产担保的；对未到期的债务提前清偿的；放弃债权的。本题中 2003 年 12 月 1 日破产企业主动放弃对 G 公司的到期债权 100 万元属于撤销权，金额是 100 万元。

第五节 破产费用和共益债务

一、破产费用

（一）破产费用的概念

破产费用是指人民法院受理破产申请后，为破产程序的顺利进行及对债务人财产的管理、变价、分配过程中，必须支付的且用债务人财产优先支付的费用。破产费用与其他费用相比具有以下特点：

1．破产费用必须是在破产程序开始后发生的，破产程序开始前发生的任何费用都不属于破产费用；

2．破产费用必须是为破产事务的处理而发生的费用，与破产事务的处理无关的费用不属于破产费用；

3．破产费用必须是在处理破产事务中为债权人的共同利益而发生的费用，不是为债权人的共同利益而发生的费用，如债权人为参加债权人会议而支付的差旅费就不属于破产费用；

4．破产费用的支付不按破产程序中的清偿顺序清偿，而是随时可用债务人的财产进行清偿，目的是为了破产程序的顺利进行。

（二）破产费用的范围

《企业破产法》规定，人民法院受理破产申请后发生的下列费用为破产费用。

1．破产案件的诉讼费用；

2．管理、变价和分配债务人财产的费用；

3．管理人执行职务的费用、报酬和聘用工作人员的费用。

二、共益债务

（一）共益债务的概念

共益债务是指人民法院依法受理破产申请后，管理人为全体债权人的共同利益，管理债务人财产时所负担或产生的债务以及因债务人财产而产生的，以债务人财产优先支付的债务。

共益债务有以下特点：

1．共益债务发生于人民法院受理破产申请后。因为只有在人民法院受理破产申请后，才指定管理人，管理人才有权对债务人的财产进行管理，才能因管理而产生债务。如在受理破产申请后，管理人决定继续经营而支付的劳动报酬、社会保险费等。如果此类债务发生在人民法院受理破产申请之前，只能作为破产债权，而不作为共益债务；

2．共益债务是管理人在管理债务人财产过程中因债务人和债务人财产而发生的债务；

3．共益债务是管理人在管理债务人财产过程中为全体债权人的共同利益而发生的债务。

（二）共益债务的范围

《企业破产法》规定，人民法院受理破产申请后发生的下列债务为共益债务：

1．因管理人或者债务人请求对方当事人履行双方均未履行完毕的合同所产生的债务。人民法院受理破产申请后，管理人可以决定是否继续履行合同。如果在人民法院受理破产申请前合同的对方当事人已经交付货物，且约定供货人收到货款时货物的所有权才转移债务人，但债务人尚未付款就被法院裁定受理破产申请，那么管理人只有支付该笔货款，即承担该笔债务才能取得货物的所有权，该货物才能作为债务人的财产进行破产处理。同时由于履行合同还会发生公证费、律师费等，这些都属于共益债务。另外，在债务人重整期间，债务人为继续履行合同而负担的债务，也为共益债务；

2．债务人财产受无因管理所发生的债务；

3．因债务人不当得利所产生的债务；

4．为债务人继续营业而应支付的劳动报酬和社会保险费用以及由此产生的其他债务；

5．管理人或者相关人员执行职务致人损害所产生的债务；

6．债务人财产致人损害所产生的债务。

三、破产费用和共益债务的清偿

根据《企业破产法》的规定，破产费用和共益债务的清偿，按照下列原则进行：

1．破产费用和共益债务由债务人财产随时清偿；

2．债务人财产不足以清偿所有破产费用和共益债务的，先行清偿破产费用；

3．债务人财产不足以清偿所有破产费用或者共益债务的，按照比例清偿；

4．债务人财产不足以清偿破产费用的，管理人应当提请人民法院终结破产程序，人民法院应当自收到请求之日起 15 日内裁定终结破产程序，并予以公告。

第六节　债权申报

一、债权申报的概念

债权申报是指债务人的债权人在接到人民法院的破产申请受理裁定通知或者公告后，在法定期限内向人民法院申请登记债权，以取得破产债权人地位的行为。

债权人在法定期限内申报了债权即成为破产债权人，因而享有破产债权人的权利，如果未在法定期限内申报债权，则视为放弃债权。破产债权人在破产过程中享有的权利主要有：

1．参加债权人会议，并享有表决权；

2. 提出对债务人重整申请。债权人在债务人不能清偿到期债务时，可以直接向人民法院提出对债务人进行重整的申请，并在债权人会议上通过重整计划；

3. 参加破产的分配。

二、债权申报的期限

(一) 法定申报期限

法定申报期限是指企业破产法规定的债权申报期限。《企业破产法》规定，人民法院受理破产申请后，应当确定债权人申报债权的期限。债权申报期限自人民法院发布受理破产申请公告之日起计算，最短不得少于三十日，最长不得超过三个月。

(二) 延展申报期限

延展申报期限也称补充申报期限，是指在人民法院确定的债权申报期限内，债权人未申报债权的，可以在破产财产最后分配前补充申报；但是，此前已进行的分配，不再对其补充分配。补充申报必须在破产财产最后分配前提出，得到的清偿以补充申报后的破产财产为限。为审查和确认补充申报债权的费用，由补充申报人承担。

三、债权申报的要求

根据《企业破产法》的规定，债权人申报债权时，应当按照下列要求进行：

1. 未到期的债权，在破产申请受理时视为到期。附利息的债权自破产申请受理时起停止计息；

2. 附条件、附期限的债权和诉讼、仲裁未决的债权，债权人可以申报；

3. 债权人应当在人民法院确定的债权申报期限内向管理人申报债权。债务人所欠职工的工资和医疗、伤残补助、抚恤费用，所欠的应当划入职工个人账户的基本养老保险、基本医疗保险费用以及法律、行政法规规定应当支付给职工的补偿金，不必申报，由管理人调查后列出清单并予以公示。职工对清单记载有异议的，可以要求管理人更正；管理人不予更正的，职工可以向人民法院提起诉讼；

4. 债权人申报债权时，应当书面说明债权的数额和有无财产担保，并提交有关证据。申报的债权是连带债权的，应当说明；

5. 连带债权人可以由其中一人代表全体连带债权人申报债权，也可以共同申报债权。由其中一人代表全体连带债权人申报债权的，应说明其能够代表其他连带债权人及所代表的其他连带债权人的基本情况，该申请人的行为对其他连带债权人发生效力；连带债权人共同申报债权的，他们作为共同的债权人，在对破产财产清偿时，只解决所申报债权的清偿问题，连带债权人之间的内部关系，不在破产程序中解决；

6. 债务人的保证人或者其他连带债务人已经代替债务人清偿债务的，以其对债务人的求偿权申报债权。但是，债权人已经向管理人申报全部债权的除外；

7. 连带债务人被裁定使用《企业破产法》规定的程序的，其债权人有权就全部债权分别在各破产案件中申报债权；

8. 管理人或者债务人依照《企业破产法》规定解除合同的，对方当事人以因合同解除所产生的损害赔偿请求权申报债权；

9. 债务人是委托合同的委托人，被裁定使用《企业破产法》规定的程序，受托人不知该事实，继续处理委托事务的，受托人以由此产生的请求权申报债权；

10. 债务人是票据的出票人，被裁定使用《企业破产法》规定的程序，该票据的付款人继续付款或者承兑的，付款人以由此产生的请求权申报债权。

四、债权表编制

债权人申报债权后，为便于清算管理，必须进行登记造册，审查核实，编制债权表。编制的债权表经人民法院确认后，就成为债务人进入破产程序行使权利的重要依据，因此，债权表的编制必须依法进行。债权表依法由管理人编制。

第七节 债权人会议

一、债权人会议的性质

债权人会议是破产程序中全体债权人的自治性组织，以维护债权人共同利益为目的，讨论决定有关破产事宜，表达债权人意志的机构。债权人会议是债权人行使破产参与权的场所。本身不是执行机关也不是民事权利主体，但是债权人会议在破产程序中是重要的机构。在债权人会议内部可以协调、平衡债权人之间的利益关系，在债权人会议之外可以通过参与和监督破产程序，维护全体债权人的利益。

二、债权人会议的组成

《企业破产法》规定，依法申报债权的债权人为债权人会议的成员，有权参加债权人会议，享有表决权。这一规定包含两层含义：

1. 债权人会议由申报债权的债权人组成。债权人要成为债权人会议成员，必须依法申报债权，依法申报债权后才能成为正式的债权人会议成员。

2. 凡是债权人会议的成员，都享有出席会议和对会议所议事项进行表决的权利。

但是《企业破产法》规定，债权尚未确定的债权人，除人民法院能够允许其行使表决权并临时决定债权额外，不得行使表决权；对债务人的特定财产享有担保权的债权人，未放弃优先受偿权利的，其对通过和解协议和破产财产的分配方案的事项不享有表决权。债权人可以委托代理人出席债权人会议，行使表决权。代理人出席债权人会议，应当向人民法院或者债权人会议主席提交债权人的授权委托书。

债权人会议应当中债务人的职工和工会的代表参加，对有关事项发表意见。

债权人会议主席一人，由人民法院从有表决权的债权人中指定，债权人会议主席主持债权人会议。

三、债权人会议的召集

第一次债权人会议由人民法院召集，自债权申报期限届满之日起十五日内召开，由人民法院主持。其内容应包括：宣布债权人会议职权和其他有关事项；宣布债权人资格审查结果；指定并宣布债权人会议主席；由管理人通报债务人的生产经营、财产、债务的基本情况等。

第一次债权人会议以后的债权人会议，在人民法院认为必要时，或者管理人、债权人委员会、占债权总额四分之一以上的债权人向债权人会议主席提议时召开。

召开债权人会议，管理人应提前十五日将会议的时间、地点、内容、目的等事项通知债权人。

四、债权人会议的职权

《企业破产法》规定，债权人会议行使下列职权：

1. 核查债权。管理人依法对申报债权进行审查后，编制债权表，提交第一次债权人会议核查。经核查无异议的由人民法院裁定确认，有异议的可向人民法院提起诉讼；

2. 申请人民法院更换管理人，审查管理人的费用和报酬；

3. 监督管理人。按照《企业破产法》的规定，管理人向人民法院报告工作，并接受债权人会议和债权人委员会的监督；

4. 选任和更换债权人委员会成员。债权人会议可以决定成立债权人委员会，债权人委员会由债权人会议选任的债权人代表和一名债务人的职工代表或工会代表组成。如果债权人会议认为已选任的债权人代表不能胜任工作，有权更换债权人代表。但无论选任还是更换都需人民法院书面认可；

5. 决定继续或者停止债务人的营业。企业进入破产程序意味着其经济活动遇到很大的困难，继续经营会有很大的风险，即损失更多的财产，使债权人能够分配的财产进一步减少，因此继续或者停止债务人的营业，要由代表全体债权人的债权人会议决定；

6. 通过重整计划。重整是在企业无力偿债的情况下，使企业摆脱困境走向复苏的一项制度。重整计划是债务人或管理人向人民法院和债权人会议提交的企业重整的方案。为保护债权人的利益，重整计划必须交由债权人会议讨论并表决通过；

7. 通过和解协议。和解协议是债务人和债权人在人民法院的主持下，就债务人延期清偿债务、减少债务数额等事项达成的协议。协议一旦达成将终止破产程序，是破产制度中的一项重要制度。债务人申请和解应提出和解协议草案，债权人会议将对和解协议草案的内容进行讨论表决；

8. 通过债务人财产的管理方案。债务人财产的管理有管理人负责，管理人就债务人财产的状况制定一个管理方案，管理方案经债权人会议讨论通过后实施。不能通过的由法院裁定；

9. 通过破产财产的变价方案。管理人应当就变价财产的范围、变价方法、变价的时间等制定一个方案，并将方案提交债权人会议讨论通过后实施，不能通过的由法院裁定；

10. 通过破产财产的分配方案。变价方案通过后，破产财产分配前，管理人应当向债权人会议提交破产财产的分配方案草案，包括可分配的破产财产数额、分配顺序、比例等。破产财产的分配，直接关系到每一个债权人的受偿数额，必须提交债权人会议讨论通过，经两次讨论不能通过的，由人民法院裁定；

11．人民法院认为应当由债权人会议行使的其他职权。

债权人会议所议事项都是破产程序中的重大事项，应当对所有事项的决议做成会议记录，以备今后查阅。

五、债权人会议的决议

债权人会议的决议，由出席会议的有表决权的债权人过半数通过，并且其所代表的债权额占无财产担保债权的二分之一以上，但《企业破产法》另有规定的除外。债权人会议的决议，对全体债权人均有法律约束力。债权人认为会议的决议违反法律规定，损害其利益的，可以自债权人会议作出决议之日起十五日内，请求人民法院裁定撤销该决议，责令债权人会议依法重新作出决议。

债权人会议决议的表决实行双重多数通过，即必须同时满足两个条件：一是按人数计算，由出席会议的有表决权的债权人过半数通过，过半数不包括半数；二是按金额计算，同意票所代表的债权额占无财产担保债权总额的二分之一以上。这里的债权额指经过债权人会议确认的金额；无财产担保债权总额以债权人会议确认的无财产担保债权总额为准，且无论债权人是否出席会议。

以上两个条件是债权人会议通过一般决议所必需的条件，《企业破产法》同时还规定了特殊情况下更为严格的条件：

1．通过和解协议草案的决议，由出席会议的有表决权的债权人过半数通过，并且其所代表的债权额占无财产担保债权总额的三分之二以上；

2．通过重整计划草案的决议，按债权类型分组进行表决，由出席会议同一表决组的债权人过半数同意，并且其所代表的债权总额占该组债权总额的三分之二以上的，为该组通过。各表决组均通过时，重整计划即为通过。

债权人会议通过债务人财产的管理方案以及破产财产的变价方案等事项时，经债权人会议表决未通过的，由人民法院裁定。债权人对人民法院作出的裁定不服的，可以自裁定宣布之日或者收到通知之日起十五日内向该人民法院申请复议。复议期间不停止裁定的执行。

债权人会议通过破产财产的分配方案事项时，经债权人会议两次表决仍未通过的，由人民法院裁定。债权额占无财产担保债权总额二分之一以上的债权人对人民法院作出的裁定不服的，可以自裁定宣布之日或者收到通知之日起十五日内向该人民法院申请复议。复议期间不停止裁定的执行。

六、债权人委员会

债权人会议可以决定设立债权人委员会。由于债权人会议是债权人的非常设机构，在闭会期间无法行使其权利，不足以保护全体债权人的利益。因此债权人会议可以根据实际情况决定设立债权人委员会，专门行使日常监督权。

债权人委员会由债权人会议选任的债权人代表和一名债务人的职工代表或者工会代表组成。债权人委员会不得超过九人。选任的债权人委员会成员并非当然成为债权人委员会成员，债权人委员会成员还应当经人民法院书面决定认可才有效。

根据《企业破产法》的规定，债权人委员会行使下列职权：监督债务人财产的管理和处分；监督破产财产分配；提议召开债权人会议；债权人会议委托的其他职权。

债权人委员会执行职务时，有权要求管理人、债务人的法定代表人、财务人员等管理人员对其职权范围内的事务作出说明或者提供有关文件。管理人、债务人的有关人员违反规定拒绝接受监督的，债权人委员会有权就监督事项请求人民法院作出决定。人民法院应当在 5 日内作出决定。

为了切实保护债权人的利益，《企业破产法》规定，管理人实施的下列行为，应当及时向债权人委员会报告：涉及土地、房屋等不动产权益的转让；探矿权、采矿权、知识产权等财产权的转让；全部库存或者营业的转让；借款；设定财产担保；债权和有价证券的转让；履行债务人和对方当事人均未履行完毕的合同；放弃权利；担保物的取回；⑩对债权人利益有重大影响的其他财产处分行为。

未设立债权人委员会的，管理人实施上述行为时，应当及时报告人民法院。

第八节 重整

一、重整的概念

重整是指当企业法人不能清偿到期债务时，不立即进行破产清算，而是在法院的主持下，由债务人与债权人达成协议，制定债务人重整计划，债务人继续营业，并在一定期限内全部或部分清偿债务的制度。

重整的目的是使面临破产的企业能够摆脱困境，重获经营能力，是防止企业破产清算的重要制度。

二、重整的申请和重整期间

（一）重整申请

根据《企业破产法》的规定，债务人在不同的阶段重整申请人不同：第一，债务人尚未进入破产程序时，债务人或者债权人可以直接向人民法院申请对债务人进行重整；第二，债权人申请对债务人进行破产清算的，在人民法院受理破产申请后，宣告债务人破产前，债务人或者出资额占债务人注册资本十分之一以上的出资人，可以向人民法院申请重整。

人民法院经审查认为重整申请符合规定的，应当裁定债务人重整并予以公告。

（二）重整期间

重整期间是指自人民法院裁定债务人重整之日起至重整程序终止时的期间。

1．在重整期间，经债务人申请，人民法院批准，债务人可以在管理人的监督下自行管理财产和营业事务。在这种情形下，已接管债务人财产和营业事务的管理人应当向债务人移交财产和营业事务，有关管理人的职权由债务人行使。

2．在重整期间，对债务人的特定财产享有的担保权暂停行使。但是，担保物有损坏或者价值明显减少的可能，足以危害担保权人权利的，担保权人可以向人民法院请求恢复行使担保权。债务人或者管理人为继续营业而借款的，可以为该借款设定担保。

债务人合法占有的他人财产，该财产的权利人在重整期间要求取回的，应当符合事先约定的条件。

3．在重整期间，债务人的出资人不得请求投资收益分配。债务人的董事、监事、高级管理人不得向第三人转让其持有的债务人的股权。但是，经过人民法院同意的除外。

在重整期间，有下列情形之一的，经管理人或者利害关系人请求，人民法院应当裁定终止重整程序，并宣告债务人破产：债务人的经营状况和财产状况继续恶化，缺乏挽救的可能性；债务人有欺诈、恶意减少债务人财产或者其他显著不利于债权人的行为；由于债务人的行为致使管理人无法执行职务。

三、重整计划的制定和批准

（一）重整计划的制定

1. 重整计划草案由债务人或管理人制定

债务人自行管理财产和营业事务的，由债务人制作重整计划草案。管理人负责管理财产和营业事务的，由管理人制作重整计划草案。

2. 重整计划草案应当在法定期限内制定

债务人或者管理人应当自人民法院裁定债务人重整之日起六个月内，同时向人民法院和债权人会议提交重整计划草案。上述规定的期限届满后，经债务人或者管理人请求，有正当理由的，人民法院可以裁定延期 3 个月。

债务人或者管理人未按期提出重整计划草案的，人民法院应当裁定终止重整程序，并宣告债务人破产。

3. 重整计划草案的内容

重整计划草案应当包括下列内容：债务人的经营方案；债权分类；债权调整方案；债权受偿方案；重整计划的执行期限；重整计划的监督期限；有利于债务人重整的其他方案。

（二）重整计划的批准

债权人参加讨论重整计划草案的债权人会议，依照下列债权分类，分组对重整计划草案进行表决：

1．对债务人的特定财产享有担保权的债权；

2．债务人所欠职工的工资和医疗、伤残补助、抚恤费用、所欠的应当划入职工个人账户的基本养老保险、基本医疗保险费用以及法律、行政法规规定应当支付给职工的补偿金；

3．债务人所欠税款；

4．普通债权。

此外，人民法院在必要时可以决定在普通债权组中设小额债权组对重整计划草案进行表决。重整计划不得规定减免债务人欠缴的上述第 2 项规定以外的社会保险费用，该项费用的债权人不参加重整计划草案的表决。

人民法院应当自收到重整计划草案之日起三十日内召开债权人会议，对重整计划草案进行表决。出席会议的同一表决组的债权人过半数同意重整计划草案，并且其所代表的债权额占该组债权总额的三分之二以上的，即为该组通过重整计划草案。债务人或者管理人应当向债权人会议就重整计划草案作出说明并回答询问。

债务人的出资人代表可以列席讨论重整计划草案的债权人会议。重整计划草案涉及出资人权益调整事项时，应当设出资人组，对该事项进行表决。

各表决组均通过重整计划草案时，重整计划即为通过。自重整计划通过之日起十日内，债务人或者管理人应当向人民法院提出批准重整计划的申请。人民法院经审查认为符合规定的，应当自收到申请之日起三十日内裁定批准，终止重整程序，并予以公告。

部分表决组未通过重整计划草案的，债务人或者管理人可以同未通过重整计划草案的表决组协商，该表决组可以在协商后再表决一次，双方协商的结果不得损害其他表决组的利益。未通过重整计划草案的表决组拒绝再次表决或者再次表决仍未通过重整计划草案，但重整计划草案符合下列条件的，债务人或者管理人可以申请人民法院批准重整计划草案：①按照重整计划草案，上述债权分类第 1 项所列债权就该特定财产将获得全额清偿，因其延期清偿所受的损失将得到公平补偿，并且其担保权未受到实质性损害，或者该表决组已经通过重整计划草案；②按照重整计划草案，上述债权 2、3 项所列债权将获得全额清偿，或者相应表决组已经通过重整计划草案；③按照重整计划草案，普通债权所获得的清偿比例，不低于其在重整计划草案被提请批准时依照破产清算程序所能获得的清偿比例，或者该表决组已经通过重整计划草案；④重整计划草案公平对待同一表决组的成员，并且所规定的债权清偿顺序不违反《企业破产法》的规定；⑤债务人的经营方案具有可行性。

人民法院经审查认为重整计划草案符合规定的，应当自收到申请之日起三十日内裁定批准，终止重整程序，并予以公告。

重整计划草案未获得通过且未依照《企业破产法》的规定获得批准，或者已通过的重整计划未获得批准的，人民法院应当裁定终止重整程序，并宣告债务人破产。

四、重整的执行

(一) 重整计划由债务人负责执行

重整计划由债务人负责执行的主要原因，是债务人对企业的经营和财务状况最为了解，执行重整计划易于操作。如在重整期间债务人财产和营业事务由管理人接管的，在人民法院裁定批准重整计划后，已接管财产和营业事务的管理人应当向债务人移交财产和营业事务。

(二) 重整计划的执行由管理人监督

《企业破产法》规定，在重整计划规定的监督期内，由管理人监督重整计划的执行，债务人应当向管理人报告重整计划执行情况和债务人财务状况。监督期届满时，管理人应当向人民法院提交监督报告。管理人向人民法院提交的监督报告，重整计划的利害关系人有权查阅。此外，经管理人申请，人民法院可以裁定延长重整计划执行的监督期限。

人民法院裁定批准的重整计划，对债务人和全体债权人均有约束力。债权人未依照规定申报债权的，在重整计划执行期间不得行使权利；在重整计划执行完毕后，可以按照重整计划规定的同类债权的清偿条件行使权利。债权人对债务人的保证人和其他连带债务人所享有的权利，不受重整计划的影响。

（三）重整计划执行的终止

债务人不能执行或者不执行重整计划的，人民法院经管理人或者利害关系人请求，应当裁定终止重整计划的执行，并宣告债务人破产。人民法院裁定终止计划执行的，债权人在重整计划中作出的债权调整的承诺失去效力。债权人因执行重整计划所受的清偿仍然有效，债权人未受清偿的部分作为破产债权。上述规定的债权人，只有在其他同顺位债权人同自己所受的清偿达到同一比例时，才能继续接受分配。

按照重整计划减免的债务，自重整计划执行完毕时起，债务人不再承担清偿责任。

第九节　和解

一、和解的概念

和解是指具备破产原因的债务人，为了避免破产清算而与债权人会议协商达成解决债务协议的制度。和解并非法院作出破产宣告的必经程序，是否和解完全依赖双方当事人意思而定。和解制度与破产清算制度一样，都重在清偿，但是破产清算是一种消极的处理方法，无论对债权人还是债务人都必然会造成损失，而和解可以起到减少损失、预防破产的积极作用。

二、和解的提出

债务人可以依照《企业破产法》的规定，直接向人民法院申请和解；也可以在人民法院受理破产申请后、宣告债务人破产前向人民法院申请和解。债务人申请和解，应当提出和解协议草案。和解协议草案的主要内容是债务清偿方案，其中包括延长清偿的期限、分期清偿的数额、申请减免债务的额度及比例等。

三、和解协议的通过及裁定

和解协议草案是债务人向人民法院提交的文件，该文件直接涉及债权的清偿，因此必须经债权人会议讨论通过，同时还必须经由人民法院审查认可。

对债务人提出的和解申请，人民法院经审查认为符合规定的，应当裁定和解，予以公告并召集债权人会议讨论和解协议草案。对债务人的特定财产享有担保权的权利人，自人民法院裁定和解之日起可以行使权利。

债权人会议通过和解协议的决议，由出席会议的有表决权的债权人过半数同意，并且其所代表的债权额占无财产担保债权总额的三分之二以上。债权人会议通过和解协议的，由人民法院裁定认可，终止和解程序，并予以公告。管理人应当向债务人移交财产和营业事务，并向人民法院提交执行职务的报告。和解协议草案经债权人会议表决未获得通过，或者已经债权人会议通过的和解协议但未获得人民法院认可的，人民法院应当裁定中止和解程序，并宣告债务人破产。

四、和解协议的法律效力

（一）经人民法院裁定认可的和解协议对债务人和全体和解债权人均有约束力。上述和解债权人是指人民法院受理破产申请时对债务人享有无财产担保债权的人。

（二）和解债权人对债务人的保证人和其他连带债务人所享有的权利，不受和解协议的影响。

（三）债务人应当按照和解协议规定的条件清偿债务。

（四）和解协议无强制执行效力，如债务人不履行协议，债权人不能请求人民法院强制执行，只能请求人民法院终止和解协议的执行，宣告其破产。

五、和解协议的终止

和解协议执行过程中，可能因债务人的行为导致和解协议无法继续执行，如继续执行可能给债权人造成更大损失，为保障债权人的合法权益，《企业破产法》对和解协议的终止作出了具体的规定。

因债务人的欺诈或者其他违法行为而成立的和解协议，人民法院应当裁定无效，并宣告债务人破产。有上述规定情形的，和解债权人因执行和解协议所受的清偿，在其他债权人所受清偿同等比例的范围内，不予返还。

债务人不能执行或者不执行和解协议的，人民法院经和解债权人请求，应当裁定终止和解协议的执行，并宣告债务人破产。人民法院裁定终止和解协议的，和解债权人在和解协议中作出的债权调整的承诺失去效力。和解债权人因执行和解协议所受的清偿仍然有效，和解债权未受清偿的部分作为破产债权。上述规定的债权人，只有在其他债权人同自己所受的清偿达到同一比例时，才能继续接受分配。此外，在上述情形下，为和解协议的执行提供的担保继续有效。

债务人不能执行或者不执行和解协议的行为有：

1. 拒不执行或者延迟执行和解协议；
2. 财务状况继续恶化，足以影响执行和解协议；
3. 给个别债权人和解协议以外的特殊利益；
4. 转移财产、隐匿或私分财产；
5. 非正常压价出售财产、放弃自己的债权；
6. 对原来没有财产担保的债务提供财产担保、对未到期的债务提前清偿等行为。

按照和解协议减免的债务，自和解协议执行完毕时起，债务人不再承担清偿责任。人民法院受理破产申请后，债务人与全体债权人就债权债务的处理自行达成协议的，可以请求人民法院裁定认可，并终结破产程序。

第十节 破产清算

一、破产宣告

破产宣告是人民法院依据当事人的申请或法定职权裁定宣告债务人破产以清偿债务的活动。根据《企业破产法》的规定，有下列情形之一的，人民法院应当以书面裁定宣告债务人企业破产：企业不能清偿到期债务，又不具备法律规定的不予宣告破产条件的；企业被人民法院依法裁定终止重整程序的；人民法院依法裁定终止和解协议执行的。

人民法院依法宣告债务人破产的，应当自裁定作出之日起五日内送达债务人和管理人，自裁定作出之日十日内通知已知债权人，并予以公告。

债务人被宣告破产后，债务人称为破产人，债务人财产称为破产财产，人民法院受理破产申请时对债务人享有的债权称为破产债权。

破产宣告前，有下列情形之一的，人民法院应当裁定终结破产程序，并予以公告。

1. 第三人为债务人提供足额担保或者为债务人清偿全部到期债务的；

2. 债务人已清偿全部到期债务的。在受理破产申请后至破产宣告前，如果债务人已经对全部到期债务进行了清偿，那么债务人破产的原因不存在了，人民法院应当裁定终结破产程序。

二、破产财产的变价

（一）破产财产变价方案的制定和执行

《企业破产法》规定：由管理人及时拟定破产财产变价方案，提交债权人会议讨论通过。管理人应当按照债权人会议通过的或者人民法院依法裁定的破产财产变价方案，适时变价出售破产财产。破产财产变价方案的执行应符合以下要求：

1. 管理人变价出售破产财产必须按债权人会议通过的或者人民法院依法裁定的破产财产变价方案进行。如果管理人不按破产财产变价方案变价出售破产财产，造成债权人、第三人损失的，应依法承担赔偿责任；

2. 管理人变价出售破产财产必须适时。所谓适时，是指管理人应根据破产财产的性质、市场的调查及使其价值得到最大实现为目标，确定出售破产财产的时间。

（二）破产财产变价出售的方式

为了规范破产财产变价出售行为，保护破产过程中各当事人的合法权益，《企业破产法》对破产财产变价出售作出如下规定：

1. 变价出售破产财产应当通过拍卖方式进行。但是，如果债权人会议根据破产财产的性质及实际情况，对其变价出售方式作出决议，且其决议不违反法律的规定，就应按该决议的方式变价，而不采取拍卖的方式；

2. 破产企业可以全部或者部分变价出售。破产企业全部变价出售，即破产企业整体出售；破产企业部分变价出售，即将破产企业财产分别变价出售。整体出售不仅有利于保持破产财产的价值，发挥其特定的作用，而且更能提高破产财产的出售价格，最大限度地保护债权人的利益。因此，破产企业变价出售时应尽可能整体变价出售；

3．按照国家规定不能拍卖或者限制转让的财产，应当按照国家规定的方式处理。

三、破产财产的分配

(一) 破产财产的分配顺序

破产财产的分配顺序是指将破产财产分配给债权人的先后顺序，即下一顺序的债权只有在上一顺序的债权受偿后才能受偿；同一顺序的债权或依法律规定平等受偿，或按法律规定按比例受偿。《企业破产法》规定，破产财产按照下列顺序进行分配。

1. 破产财产优先清偿破产费用和共益债务

破产费用和共益债务是一种特殊的债权，它具有优于一般破产债权受偿的权利，但是它对破产企业特定财产享有优先受偿权的债务没有优先权。破产费用可随时用破产财产支付，破产财产不足以支付破产费用的，人民法院根据管理人的申请裁定终结破产程序。

2. 破产财产在清偿破产费用和共益债务后，依照下列顺序清偿

(1) 破产人所欠职工的工资和医疗、伤残补助、抚恤费用，所欠的应当划入职工个人账户的基本养老保险，基本医疗保险费用以及法律、行政法规规定应当支付给职工的补偿金。

(2) 破产人欠缴的除前项规定以外的社会保险费用和破产人所欠税款。

(3) 普通破产债权。普通债权是指除对破产人的特定财产享有优先权的债权、法律规定享有优先权的债权、劳动债权以及国家税款以外的破产债权，具体包括：无财产担保债权、放弃优先受偿权的债权、行使优先权后未能完全受偿的债权部分。

破产财产不足以清偿同一顺序的清偿要求的，按照比例分配，即按照各债权人的债权额在该顺序中占债权总额的比例进行清偿。

(二) 破产财产分配方案的制定和实施

管理人应当及时拟订破产财产分配方案。管理人拟定的破产财产分配方案，首先应当提交债权人会议讨论。破产财产分配方案的表决必须由出席会议的有表决权的债权人过半数通过，并且其所代表的债权额占无财产担保债权总额的二分之一以上。经债权人会议表决通过的破产财产分配方案对全体债权人有约束力。

债权人会议通过破产财产分配方案后，由管理人将该方案提请人民法院裁定认可。

破产财产分配方案经人民法院裁定认可后，由管理人执行。管理人按照破产财产分配方案实施多次分配的，应当公告本次分配的财产额和债权额。管理人实施最后分配的，应当在公告中指明。

对于附生效条件或者解除条件的债权，管理人应当将其分配额提存。管理人依照规定提存的分配额，在最后分配公告日，生效条件未成就或者解除条件成就的，应当分配给其他债权人；在最后分配公告日，生效条件成就或者解除条件未成就的，应当交付给债权人。

债权人未受领的破产财产分配额，管理人应当提存。债权人自最后分配公告之日起满

二个月仍不领取的，视为放弃受领分配的权利，管理人或者人民法院应当将提存的分配额分配给其他债权人。

破产财产分配时，对于诉讼或者仲裁未决的债权，管理人应当将其分配额提存。自破产程序终结之日满二年仍不能受领分配的，人民法院应当将提存的分配额分配给其他债权人。

四、破产程序的终结

破产程序的终结，又称破产程序的终止，是指人民法院受理破产案件后，在出现法定事由时，由人民法院依法裁定终结破产程序，结束破产案件的审理。

（一）破产程序终结的事由

破产程序的终结根据事由的不同分为正常的终结和非正常的终结。正常的终结是因破产财产分配完毕，破产目的已经实现而终结破产程序；非正常的终结是指没有经过破产财产的分配就终结破产程序。

《企业破产法》规定下列情况终结破产程序：

1．债务人财产不足以清偿破产费用的，管理人提请人民法院终结破产程序。

2．人民法院受理破产申请后，债务人与全体债权人就债权债务的处理自行达成协议的，可以请求人民法院裁定认可，并终结破产程序。

3．破产人无财产可供分配的，管理人应当请求人民法院裁定终结破产程序。

4．破产财产分配完毕。这是破产程序终结中最为普遍的方式，也是破产程序正常终结的方式。《企业破产法》规定，管理人在最后分配完结后，应当及时向人民法院提交破产财产分配报告，并提请人民法院裁定终结破产程序。

（二）破产财产的追加分配

破产程序终结后，债权人通过破产分配未得到清偿的债权予不再清偿，破产企业清偿余债的责任依法免除。但是，自破产程序依法终结之日起二年内，有下列情形之一的，债权人可以请求人民法院按照破产财产分配方案进行追加分配。

1．发现有依照规定应当追回的财产的。依照规定应当追回的财产包括：人民法院受理破产申请前 1 年内，债务人的财产处理行为依法被撤销涉及的财产，包括无偿转让的财产、以明显不合理的价格进行交易的财产、对没有财产担保的债务提供财产担保的财产、对未到期的债务提前清偿的清偿额以及债务人放弃的债权；人民法院受理破产申请前 6 个月内，债务人处于破产状态时对个别债权人清偿的数额；债务人为逃避债务而隐匿、转移的财产、虚构的债务或者承认不真实的债务；债务人的董事、监事和高级管理人员利用职权从企业获取的非正常收入和侵占的企业财产。

2．发现破产人有应当供分配的其他财产的。

有上述规定情形，但财产数量不足以支付分配费用的，不再进行追加分配，由人民法院将其上交国库。

破产人的保证人和其他连带债务人，在破产程序终结后，对债权人依照破产清算程序未受清偿的债权，依法继续承担清偿责任。

课后练习题

一、思考题

1. 如何理解破产界限？
2. 和解协议有何法律效力？
3. 人民法院在哪些情况下书面裁定宣告债务人企业破产？
4. 哪些债权是破产债权？
5. 简述破产财产的清偿顺序。

二、案例分析

1. 某国有企业破产申请被受理后为管理人所接管，管理人接管的财产情况如下：

(1) 企业破产时经营管理的财产 300 万元，其中价值 200 万元的办公楼已经全额用于抵押担保；

(2) 破产企业对外投资价值 200 万元；

(3) 破产企业租用他人设备 150 万元；

(4) 破产企业专利权一项，评估价值 25 万元。

分析：上述财产中哪些属于破产财产？总额是多少？哪些不属于破产财产，应如何处理？

2. 甲企业因经营管理不善，不能清偿到期债务，依法被宣告破产。经查，甲企业财产状况如下：现有现金、实物共 100 万元；房地产 500 万元。其中，有一处房地产 200 万元抵押给 A 银行贷款 150 万元；另一处房地产 100 万元抵押给 B 银行贷款 130 万元。有两企业分别欠该企业 70 万元、30 万元。负债情况如下：除上述两笔贷款以外，尚分别欠乙、丙、丁企业为 100 万元、200 万元、300 万元；欠国家税收 250 万元，欠职工工资、劳动保险费 50 万元。破产费用共计 20 万元。

分析：该如何进行破产清算？

第五章　合　同　法

重点掌握内容

1. 合同的概念、合同的分类、合同法的基本原则
2. 要约和承诺、缔约过失责任、合同的效力
3. 合同履行、合同的保全、合同的担保、合同的抗辩权

案例导学

张三的行为属于什么性质的行为？

张三自己出资成立一个饭店，但是生意萧条。后得知李四的饭店生意兴隆，其原因在于李四拥有祖传秘方。于是，张三提出与李四进行合作，李四把祖传秘方注入张三的饭店，张三饭店所得利润的60%分给李四。在合作磋商过程中，张三在知悉了李四秘方的主要配料后，以合作条件尚不成熟为借口，拒绝了与李四的进一步合作商谈。后张三利用从李四处获得的配料进行菜品的制作，生意大好。

思考：李四可否追究张三的责任？法律根据何在？

第一节　合同法基本原则

一、合同的概念和分类

（一）合同的概念

合同又称契约，是指平等主体的自然人、法人、其他组织之间设立、变更、终止民事权利义务关系的协议。其中法人是指依法成立、能够独立享有民事权利和承担民事义务的组织，包括机关、团体、企业、事业单位、公司等。其他组织是指不具备法人资格的合伙组织及分支机构等。民事权利义务关系是指财产关系。而同属民事法

律领域的婚姻、收养、监护等有关身份关系的协议以及其他法律性质的协议，适用其他法律的规定。

(二) 合同的分类

合同可以按照不同的标准进行分类：

1. 以法律、法规是否对其名称作出明确规定为标准，分为有名合同和无名合同

有名合同也称典型合同，是立法上规定有明确名称与规则的合同。例如《合同法分则》规定的 15 种合同。无名合同也称非典型合同，是指法律尚未特别规定，也未赋予一定名称的合同。

2. 按照是否尚需交付标的物为标准，分为诺成合同与实践合同

(1) 诺成合同是指仅以当事人的意思表示一致即可认定成立的合同，或称“一诺即成”的合同。大多数的合同均属于此类合同，如买卖、租赁合同等。

(2) 实践合同，又称要物合同，指除当事人双方意思表示一致外，尚需交付标的物或完成其他现实给付义务才能成立的合同，如保管合同。

3. 按照法律、法规是否特别要求具备特定形式和手续为标准，分为要式合同和不要式合同。要式合同是指必须依据法律规定的方式而成立的合同。不要式合同指对其成立法律没有要求采取特定方式的合同。

4. 按照双方是否互负义务，分为双务合相同和单务合同

(1) 双务合同指双方当事人在合同成立后互具有对价意义的债务。所谓“具有对价意义”，不是指双方的给付在客观上具有相同的价值，而是指应当作出的给付相互之间具有依存关系。

(2) 单务合同，又称一方负担合同，指仅一方当事人负担给付义务的合同，例如赠与、无偿保管、无偿委托合同等。

5. 按照当事人是否为获得利益而支付代价为标准，分为有偿合同与无偿合同

有偿合同是指双方当事人在从合同的缔结到债务的履行整个过程中，均作出相互具有对价性质付出的合同。无偿合同是指只有一方当事人作出给付，或者虽然是双方给付，但双方的给付不具有对价意义的合同。

6. 按照两个或多个合同相互间的主从关系为标准，分为主合同与从合同

主合同是指不需要以其他合同的存在为前提即可独立存在的合同。从合同又称附属合同，是指以其他合同的存在为前提的合同，如保证合同、抵押合同、质押合同等。

7. 按照是否严格遵守合同相对性原则还是涉及第三人为标准，分为束己合同与涉他合同。束己合同指订约当事人订立合同是为自己设定权利和义务，使自己直接取得和享有某种利益和承受某种负担的合同。涉他合同指合同当事人在合同中为第三人设定了权利和义务的合同。

二、合同法的概念和特征

(一) 合同法的概念

合同法是调整平等主体之间商品交换关系的法律规范的总称，它调整合同的订立、效

力、履行、变更和解除、终止、违约责任等关系。合同法有狭义与广义之分。狭义的合同法专指《中人民共和国合同法》(以下简称《合同法》)。广义的合同法除《合同法》外，还包括其他有关调整合同的法律，如《民法通则》中关于合同的规定，《担保法》中有关担保合同的规定，《合伙企业法》中有关合伙合同的规定等。

《合同法》是我国第一部较完备的合同基本法，它全面、系统地的规定了合同基本制度，该法共428条，分总则、分则和附则三部分。总则规定了《合同法》的基本原则、合同的订立、合同的效力、合同的履行、合同的变更和转让、合同的权利义务终止、违约责任等内容；分则规定了买卖合同、供用(电、水、汽、热力)合同、赠与合同、借款合同、租赁合同、融资租赁合同、承揽合同、建设工程合同、运输合同、技术合同、保管合同、仓储合同、委托合同、行纪合同、居间合同等15种常用合同的具体内容。

(二)合同法的特征

合同法具有以下特征：合同法强调主体平等、自愿协商、等价有偿的原则；合同法贯彻契约自由的原则；合同法从动态的角度为当事人提供财产关系的法律保护。

三、合同法的基本原则

(一)平等原则

《合同法》规定，合同当事人的法律地位平等，一方不得将自己的意志强加给另一方。在法律上，合同当事人是平等主体，没有高低从属之分，不存在命令者与被命令者、管理者与被管理者。不论所有制性质、经济实力强弱，其法律地位是平等的，都是独立、平等的合同当事人，平等当事人之间的权利义务也是对等的，既享有权利，同时又承担义务，而且彼此的权利义务是相应的。

(二)自愿原则

自愿原则是指合同当事人通过协商，自愿决定和调整相互的权利义务关系，任何单位和个人不得非法干涉。自愿原则体现了民事活动的基本特征，是民事关系区别于行政法律关系、刑事法律关系的特有的原则。自愿原则是贯穿合同活动全过程的，包括：订不订合同自愿；与谁订合同自愿；合同内容由当事人在不违法的情况下自愿约定；在合同履行过程中，当事人可以协议补充、协议变更有关内容；双方也可以协议解除合同；在发生争议时，当事人可以自愿选择解决争议的方式等。

(三)公平原则

合同当事人应当遵循公平原则确定各方的权利和义务。公平原则要求当事人之间的权利义务要对等、公平合理，要以利益均衡作为价值判断标准来调整合同主体之间的关系，根据公平原则确定风险的承担具体包括以下几点：

1. 在订立合同时，应当遵循公平原则确定双方的权利和义务，不得滥用权力，不得欺诈，不得假借订立合同进行恶意磋商；

2．根据公平原则确定风险的合理分配；

3．根据公平原则确定违约责任。

（四）诚实信用原则

当事人行使权利、履行义务应当遵循诚实信用原则。诚实信用原则要求当事人在订立、履行合同及合同终止后的全过程中，都要诚实、讲信用、相互协作，具体包括以下几方面：

1．在订立合同时不得有欺诈或其他违背诚实信用的行为；

2．在履行合同义务时，当事人应当遵循诚实信用的原则，根据合同的性质、目的和交易习惯，履行及时通知、协助、提供必要要件、防止损失扩大、保密等义务；

3．合同终止后，当事人也应当遵循诚实信用的原则，根据交易习惯履行通知、协助、保密等义务。

（五）遵守法律，不得损害社会公共利益原则

当事人订立、履行合同，应当遵守法律、行政法规，遵守社会公德，不得扰乱社会经济秩序，损害社会公共利益。合同关系不仅是当事人之间的关系，有时可能涉及社会公共利益和社会公德，涉及维护经济秩序。合同当事人的意思应当在法律允许的范围内表示。合同的订立、履行都必须在法律规定的范围内进行，并不得有损社会公共利益。

第二节　合同的订立

合同的订立是指两个或两个以上的当事人，依法就合同的主要条款经过协商一致达成协议的法律行为。合同当事人可以是自然人、法人或者其他组织，但都应当具有与订立合同相应的民事权利能力和民事行为能力。当事人也可以依法委托代理人订立合同。

一、合同订立的程序

合同订立的程序是当事人对合同的条款表示意见，进行协商，达成一致意见的过程。当事人各方互相协商的过程，就是合同签订的过程。当事人订立合同应当具备相应的资格，即具有相应的民事权利能力和民事行为能力。民事权利能力是当事人作为民事主体能够享有民事权利和承担民事义务的资格。民事行为能力是民事主体能够以自己的行为享有民事权利和承担民事义务的资格。当事人也可以委托代理人订立合同。订立合同采取要约、承诺的方式进行。当事人意思真实一致时，合同即可成立。

此外，国家根据需要下达指令性任务或国家订货任务时，有关法人、其他组织之当依照有关法律、行政法规规定的权利和义务订立合同。

（一）要约

要约是一方当事人为订立合同而向对方提出合同条件，希望对方接受的意思表示。要约又称发价、发盘、出盘、报价等。当一方当事人向对方提出合同条件、作出签订合同的意思表示时，称为要约。发出要约的当事人称为要约人，要约所指向的对方当事人则称为受要约人。

1. 对要约的要求

根据《合同法》规定，要约应当符合下列两条规定。

(1) 内容具体确定，无表达出订立合同的意思，又包括一经承诺合同即足以成立的各项基本条款。要约的内容必须具体，指要约的内容必须具有一项合同所应该具备的最基本内容，受要约人对之作出承诺即导致合同成立。

要约的内容必须确定，是指要约的内容必须明确，而非含糊不清。否则，受要约人将不能了解要约的真实含义，也难以作出承诺。

(2) 表明经受要约人承诺，要约人即受其约束。也就是说，要约人必须向受约人表明，要约一经受要约人同意，合同即告成立，要约人就要受到约束。

要约应当具备以上两个条件才是有效的要约，这一法律要求使得要约同要约邀请区别开来。

2. 要约与要约邀请

要约邀请是希望他人向自己发出要约的意思的表示。要约邀请处于合同的准备阶段，没有法律约束力。要约和要约邀请的区别主要表现在以下两点。

(1) 要约是当事人自己主动愿意缔结合同的意思表示；而要约邀请是当事人表达某种意愿的事实行为，其目的不是缔结合同，而是邀请对方当事人向自己发出要约的意思表示，是当事人订立合同的预备行为；

(2) 要约中含有当事人愿意承受要约约束的表示，要约人将自己置于一旦对方承诺，合同即告成立的无可选择的地位；而要约邀请则不含有当事人愿意承受约束的意思表示，邀请人希望自己处于一种可以选择是否接受对方要约的地位，其本身不具有法律意义。要约的内容必须具备足以使合同成立的必要条款，而要约邀请不必具备这些条款。

《合同法》中明文规定，寄送的价目表、拍卖公告、招标公告、招股说明书、商业广告等，性质为要约邀请。但若商业广告等内容符合要约的规定，如悬赏广告，则视为要约。再如根据《最高人民法院关于审理商品房买卖合同纠纷案件适用法律若干问题的解释》规定，商品房的销售广告和宣传资料是要约邀请，但是出卖人就商品房开发规定范围内的房屋及相关设施所作的说明和允诺具体且确定，并对商品房买卖合同的订立及房屋价格的确定有重大影响的，应当视为要约。该说明和允诺即使未载入商品房买卖合同，也应当视为合同内容，当事人违反的，应当承担违约责任。

3. 要约的效力

要约的效力又称要约的法律约束力，是指要约产生的法律后果。它包括对要约人的效力和对受要约人的效力两个方面。

(1) 对要约人的表现为：要约已经发出，要约人即受到该要约的约束，一旦要约生效，要约人不得随意撤回或者撤销要约；

(2) 对受要约人的效力主要表现为：要约到达受要约人，受要约人就取得依要约作出承诺的资格。如果要约得到了承诺，要约的约束力就转变为承诺的约束力，即表现为合同的效力，它对要约人和受要约人都有法律约束力。

我国《合同法》第16条第1款明确规定：要约到达受要约人时生效。这里所说的“到达”，是指要约人将自己订立合同的意思通过特定的方式或途径传递给受要约人。在实践中主要表现为三种方式：①要约人通过面谈、电话或面交等方式直接送达；②要约人通过邮政寄送邮件（如信件）的方式送达；③要约人采用数据电文（如传真、电子邮件）的方式送达。

根据《合同法》第 16 条第 2 款的规定，当事人采用数据电文形式订立合同，若收件人指定特定系统接受数据电文，该数据电文进入特定系统的时间，视为到达时间；若未指定特定系统，该数据电文进入收件人的任何系统的首次时间，视为到达时间。

4. 要约的撤回与撤销

要约人通过行使要约的撤回与撤销，就可阻止要约生效或使要约的效力消灭。

(1) 要约的撤回是指要约人发出要约后，在要约到达受要约人之前取消要约，阻止其发生法律效力的意思表示。我国《合同法》第 17 条规定：要约可以撤回。撤回要约的通知应当在要约到达受要约人之前或者与要约同时到达受要约人。要约撤回是要约人意思自治的充分体现。

(2) 要约的撤销是指要约人在要约生效后、受要约人作出承诺之前取消要约，使要约的效力归于消灭的意思表示。我国《合同法》第 18 条规定：要约可以撤销。撤销要约的通知应当在受要约人发出承诺通知之前到达受要约人。由此可见，要约在生效后是可以撤销的，但撤销的前提条件是，撤销要约的通知应当在受要约人发出承诺之前到达受要约人。

要约的撤回和撤销的主要区别在于：要约撤回是要约人在要约生效之前作出的行为；要约的撤销是要约人在要约生效以后、受要约人发出承诺通知之前作出的行为。要约的撤销是法律赋予要约人的一项权利，但并非所有的要约都可撤销。为了防止要约人滥用这项权利损害受要约人的利益，我国《合同法》第 19 条明确规定有下列情形之一的，要约不得撤销：① 要约人确定了承诺期限或者以其他形式明示要约不可撤销；② 受要约人有理由认为要约是不可撤销的，并已经为履行合同做了准备工作。

5. 要约的失效

要约的失效又称为要约的消灭，是指特定的事由发生后，要约失去法律效力。要约一旦失效，对要约人和受要约人均不再产生法律上的约束力，即要约人不再受要约的约束，受要约人丧失承诺的资格。要约失效后，合同则不能成立。根据我国《合同法》第 20 条的规定，有下列情形之一的，要约失效：

(1) 拒绝要约的通知到达要约人。拒绝要约的通知是受要约人拒绝与要约人签订合同的意思表示，它表明受要约人不对要约作出承诺。该通知到达要约人后，要约立即生效。如果受要约人反悔，只能在要约人重新发出要约后，才有权承诺，而不能对原要约重新承诺；

(2) 要约人依法撤销要约。要约到达受要约人之后，在其没有承诺之前，只要不发生《合同法》第 19 条所规定的不可撤销的事由，要约人就有权利撤销要约。该要约一旦撤销，便丧失法律效力；

(3) 承诺期限届满，受要约人未作出承诺。要约人确定了承诺期限，就丧失了撤销要约的权利。但受要约人在承诺期限届满时未作出承诺，要约便自动失效；

(4) 受要约人对要约的内容作出实质性变更。受要约人只要对要约中有关合同的标的、数量、质量、价款或者报酬、履行期限、履行地点和方式、违约责任和解放争议方法等内容作出修改，均是对要约的内容作出了实质性变更，从而构成新的要约，原要约便失去法律效力。

（二）承诺

1. *承诺的构成要件*

承诺是受要约人同意要约的意思表示。在一般情况下，承诺生效后，合同即告成立。但作为使合同得以成立的承诺，必须具备下列四个要件：

⑴ 承诺必须由受要约人作出。由于要约是向受要约人作出的，那么承诺人应为受要约人。受要约人为特定人时，承诺由该特定人作出；受要约人为不特定人时，承诺可由不特定人中的任何人作出。受要约人的承诺行为，可以由其本人或其授权的代理人作出；

⑵ 承诺必须向要约人作出。由于承诺是对要约的同意，因此承诺必须向要约人作出。不是向要约人作出的同意的意思表示，不构成承诺。向要约人的代理人作出的承诺，视为向要约人作出；

⑶ 承诺的内容应当与要约的内容一致。这是承诺最核心的要件。承诺是受要约人愿意按照要约的全部内容与要约人订立合同的意思表示。因此，承诺是对要约的同意。我国合同法第 30 条规定，承诺的内容应当与要约的内容一致。受要约人对要约的内容作出实质性变更的，是新要约。有关合同标的、数量、质量、价款或者报酬、履行期限、履行地点和方式、违约责任和解决争议方法等的变更，是对要约内容的实质性变更；

⑷ 承诺必须在要约的有效期间内作出。承诺只有到达要约人，才能使要约人知道受要约人的意思。而承诺的到达也必须有一定的期限限制。当要约中规定了承诺期限时，承诺应当在要约确定的期限内到达要约人。要约没有确定承诺期限时，若要约是以对话方式作出的，受要约人没有立即作出承诺的，要约即失效，但当事人另有约定的除外；以电话方式作出的要约，视为是以面对面的对话方式作出的要约，受要约人也应当立即作出是否承诺的决定，否则要约失效。要约以非对话方式作出的，承诺应当在合理期限内作出。要约以信件或电报作出的，承诺期限自信件载明的日期或电报交发之日开始计算。信件未载明日期的，自投寄该信件的邮戳日期开始计算。要约以电子信函、传真等快速通信方式作出的，承诺期限以要约到达受要约人时开始计算。

2. *承诺的方式*

承诺的方式是指受要约人将其承诺的意思表示送达要约人所采取的具体方式。受要约人通常采用书面方式、口头方式和行为方式来承诺。我国《合同法》第 22 条规定，承诺应当以通知方式作出，但根据交易习惯或者要约表明可以通过行为作出承诺的除外。这一规定表明，承诺原则上应以“通知”的方式作出，以便于要约人准确了解受要约人的意思表示。要约对通知的形式有要求的，受要约人应当依照要约所要求的形式答复；没有要求的，可采取与要约相同的形式通知要约人。此外，《合同法》第 22 条还规定了承诺方式的例外情况，即根据交易习惯或者要约表明可以通过行为作出承诺。在这种情况下，行为也可以作为承诺的方式。行为包括作为和不作为，作为是积极的实施行为，不作为就是缄默或沉默。行为方式是默示方式，用该方式作出的承诺必须以交易习惯或要约表明可以通过行为作出承诺为前提，否则承诺无效。

3. *承诺的生效时间*

承诺生效意味着合同当事人的意思表示一致，合同即告成立。关于承诺生效的时间，我国《合同法》第二十六条规定，承诺通知到达要约人时生效。承诺不需要通知时，根据交易习惯或者要约的要求作出承诺的行为时生效。由此可见，以承诺方式的不同，承诺生效的时间也有所不同。

(1) 如果承诺采取通知方式，承诺通知到达要约人时生效，这是承诺生效的基本形式。所谓到达，是指承诺通知送达到要约人能够控制的范围。采用数据电文形式订立合同的，承诺到达的时间同上述要约到达时间的规定相同。

(2) 如果承诺不需要通知，根据交易习惯或者要约的要求作出承诺的行为时生效。只要该行为作出，就意味着承诺生效，这是《合同法》对承诺生效时间的例外规定。

4. 承诺的撤回

承诺的撤回，指受要约人在承诺生效前取消已经发出的承诺，阻止其发生法律效力的意思表示。我国《合同法》规定，以承诺通知到达要约人为承诺生效要件，故承诺在生效前是可以撤回的。《合同法》第二十七条明确规定，承诺可以撤回。撤回承诺的通知应当在承诺通知到达要约人之前或与承诺通知同时到达要约人。这一规定表明，受要约人在发出承诺后反悔的，只要承诺通知尚未到达要约人，承诺就没有生效，受要约人便可以再行作出撤回承诺的通知。

5. 承诺的延迟

承诺的延迟，又称为承诺的迟到，是指承诺超过承诺期限后到达。根据承诺迟到的原因不同，可将过期承诺分为过期发出而迟到的承诺和按期发出而迟到的承诺。对于过期承诺，应根据不同的情况决定其效力。

(1) 过期发出而迟到的承诺是指受要约人超过承诺期限发出的承诺，该承诺原则上不产生法律效力。我国《合同法》第二十八条规定，受要约人超过承诺期限发出承诺的，除要约人及时通知受要约人该承诺有效的以外，视为新要约。这就是说，过期发出而迟到的承诺，要约人有权决定其效力。除要约人及时通知受要约人该承诺有效的以外，其余过期发出而迟到的承诺均不具有法律效力，而是新的要约。

(2) 按期发出而迟到的承诺，是指受要约人在承诺期限内发出，而因非正常原因使其超过承诺期限到达要约人的承诺。我国《合同法》第二十九条规定，受要约人在承诺期限内发出承诺，按照通常情形能够及时到达要约人，但因其他原因承诺到达要约人时超过承诺期限的，除要约人及时通知受要约人因承诺超过期限不接受该承诺外，该承诺有效。在此种情形下，如果要约人不作为，即没有及时通知受要约人不愿接受过期承诺，该过期承诺一般是有效的。如果要约人及时通知受要约人因承诺超过期限而不予接受，或者按期发出的承诺在通常情形下不可能在承诺期限内到达要约人，该过期承诺无效。

案例

案情： 中秋在即，某商场向某食品公司订购月饼 5 万盒，要求其在中秋前一个月开始交货，中秋前一周交货完毕，价格按去年的价格计算，并在一周内回复。10 天后，食品公司回电同意商场的意见。又过了三天，食品公司发传真给商场说，今年原材料涨价，按去年价格难以执行，要求能在去年的基础上提价 6%；同时因各地要月饼的商家较多，交货时间放在中秋前一个半月开始，中秋前三天完毕。后商场回电给食品公司说，同意贵方交货时间的安排。而后，食品公司在中秋前一个半月开始发货，中秋前三天将货全部发给某商场，商场全部接收。

问题：本案上方合同是否成立？

分析：

商场向食品公司订购月饼的行为是要约，10 天后食品公司的回电因已逾期是新要约，此新要约因没有得到商场的及时回复而失效。又过了 3 天食品公司发给商场的传真是要约，商场的回复是部分“承诺”，不是承诺。此时，双方的合同关系并未成立。当食品公司发货给商场，而商场全部接收后，合同关系成立。

二、合同的内容和形式

（一）合同的内容

合同的内容是合同当事人的权利和义务。这种权利和义务，除少数由法律直接规定产生之外，绝大部分是由合同条款规定的，因此合同内容具体体现在合同的条款上。

合同的内容即合同当事人订立合同的各项具体意思表示，具体体现为合同的各项条款。根据《合同法》规定，在不违反法律强制性规定的情况下，合同的内容由当事人约定，一般包括以下条款：

1. 当事人的名称或者姓名和住所；

2. 标的，即合同双方当事人权利义务所共同指向的对象，这是任何一个合同都必须具备的，标的可以是物，也可以是行为，也可以是智力成果；

3. 数量，这是衡量标的的尺度，以当事人共同选择的计量单位和计量方法来确定；

4. 质量，这是衡量标的的规定性，一般包括标的的物理和化学成分、规格、性能、款式等，质量应当详细具体；

5. 价款或者报酬，价款是取得标的物所支付的代价，报酬是接受服务或智力成果所支付的代价；

6. 履行期限、地点和方式，履行期限是当事人行使权利和履行义务的时间，根据合同的性质，可以规定即时履行、定时履行、分期履行；履行地点是当事人行使权利和履行义务的地点，有时也是确定验收地点的依据；履行方式是当事人履行合同的具体方式，如包装方式、运输方式等；

7. 违约责任，这是当事人违反合同应当承担的责任；

8. 解决争议的方案。

为使合同能够订立的更加严谨，更好地保护当事人的权益，当事人可以参照各类合同的示范文本订立合同。

当事人对合同条款的理解有争议的，应当按照合同所使用词句、合同的有关条款、合同的目的、交易习惯及诚实信用原则，确定该条款的真实意思。合同文本采用两种以上文字订立并约定具有同等效力的，对各文本使用的词句推定具有相同含义。各文本使用的词句不一致时，应当根据合同的目的予以解释。

涉外合同的当事人可以选择处理合同争议所使用的法律，但法律另有规定的除外。涉外合同的当事人对此没有选择的，适用与合同有最密切联系的国家的法律。我国《合同法》

规定，在中华人民共和国境内履行的中外合资经营企业合同、中外合作经营企业合同、中外合作勘探开发自然资源合同，使用中华人民共和国法律。

（二）合同的形式

合同的形式是指合同当事人意思表示一致的外在表现形式，是合同内容的客观载体。《合同法》第十条规定，当事人订立合同，可以采取书面形式、口头形式和其他形式。法律、行政法规规定采用书面形式的，应当采用书面形式。当事人约定采用书面形式的，应当采用书面形式。

书面形式是指合同书、信件和数据电文（包括电报、电传、传真、电子数据交换和电子邮件）等各种可以有形表现所载内容的形式，不限于合同书一种形式。口头形式是指当事人以口头语言的方式达成协议、订立合同的形式。口头形式包括当面对话、电话联系等形式。口头形式的合同方便易行，但缺点是发生争议时难以举证确认责任，不够安全。所以，重要的合同不宜采用口头形式。

三、合同成立的时间和地点

（一）合同成立的时间

《合同法》针对当事人订立合同的不同形式，规定了确认合同成立的不同时间标准。在一般情况下，承诺生效时合同成立。当事人约定采用合同书形式订立合同的，自双方当事人签字或者盖章时合同成立。如果双方当事人未同时在合同书上签字或盖章，则以当事人中最后一方签字或盖章的时间为合同的成立时间。我国法律规定，承诺生效时合同成立，所以凡合同不以承诺生效时成立，而以双方当事人在合同书上签字或盖章时成立的，当事人应当事先在要约或承诺中作出明确规定。否则，只要已有承诺，未签合同书不能再作为合同未成立的依据。

当事人采用信件、数据电文等形式订立合同的，可以要求在合同成立之前签订确认书。合同在签订确认书时成立，而不是承诺生效时成立。

（二）合同成立的地点

《合同法》规定，承诺生效的地点是合同成立的地点。采用数据电文形式订立合同的，收件人的主营业地为合同成立的地点；没有主营业地的，其经常居住地为合同成立的地点；当事人另有约定的，按照其约定。当事人采用合同书形式订立合同的，双方当事人签字或者盖章的地点为合同成立的地点。如果双方当事人未在同一地点签字或者盖章，则以当事人中最后一方签字或盖章的地点为合同成立的地点。

四、缔约过失责任

缔约过失责任是指合同当事人在订立合同过程中，因一方违反法律规定、违背诚实信用原则，致使合同未能成立，并给对方造成损失，而应承担的损害赔偿责任。

《合同法》第四十二条规定，当事人在订立合同过程中有下列情形之一，给对方造成损失的，应当承担损害赔偿责任。

1．假借订立合同，恶意进行磋商，即根本没有与对方签订合同的目的，以与对方谈判为借口，损害对方或第三人的利益，恶意地与对方进行谈判；

2．故意隐瞒与订立合同有关的重要事实或者提供虚假情况，指在订立合同的过程中，一方当事人已经知悉了与合同有关的重要情况，但不告诉对方，继续与对方进行谈判；

3．无论合同是否成立，泄露或不正当地使用当事人在订立合同过程中知悉的商业秘密；

4．有其他违背诚实信用原则的行为，例如违背诚实信用原则终止谈判的行为。

违约责任与缔约过失责任是有区别的。违约责任产生于合同成立之后，而缔约过失责任发生在合同成立之前，适用于合同未成立、合同未生效、合同无效等情况下对过失方责任的追究。

负有缔约过失责任的当事人，应当赔偿受损害的当事人，赔偿以受损害当事人的损失为限，包括直接利益的减少和间接利益的损害。

第三节　合同的效力与履行

一、合同的效力

合同的效力是指经当事人协商一致的合同所产生的法律后果。合同的效力问题是合同法律制度的核心问题，合同的效力是法律对当事人的合意进行评价的结果，体现了法律的强制作用。

（一）合同的生效

合同的生效与合同的成立既有联系又有区别。合同的成立，是指当事人经过要约和承诺，意思表示一致而达成协议。合同的生效，是指已依法成立的合同，发生相应的法律效力。

1. 合同生效的要件

合同的生效要件是指已经成立的合同发生法律效力应当具备的必要条件。合同成立后能否产生当事人预期的法律后果，则要看合同是否具备以下生效要件：

⑴合同当事人具有相应的民事行为能力。行为人在签订合同时，必须能够独立地作出意思表示并能正确理解自己行为的性质和预见此行为将产生的后果。行为人有无民事行为能力是区别合同有效和无效的条件之一；

⑵意思表示真实；

⑶不违反法律或者社会公共利益。合同不违反法律，主要是指合同条款必须符合法律、行政法规的强制性规定。社会公共利益是一个抽象的概念，凡一国社会生活的政治基础、社会秩序、道德准则和风俗习惯等，均可包括在内。

2. 合同生效的时间

《合同法》根据不同类型的合同规定了合同生效的时间，主要有以下四种情况：

⑴依法成立的合同，自成立时生效。这是指一般情况下合同生效的时间；

⑵法律、行政法规规定应当办理批准、登记等手续生效的，在依照其规定办理批准、登记等手续后生效。例如《担保法》规定，房屋抵押合同自办理登记手续之日起生效；

(3) 当事人对合同的效力可以约定附加条件。附生效条件的合同，自条件成就时生效。附解除条件的合同，自条件成就时失效。当事人为自己的利益不正当的阻止条件成就的，视为条件已成就；不正当的促成条件成就的，视为条件不成就；

(4) 当事人对合同的效力可以约定附期限。附生效期限的合同，自期限届至时生效。附终止期限的合同，自期限届满时失效。

(二) 效力待定合同

合同效力的待定是指合同虽已成立，但因其不完全符合有关生效要件的规定，效力能否发生尚未确定，如果要使其生效，则必须经权利人表示承认。这样的合同，成为效力待定的合同。以下合同属于效力待定的合同：

1．限制民事行为能力人依法不能独立订立的合同。我国《合同法》将限制民事行为能力人依法不能独立订立的合同视为效力待定合同。限制民事行为能力人订立了与其年龄、智力或精神健康不相适应的合同后，应当经其法定代理人追认后方能生效。具体地说，限制民事行为能力人订立的合同并非一律无效，限制行为能力人与他人订立的合同，如果未经其法定代理人追认，一般情况下为无效合同，特殊情况下为有效合同。所谓特殊情况，是指限制民事行为能力人与他人订立的纯获利益的合同(如接受赠与、奖励、报酬等)或者与其年龄、智力、精神健康状况相适应的合同(如为满足日常生活需要所进行的简单民事活动)。这类合同的效力是确定的，即为有效合同，不必经过法定代理人的追认。除此之外的情况下，限制民事行为能力人与他人订立的合同，则属于效力待定合同。如果未经法定代理人追认，应当认定为无效合同。

案例

案情：某初三学生刘晓，15 岁，相貌成熟似 20 岁，在东风车辆商店购买大风牌摩托车一辆，价值一万五千元，双方已完成交易。刘晓的父亲得知后，表示反对，遂找到东风车辆商店，要求退还货款。

问题：

1. 合同是否成立？为什么？

2. 刘晓与东风车辆公司合同效力如何？

3. 刘晓的父亲是否可以向东风车辆商店要求退还货款？请说明理由。

分析：

1、合同成立，因为买卖合同交付即成立。

2、合同效力待定，因为刘晓系限制民事权利人，无权处理大额买卖合同，合同是否成立要看其监护人是否追人合同效力。

3、可以要求退还货款，因为刘晓的监护人有权不认可合同效力，合同归于无效后应返回原状。

2．无权代理行为人订立的合同。无权代理，是指行为人没有代理权、超越代理权或代理权终止后以被代理人名义进行的民事行为。所谓无权代理行为人订立的合同，是指不具有代理权的行为人以被代理人名义与第三人订立的合同。它包括以下三种情况：①行为人没有代理权而订立的合同，即行为人未经过被代理人的授权，就以被代理人的名义签订合同；②行为人超越代理权而订立的合同，即行为人与被代理人之间有代理关系存在，但代理人超越了被代理人的名义与第三人签订合同；③行为人的代理权终止后而订立的合同，即行为人与被代理人之间原有的代理关系终止后，仍然以被代理人的名义与第三人签订合同。

由于无权代理行为人不具备代订合同的主体资格，其行为对被代理人一般不发生法律效力，但经过被代理人追认，该合同则对被代理人产生法律约束力。

表见代理是无权代理的一种特殊形式。所谓表见代理，是指行为人虽无代理权，但善意相对人客观上有充分理由相信行为人具有代理权而与其发生民事行为，依法律规定应由被代理人直接承担该行为而引起的法律后果。虽然表见代理的法律后果应当由被代理人承担，但被代理人对有过错的行为人享有追偿权。如果行为人在与相对人订立合同时主观上有过错，合同应当认定为有效，但是被代理人因为承担该合同法律后果所造成的损失，有权向行为人请求赔偿。

3．法人或者其他组织的法定代表人、负责人超越权限订立的合同。为了维护交易安全，保护善意相对人的利益，对于法定代表人或者负责人超越权限订立的合同，我国《合同法》将其确定为效力待定合同。《合同法》第 50 条规定：法人或者其他组织的法定代表人、负责人超越权限订立的合同，除相对人知道或者应当知道其超越权限的以外，该合同有效。

4．无处分权人订立的合同。无处分权人是指无权处分他人财产权利的行为人。一般来说，无处分权人处分他人财产，不仅其处分行为无效，而且也是对他人财产所有权的侵犯，应当承担相应的民事责任，这是民法的基本原则和一般规定。但是，在实际生活中，又可能发生无处分权人的处分行为事后得到财产所有权人的追认或者订立合同后取得财产的处分权的情况。为了维护交易安全，在不损害权利人的前提下保护善意第三人的利益，我国《合同法》将其规定为一种效力待定合同。无处分权人订立的合同可能产生两种法律后果：①未经权利人追认或者在订立合同后行为人仍未取得处分权的，该合同无效；②经权利人追认后或者无处分权人订立合同后取得处分权的，该合同有效。

（三）无效合同

无效合同是指已经订立，但因违反法律、行政法规规定的成立与生效条件而不发生法律效力，不具有法律约束力的合同。合同的无效分为合同的全部无效与合同的部分无效两种情况。《合同法》第 52 条规定，有下列情形之一的，合同无效：

1．一方以欺诈、胁迫的手段订立合同，损害国家利益；

2．恶意串通，损害国家、集体或者第三者利益；

3．以合法形式掩盖非法目的；

4．损害社会公共利益；

5．违反法律、行政法规的强制性规定。

合同无效后，因该合同取得的财产，应当予以返还；不能返还或者没有必要返还的，应当折价补偿。有过错的一方应当赔偿对方因此所受到的损失；双方都有过错的，应当各自承担相应的责任。当事人恶意串通，损害国家、集体或者第三人利益的，因此取得的财产收归国家所有或者返还集体、第三人。

此外，《合同法》还就免责条款的无效有专门规定。免责条款是指合同当事人在合同中规定的免除或限制一方或双方当事人违约法律责任的条款。通常，对当事人自愿订立的免责条款，法律不加干涉。但如果免责条款违反诚实信用原则、违背社会公共利益，法律应当予以禁止。因此，《合同法》规定，合同中约定对下列情况免责的条款无效：①造成对方人身伤害；②因故意或者重大过失造成对方财产损失。

根据最高人民法院的《合同法解释》规定，当事人超越经营范围订立合同，人民法院不因此认定合同无效，但违反国家限制经营、特许经营及法律、行政法规禁止经营规定的除外。

（四）可撤销或可变更的合同

可撤销或可变更的合同是指因存在法定事由，合同一方当事人可请求人民法院或者仲裁机构撤销或者变更的合同。《合同法》规定，下列合同，当事人一方有权请求人民法院或者仲裁机构撤销或者变更。

1．因重大误解订立的合同。所谓重大误解，是指当事人对合同的性质、对方当事人、标的物的种类、质量、数量等涉及合同后果的重要事项存在错误认识，违背其真实意思订立合同，并因此受到较大损失的行为。由于重大误解直接影响到当事人应享有的权利和承担的义务，所以经一方当事人请求，可以变更或撤销。

2．显失公平的合同。显失公平是指一方当事人利用优势或者对方没有经验，在订立合同时致使双方的权利与义务明显违反公平、等价有偿原则的行为。由于显失公平的合同使当事人经济利益上严重失衡，违反了公平合理的原则，法律规定显失公平的合同应予撤销。

3．一方以欺诈、胁迫的手段或者乘人之危，使对方在违背真实意思的情况下订立的合同。该种合同受损害方有权请求人民法院或者仲裁机构变更或者撤销。必须注意的是，因一方欺诈、胁迫而订立的合同，如果损害到国家利益，则不属于可撤销或可变更的合同，而是无效合同。

可撤销的合同与无效合同不同。无效合同因违法而自始没有法律约束力。可撤销的合同主要是订立合同时意思表示不真实的合同，在合同订立后，当事人的意思表示还可能改变，不一定非得撤销或变更，所以，在被撤销之前仍是有效合同。对可撤销的合同是否撤销，或是采取撤销还是变更措施，完全由当事人决定。当事人请求变更的，人民法院或者仲裁机构不得撤销。无效的合同自始没有法律约束力。合同部分无效，不影响其他部分效力的，其他部分仍然有效。合同无效、被撤销或者终止的，不影响合同中独立存在的有关解决争议方法的条款效力。

撤销权的行使是有时效和限制的。《合同法》规定，有下列情况之一的，撤销权消灭：

1．具有撤销权的当事人知道或者应当知道撤销事由之日起一年内没有行使撤销权。此“一年”时效为不变期间，不适用诉讼时效中止、中断或者延长的规定；

2．具有撤销权的当事人知道撤销事由后明确表示或者以自己的行为放弃撤销权。

合同无效或者被撤销后，因该合同取得的财产，应当予以返还；不能返还或者没有必要返还的，应当折价补偿。有过错的一方应当赔偿对方因此所受到的损失；双方都有过错的，应当各自承担相应的责任。当事人恶意串通，损害国家、集体或者第三人利益的，因此取得的财产收归国家所有或者返还集体、第三人。

二、合同的履行

合同的履行是指合同生效后，双方当事人按照合同规定的各项条款，完成各自承担的义务和享受各自的权利，使双方当事人的合同目的得以实现的行为。

（一）合同履行的原则

1．全面履行原则，又称适当履行原则或正确履行原则，是指当事人按照合同约定的标的、数量、质量、价款或者报酬等，在适当的履行期限、履行地点，以适当的履行方式，全面完成合同义务的履行原则。

2．诚实信用履行原则，诚实信用是做人的一项基本原则，也是合同法的一项基本原则。《合同法》第6条就明确规定："当事人行使权利、履行义务应当遵循诚实信用原则。"诚实信用原则兼具有道德性规范和法律强制性规范的双重特点，虽然不是一项具体的制度，但作为一项抽象的原则，对于一切民事主体的一切民事行为发挥着制约作用。根据诚实信用原则，民事主体在实施民事行为时，应当讲究信用，严守诺言，不把自己利益的获得建立在损害国家、他人和社会利益的基础之上，应当在不损害国家、他人和社会利益的前提下追求自己的利益。

（二）合同约定不明确时的法律规定

合同生效后，当事人就质量、价款或者报酬、履行地点等内容没有约定或者约定不明确的，可以协议补充；不能达成补充协议的，按照合同有关条款或者交易习惯确定。依照上述履行原则仍不确定的，适用《合同法》的下列规定：

1．质量要求不明确的，按照国家标准、行业标准履行；没有国家标准、行业标准的，按照通常标准或者符合合同目的的特定标准履行；

2．价款或者报酬不明确的，按照订立合同时履行地的市场价格履行；依法应当执行政府定价或者政府指导价的，按照规定履行；

3．履行地点不明确，给付货币的，在接受货币一方所在地履行；交付不动产的，在不动产所在地履行；其他标的在履行义务一方履行；

4．履行期限不明确的，债务人可以随时履行，债权人也可以随时要求履行，但应当给对方必要的准备时间；

5．履行方式不明确的，按照有利于实现合同目的的方式履行；

6．履行费用的负担不明确的，由履行义务一方负担。

（三）涉及第三人的合同履行

涉及第三人的合同履行包括向第三人履行的合同和由第三人履行的合同两类。

1．向第三人履行的合同是指双方当事人约定，由债务人向第三人履行债务，第三人直接取得请求权的合同，又称利他合同。《合同法》规定：当事人约定由债务人向第三人履行债务的，债务人未向第三人履行债务或者履行债务不符合约定，应当向债权人承担违约责任。

2．由第三人履行的合同是指双方当事人约定债务由第三人履行的合同，又称第三人负担合同。《合同法》规定：当事人约定由第三人向债权人履行债务的，第三人不履行债务或者履行债务不符合约定，债务人应当向债权人承担违约责任。

（四）合同履行中的抗辩权

根据《合同法》规定，在合同的履行中，当事人可享有同时履行抗辩权、后履行抗辩权和不安抗辩权。这些履行抗辩权利的设置，使当事人在法定情况下可以对抗对方的请求权，使当事人的拒绝履行行为不构成违约，可以更好地维护当事人的合法权益。

1. 同时履行抗辩权

同时履行抗辩权是指双方合同中应同时履行义务的一方当事人若有证据证明对方当事人在同时履行的时间不能履行或不能适当履行，到履行期时该当事人享有不履行或部分履行的权利。《合同法》规定：当事人互负债务，没有先后履行顺序的，应当同时履行。一方在对方履行之前有权拒绝其履行要求。一方在对方履行债务不符合约定时，有权拒绝其相应的履行要求。同时履行抗辩权的行使必须具备以下条件：

（1）必须是在同一双务合同中互负债务，互负债务是指双方所付的债务之间具有对价和牵连关系；

（2）双方互负的债务均需已届清偿期；

（3）必须是对方未履行债务；

（4）对方的对等给付必须是可能履行的，如果发生法律上的履行不能或事实上的履行不能时，当事人只能适用债务不履行的规定请求补救，而不发生同时履行抗辩权的问题。

同时履行抗辩权的效力如下：

（1）同时履行抗辩权属于延期的抗辩权，不具有消灭对方请求权的效力，而仅产生使对方请求权延期的效力，即当事人一方要求对方履行义务时，自己必须履行义务；

（2）在对方没有履行义务时，该当事人可以暂拒绝履行自己的义务。

权利人如果享有同时履行抗辩权，即使未援用该项抗辩权，也不负迟延履行的责任。

2. 后履行抗辩权

后履行抗辩权是指依照合同的约定或者法律规定承担先履行义务的一方当事人，到期未履行义务或者履行义务严重不符合约定条件时，后履行方为保护自己的利益或者保证自己履行合同的条件而中止履行合同的权利。后履行抗辩权的行使必须具备以下条件：

（1）因同一双务合同互负债务，且此两债务之间具有对价关系；

（2）该合同必须属于异时履行，具有双务合同的履行属于异时履行的时候，才能发生一方当事人的后履行抗辩权；

（3）先履行一方到期未履行债务或者未适当履行债务。

后履行抗辩权的效力如下：与同时履行抗辩权一样，后履行抗辩权也属于延缓的抗辩权，不具有消灭对方请求权的效力，只是暂时阻止先履行方请求权的行使。如果先履行方完全履行了合同义务，则后履行抗辩权归于消灭，后履行方应当恢复履行。后履行方应行使后履行抗辩权致使合同履行迟延的，该方当事人不承担迟延履行责任。

3. 不安抗辩权

不安抗辩权是指双务合同中应先履行义务的一方当事人，有证据证明对方当事人不能或可能不能履行合同义务时，在对方当事人未履行合同或就合同履行提供担保之前，有暂时中止履行的权利。《合同法》规定，应当先履行债务的当事人，有确切证据证明对方有下列情形之一的，可以中止履行：经营状况严重恶化； 转移财产、抽逃资金、以逃避债务；丧失商业信誉；有丧失或者可能丧失履行债务能力的其他情形。

不安抗辩权的行使必须具备以下条件：当事人一方有先给付义务；对方在合同成立后财产状况严重恶化或严重丧失商业信誉；对方当事人没有提供担保。

不安抗辩权是为保护先履行义务一方债权的安全性而设置，当对方已提供适当的担保后，先履行义务一方的债权已得到了保证，就不得再行使此权阻止交易。当事人没有确切证据中止履行时，应当承担违约责任。不安抗辩权的效力有以下两点：第一，中止合同，即先履行合同的当事人停止履行或延期履行合同，当事人行使不安抗辩权中止履行时，应当及时通知对方，对方提供适当担保时，应当恢复履行；第二，解除合同，中止履行后，如果对方在合理期限内未恢复履行能力并且未提供适当担保，中止履行的一方可以解除合同。

案例

案情： 中国甲公司因转产致使一套生产设备闲置，价值4000万元。2007年8月1日，该公司总经理邓某与日本乙公司签订了关于该设备的转让合同，合同约定，生产设备作价3900万元，中国甲公司于2007年9月4日前交货，乙公司在收到货物后8日内支付全部货款。8月28日，邓某发现乙公司由于投资项目失误，致使该公司经营状况严重恶化。于是便通知乙公司暂停交货，并要求乙公司提供担保，否则将终止合同。此一要求又被断然拒绝。9月15日，邓某发现日本乙公司处境更加困难，几近破产，于是提出解除合同，并要求日本乙公司赔偿因合同所遭受的损失。乙公司不同意，向中国甲公司所在地的人民法院以甲公司违约为由提起诉讼。

问题：

1. 8月28日，中国家公司可否暂停交货？

2. 9月3日，甲公司可否暂定交货？

3. 9月15日，甲公司可否解除合同并要求赔偿？为什么？

4. 如果地方法院查明9月3日后乙公司并不存在经营状况严重恶化的情况，则甲公司是否应当赔偿乙公司因此所遭受的损失？

5. 若合同没有约定一方先履行，则中国甲公司能否拒绝先为履行？

分析：

1和2都可以暂停交货，按照合同法的规定，甲公司享有不安抗辩权。不安抗辩权是，当先履行的一方，证明后履行的一方无履行合同的能力时，可以有不安抗辩权来对抗后履行一方。

3. 可以解除合同但不能要求赔偿。首先基于不安抗辩权抗辩后，乙方未提供担保，甲证明乙方已经不履行能力，合同已履行不能了，可以解除合同。但是毕竟合同约定的是甲方先履行，乙方可以基于先履行抗辩权来对抗甲方，所以按照合同约定，在甲方未先履行的情况下，乙方不履行，不是违约，所以在未违约，也不存在欺诈等存在缔约过失责任的情况下，乙方不承担赔偿责任。

4. 要承担，因为如果证明这种情况，那么就证明甲方没有行使不安抗辩权的理由，所以证明甲方未先履行，是一种违约行为。

5. 可以。合同没有约定履行顺序，双方可以行使同时履行抗辩权。通俗讲就是一手交钱一手交货。

（五）合同保全

合同保全是指为防止因债务人的财产不当减少而给债权人的债权带来危害，债权人依法行使代位权或撤销权，以保护其债权的法律制度。

1. 代位权

代位权是指当债务人怠于行使权利而危及债权人利益时，债权人为保全债权，可以自己的名义代位行使债务人权利。《合同法》第73条规定：因债务人怠于行使其到期债权，对债权人造成损害的，债权人可以向人民法院请求以自己的名义代位行使债务人的债权，但该债权专属于债务人自身的除外。代位权的行使范围以债权人的债权为限。债权人行使代位权的必要费用由债务人负担。代位权具有以下特点：

（1）债权人的代位权针对的是债务人的消极不行使权利的行为及怠于行使权利的行为；

（2）债权人的代位权是债权人向人民法院请求以自己的名义代位行使债务人的债权的权利；

（3）债权人的代位权的行使须由债权人向人民法院提出请求。

根据最高人民法院的《合同法解释》规定，债权人提起代位权诉讼，应当符合下列条件：

（1）债权人对债务人的债权合法；

（2）债务人怠于行使其到期债权，对债权人造成损害；

（3）债务人的债权已到期；

（4）债务人的债权不是专属于债务人自身的债权。

所谓专属于债务人自身的债权，是指基于抚养关系、赡养关系、继承关系产生的给付请求权和劳动报酬、退休金、养老金、安置费、人寿保险、人身伤害赔偿请求权等权利。

代位权的使用对象是债务人消极行为，即债务人危及债权人利益的怠于行使其权利的行为，主要是指债务人不履行其对债权人的到期债务，又不以诉讼方式或者仲裁方式向次债务人（即债务人的债务人）主张其享有的具有金钱给付内容的到期债权，致使债权人的到期债权未能实现。如果次债务人提出抗辩，不认为债务人有怠于行使其到期债权情况的，债务人应当承担举证责任。

根据最高人民法院的《合同法解释》规定，债权人行使代位权，其债权就代位权行使的结果有优先受偿权利。债权人向次债务人提起的代位权诉讼经人民法院审理后认定代位权成立的，由次债务人向债权人履行清偿义务，债权人与债务人、债务人与次债务人之间相应的债权债务关系即予消灭。

2. 撤销权

撤销权是指债务人放弃对第三人的债权、实施无偿或低价处分财产的行为有害于债权人的债权时，债权人可依法请求人民法院撤销债务人所实施的行为。债务人的行为一旦撤销，则该行为无效。

（1）撤销权行使的条件：从客观上说，必须是债务人实施了一定的有害于债权的行为，才能使债权人行使撤销权。这一行为主要指债务人以赠与、免除等无偿行为处分债权，包括放弃到期债权、无偿转让财产、以明显不合理的低价转让财产。无偿行为不论第三人善意、恶意取得，均可撤销；有偿转让行为，以第三人的恶意取得为要件，若第三人主观上无恶意，则不能撤销其善意取得的行为。

(2) 撤销权的使用对象是债务人的积极行为，撤销权行使的结果是恢复债务人相应的财产与权利。债权人就撤销权行使的结果并无优先受偿权利。根据人民法院的《合同法解释》规定，债权人行使撤销所支付的律师代理费、差旅费等必要费用，由债务人负担；第三人有过错的，应适当分担。撤销权自债权人知道或者应当知道撤销事由之日起一年内行使。自债务人的行为发生之日起 5 年内没有行使撤销权的，该撤销权消灭。上述规定中的"5 年"时效为不变期间，不适用诉讼时效中止、中断或者延长的规定。

第四节　合同的变更、转让和合同权利、义务的终止

一、合同的变更

(一) 合同变更的概念及特征

合同变更有广义和狭义之分。广义的合同变更包括合同内容的变更与合同主体的变更。合同主体的变更在《合同法》中称为合同的转让，所以在《合同法》中的合同变更仅指合同内容的变更，即合同在成立之后、尚未履行以前，基于当事人的意思或者法律的直接规定，不改变合同当事人而仅就合同关系的内容所作的变更。合同变更主要有以下特征：

1. 合同变更的对象是合同内容，而非合同主体的改变，这是区分合同变更和合同转让的最主要标志；
2. 合同变更只能发生在合同有效成立之后、尚未完全履行之前；
3. 合同变更是对合同内容局部的改变，而未变更的部分继续有效。

(二) 合同变更的效力

合同变更后，当事人应当按照变更后的合同履行。合同的变更原则上仅对将来发生效力，仅对变更后未履行的部分有效，对已履行的部分无溯及力。合同的变更或者解除，不影响当事人要求赔偿损失的权利。

二、合同的转让

(一) 合同转让的概念和特征

合同的转让即合同主体的变更，指当事人将合同的权利和义务全部或者部分转让给第三人。合同的转让分为债权的转让、债务的转让、权利和义务一并转让。

(二) 合同权利的转让

合同权利转让是指不改变合同权利的内容，由债权人将合同权利的全部或者部分转让给第三人。《合同法》规定，债权人可以将合同的权利全部或者部分转让给第三人，但有下列情形之一的除外：

1. 根据合同性质不得转让，主要指基于当事人特定身份而订立的合同，如果转让会

使合同的内容发生变化，但当事人的合法权益得不到保护，如出版合同、委托合同、雇佣合同等；

2．按照当事人约定不得转让，这种约定只要是当事人真实的意思表示，并且不违反法律规定，则对当事人就有法律约束力；

3．依照法律规定不得转让，我国一些法律中对某些权利的转让作出了禁止性规定，则当事人不得违反法律规定擅自转让法律禁止转让的权利。

债权人权利的转让，不得损害债务人的利益，不应影响债务人的权利。若债务人未接到通知，转让行为对债务人不发生法律效力。因此，《合同法》规定，债务人接到债权转让通知后，债务人对让与人的抗辩，例如提出债权无效、诉讼时效已过等事由的抗辩，可以向受让人主张。

（三）合同义务的转移

合同义务的转移是指在不改变合同义务的前提下，经债权人同意，债务人将合同的义务全部或者部分转移给第三人。合同义务转移的对象是债务，作为债务承担效力的体现，新债务人在承担该债务的同时，还应承担与主债务有关的从债务，并且取得原债务人对债权人的抗辩权。《合同法》规定，债务人将合同义务的全部或者部分转移给第三人的，应当经债权人同意。这是因为新债务人的资信情况和偿还能力须得到债权人的认可，以免债权人的利益受到不利影响。债务人转移义务后，新债务人可以主张原债务人对债权人的抗辩。新债务人应当承担与主债务有关的从债务，但该从债务专属于原债务人自身的除外。

（四）合同权利义务的一并转让

合同权利义务的一并转让是指当事人一方经对方同意，将自己在合同中的权利和义务一并转让给第三人。这种情形发生后，当事人一方即全部退出原合同关系，引起合同主体发生更替。

《合同法》规定：当事人订立合同后合并的，由合并后的法人或者其他组织行使合同权利，履行合同义务；当事人订立合同后分立的，除债务人和债权人另有约定的以外，有分立的法人或其他组织对合同的权利和义务享有连带债权，承担连带债务。

三、合同权利义务的终止

（一）合同权利义务的终止概述

合同权利义务的终止，是指因发生法律规定或当事人约定的情况，使合同当事人之间的权利义务关系消灭，而使合同终止法律效力。

根据《合同法》的规定，有下列情形之一的，合同的权利义务终止：债务已经按照约定履行；合同解除；债务相互抵销；债务人依法将标的提存；债权人免除债务；债权债务同归于一人（混同）；法律规定或者当事人约定终止的其他情形。

合同权利义务终止后所产生的法律后果主要有：原合同权利义务关系和从合同权利义务关系一并消灭，合同关系终止后，债权人应当将负债字据返还债务人；合同关系终止后，合同中解决争议的方法、结算和清理条款继续有效，直至结算和清理完毕；合同关系终止后，当事人应当遵循诚实信用原则，根据交易习惯履行通知、协助、保密等义务。

（二）合同解除

合同解除是指已成立生效的合同因发生法律规定或当事人约定的情况，或经当事人协商一致而使合同关系终止。合同的解除分为约定解除与法定解除两种情况。

1. 约定解除

约定解除又叫双方解除、协议解除，是指根据当事人事先约定的情况或经当事人协商一致而解除合同。在订立合同时，当事人可以事先在合同中约定一方解除合同的条件，当解除条件的合同成就时，解除权人可以享有解除权，消灭合同关系，解除合同。如果法律规定或者当事人约定解除权行使期限，期限届满当事人不行使的，该权利消灭；如果法律没有规定或者当事人没有约定解除权行使期限，经对方催告后在合理期限内不行使的，该权利消灭。合同订立后，经当事人协商一致，也可以通过订立一个解除原来合同的协议来解除合同。

2. 法定解除

法定解除又叫单方解除，是指合同成立后、没有履行或者没有完全履行前，当事人在法律规定的解除条件出现时，行使解除权而使合同关系消灭。《合同法》规定，有下列情形之一时，当事人可以解除合同：

(1) 因不可抗力致使不能实现合同目的。不可抗力是指人们不能预见、不能抗拒的客观情况，主要包括地震、洪水、火山爆发等自然灾害及战争、社会异常事件和政府行为等；

(2) 在履行期限届满之前，当事人一方明确表示或者以自己的行为表明不履行主要债务，这属于预期违约。当事人预期违约的应该是合同的主要债务，如果仅仅是合同的次要任务或者附随合同义务，一般不会导致合同目的丧失，因而不会发生解除合同的权利。当事人如果出现预期违约的行为，不论是否给非违约方带来严重后果，非违约方都可以解除合同；

(3) 当事人一方延迟履行主要债务，经催告后在合理期限内仍未履行；

(4) 当事人一方延迟履行债务或者有其他违约行为致使不能实现合同目的的。如果因为当事人的违约行为导致合同目的丧失，则可以解除；

(5) 法律规定的其他情形。

当事人一方行使解除权，或依照《合同法》的规定主张解除合同时，应当通知对方。合同自通知到达对方时解除。若对方有异议，可以请求人民法院或者仲裁机构确认解除合同的效力。

《合同法》第九十七条规定：合同解除后，尚未履行的，终止履行；已经履行的，根据履行情况和合同性质，当事人可以要求恢复原状、采取其他补救措施，并有权要求赔偿损失。也就是说，解除效力是否溯及既往，要根据履行情况和合同性质确定。对已经履行的部分，当事人原则上可以要求采取恢复原状等措施，但如果履行情况不影响当事人的利益，或合同性质决定其无法恢复原状，如供电合同，则不使用溯及既往的原则。此外，合同的权利义务终止，不影响合同中结算和清理条款的效力。

（三）抵销

抵销是指当事人互为债权人和债务人。是按照法律规定或者双方当事人的约定，将两项债务互相冲抵，从而消灭合同的权利义务关系。

1. 法定抵销

法定抵销是指当法律规定的事由出现后，当事人依照法律规定，可以单方抵销各自的债务。《合同法》第九十九条规定：当事人互负到期债务，该债务的标的物种类、品质相同的，任何一方可以将自己的债务抵销，但依照法律规定或者按照合同性质不得抵销的除外。当事人主张抵销时，应当通知对方。通知自到达对方时生效。抵销不得附条件或者附期限。

2. 约定抵销

约定抵销是指当事人双方互负债务，经过当事人协商一致，抵销债权债务的行为。《合同法》第一百条规定：当事人互负债务时，标的物种类、品质不相同的，经双方协商一致，也可以抵销。

（四）提存

提存是指由于债权人的原因，债务人无法向其交付合同标的物而将该标的物交给提存机关，从而消灭债务的制度。

在合同履行中，有时会出现因债权人等方面的原因使债务人难以履行债务的情况，这是债务人可以采取提存的方法履行债务。提存之后，合同终止。《合同法》规定，有下列情形之一难以履行债务的，债务人可以将标的物提存：

1．债权人无正当理由拒绝受领；

2．债权人下落不明；

3．债权人死亡，未确定继承人或者丧失民事行为能力未确定监护人；

4．法律规定的其他情形。

标的物提存后，合同虽然终止，但债务人还负有后合同义务。除债权人下落不明的以外，债务人应当及时通知债权人的继承人、监护人。 债权人领取提存物的权利，自提存之日起 5 年内不行使则消灭。标的物提存后，毁损、灭失的风险由债权人承担。提存期间，标的物的债息归债权人所有。提存费用由债权人负担。

第五节　合同的担保

一、担保的概念与特征

担保是指法律规定或者当事人约定的保证合同履行、保障债权人利益实现的法律措施。《担保法》规定的担保方式有五种：保证、抵押、质押、留置和定金。担保的法律特征有：从属性、补充性和相对独立性。

（一）从属性

从属性是指合同担保从属于担保的债务所依存的主合同。它以主合同的存在为前提，因主合同的变更而变更，因主合同的消灭而消灭，因主合同的无效而无效。

（二）补充性

补充性指合同的担保一经成立，就在主债关系的基础上补充了某种权利义务关系。担保对债权人权利的实现仅具有补充作用，一般只有在所担保的债务得不到履行时，才行使担保权利。

（三）相对独立性

担保可相对独立于所担保的债权发生或存在，例如担保的成立须当事人另行约定；主合同无效，担保合同另有约定的，可继续有效。

二、保证

（一）保证和保证人

保证是指保证人和债权人约定，当债务人不履行债务时，保证人按照约定履行债务或者承担责任。保证的方式有两种：一般保证（又称补充责任保证）和连带责任保证。

1. 保证人应是具有代为清偿债务能力的法人、其他组织或者公民。具有清偿能力是对保证人的基本要求，也是保证债权实现的基本条件。但不具有完全代偿能力的法人、其他组织或者自然人，以保证人身份订立保证合同后，不能以自己没有代偿能力为由要求免除保证责任。除经国务院批准为使用外国政府或者国际经济组织贷款进行转贷担保者外，国家机关不得成为担保人。学校、幼儿园、医院等以公益为目的的事业单位、社会团体不得成为担保人，但从事经营活动的事业单位、社会团体可以成为担保人。企业法人的分支机构、职能部门不能成为担保人。企业法人的分支机构有法人书面授权的，可以在授权范围内提供保证，该分支机构经营管理的财产不足以承担保证责任的，由企业法人承担民事责任。企业法人的职能部门提供保证的，保证合同无效。债权人知道或者应当知道保证人是企业法人的职能部门的，因此造成的损失由债权人自行承担。

2. 保证人可以是两人以上。同一债务有两个以上保证的，保证人应当按照保证合同约定的保证份额承担保证责任。各保证人与债权人没有约定保证份额的，应当认定为连带共同保证。

（二）保证内容

保证内容应当由保证人与债务人在以书面形式订立的保证合同中加以确定。具体应当包括以下内容：被保证的主债权种类、份额；债务人履行债务的期限；保证的方式；保证担保的范围；保证的期限；双方认为需要约定的其他事项。

（三）保证方式

1. 一般保证

一般保证指保证人只承担担保上的责任而不承担主债务履行责任，即当事人在保证合同中约定，债务人不能履行债务时，才由保证人承担保证责任，又称补充责任保证。一般保证的保证人对债权人享有先诉抗辩权。先诉抗辩权是指在主合同纠纷未经审判或仲裁，并就债务人财产依法强制执行仍不能清偿债务前，对债权人可拒绝承担担保责任。但有下列情形之一的，保证人不得行使先诉抗辩权：债务人住所变更，致使债权人要求其履行债务发生重大困难的，如债务人下落不明，移居境外，且无财产可供执行；人民法院受理债务人破产案件，中止执行程序的；保证人以书面形式放弃先诉抗辩权的。

2. 连带责任保证

当事人在保证合同中约定保证人与债务人对债务承担连带责任的，为连带责任保证。只要债务人在主合同规定的债务履行期届满时没有履行债务，债权人就可直接要求保证人在其保证范围内承担保证责任。当事人对保证方式没有约定或者约定不明确定，按照连带责任保证承担保证责任。

(四)保证责任

保证责任就是在担保事项出现时，保证人应当承担的法律责任。保证责任范围包括主债权及利息、违约金、损害赔偿金和实现债权的费用。保证合同对责任范围另有约定的，按照约定执行；当事人对保证担保的范围没有约定或者约定不明确的，保证人应当对全部债务承担责任。

保证责任有两种：补充责任和连带责任。补充责任是指保证人承担对主债务人债务履行能力不足部分的补充义务；连带责任指保证人和主债务人连带向债权人承担债务的不履行责任。

保证期间是指当事人约定的或法律规定的保证人承担保证责任的时间期限。保证人与债权人约定保证期间的，按照约定执行；保证人与债权人未约定保证期间的，法律规定的保证期间为主债务履行期届满之日起 6 个月。保证合同约定的保证期间早于或者等于主债务履行期限的，视为没有约定，保证期间为主债务履行期届满之日起 6 个月。在保证期间内，债权人提起诉讼或仲裁的，保证期间适用诉讼时效中断的规定，从中断时起，保证期间重新计算。

保证期间债权人依法将主债权转让给第三人，保证人在原保证担保的范围内对受让人承担保证责任。但是保证人与债权人事先约定仅对特定的债权人承担保证责任或者禁止权转让的，保证人不再承担保证责任。

保证期间债权人许可债务人转让债务的，应取得保证人书面同意；未经保证人书面同意，保证人不再承担保证责任。

若债权人与债务人协议变更主合同，应当取得保证人书面同意；未经保证人书面同意，保证人不再承担保证责任。

若同一债权既有保证又有物质担保，保证人对物质担保以外的债权承担保证责任(物保优先于人保)。债权人放弃物质担保的，保证人在债权人放弃权利的范围内免除保证责任。根据《担保法》规定，有下列情形之一时，保证人不承担民事责任：主合同当事人双方串通，骗取保证人提供保证；合同债权人采取欺诈、胁迫等手段，使保证人在违背真实意思的情况下提供保证。

保证人承担保证责任后，有权向债务人追偿其代为清偿的部分。保证人对债务人行使追偿权的诉讼时效，自保证人向债权人承担债务之日起开始计算。

三、抵押

抵押是指债务人或者第三人在不转移对某一特定财产占有权的情况下，将该财产作为履行合同的担保，当债务人不履行合同时，债权人有权依照法律规定以该财产折价或者以拍卖、变卖该财产的款价优先受偿。

（一）抵押财产范围

《物权法》第一百八十条规定，债务人或者第三人有处分权的下列财产可以抵押：

1．建筑物和其他地上附着物；

2．建设用地使用权；

3．以招标、拍卖、公开协商等方式取得的荒地等土地承包经营权；

4．生产设备、原材料、半成品、产品；

5．正在建造的建筑物、船舶、航空器；

6．交通运输工具；

7．法律、行政法规未禁止抵押的其他财产。

《物权法》第一百八十四条规定，下列财产不得抵押：

1．土地所有权；

2．耕地、宅基地、自留地、自留山等集体所有的土地使用权，但法律规定可以抵押的除外；

3．学校、幼儿园、医院等以公益为目的事业单位、社会团体的教育设施、医疗卫生设施和其他社会公益设施；

4．所有权、使用权不明或者有争议的财产；

5．依法被查封、扣押、监管的财产；

6．法律、行政法规规定不得抵押的其他财产。

（二）抵押合同与抵押物登记

抵押合同应该以书面形式订立，包括以下内容：被担保额主债权种类、份额；债务人履行债务的期限；抵押物的名称、数量、质量、状况、所在地、所有权权属或者使用权权属；抵押担保的范围；当事人认为需要约定的其他事项。

根据《物权法》一百八十七条的规定，以下列财产抵押的必须进行登记：建筑物和其他地上附着物；建设用地使用权；以招标、拍卖、公开协商等方式取得的荒地等土地承包经营权；正在建造的建筑物、船舶、航空器。以上述四项财产提供抵押的采取登记生效主义，不仅需要签订抵押合同，而且必须办理抵押登记，否则，抵押权不产生法律效力。

根据《物权法》一百八十八条、一百八十九条的规定，以生产设备、原材料、半成品、产品；正在建造的建筑物、船舶、航空器；交通运输工具抵押的，可以办理登记，也可以不办理登记。抵押权自抵押合同生效时设立，未登记的，不得对抗善意第三人。可见，对动产抵押和动产浮动抵押采取登记对抗主义。

（三）抵押权的效力与实现

抵押人转让已办理登记的抵押物时，应通知抵押权人，并告知受让人转让物已经抵押的情况。抵押人未通知抵押权人或者未告知受让人的，转让行为无效；转让抵押物的价款明显低于其价值时，抵押权人可以要求抵押人就债务清偿提供相应的担保；抵押人不提供的，不得转让抵押物。抵押人转让抵押物所得的价款，应当向抵押权人提前清偿所担保的债权或者向与抵押权人约定的第三人提存。

抵押人的行为足以使抵押物价值减少的，抵押权人有权要求抵押人停止其行为。

债务履行期届满抵押权人未受清偿的，可以与抵押人协议以抵押物折价或者以拍卖、变卖该抵押物所得价款受偿。若协议不成功，抵押权人可以请求人民法院拍卖、变卖抵押财产。

抵押物折价或者拍卖、变卖后，其价款超过债权数额的部分归抵押人所有；价款低于抵押权设定时约定价值的，应当按照抵押物实现的价值进行清偿。抵押物不足清偿的债权由债务人清偿。

四、质押

质押指债务人或者第三人将其动产或者有价证券、知识产权等权利凭证移交债权人占有，将其作为债权的担保。当债务履行期届满时，债务人不履行债务时，债权人有权按照法律规定对质押的财产折价、拍卖、变卖或者行使证券权利和知识产权，以取得的价款或者财产优先受偿。质押分为动产质押与权利质押。

（一）动产质押

动产质押是指债务人或者第三人将其动产移交债权人占有，将该动产作为债权的担保。债务人不履行债务时，债权人有权依法以该动产折价或者以拍卖、变卖该动产的价款优先受偿。提供担保的债务人或者第三人为出质人，债权人为质权人，移交的动产为质物。

债务履行期届满债务人履行债务时，或者出质人提前清偿所担保的债权的，质权人应当返还质物。债务履行期届满债权人未受清偿的，质权人可以与出质人协议以质物折价，或者依法拍卖、变卖质物。

除合同另有约定，质权人有权收取质物所生的孳息。孳息应当先冲抵收取孳息的费用。

质权人负有妥善保管质物的义务。因保管不善致使质物灭失或者毁损的，质权人应当承担民事赔偿责任。质权因质物灭失而消灭。因消灭所得的赔偿金，应当作为出质财产。

（二）权利质押

权利质押是指以汇票、支票、本票、债券、存款单、仓单、提单，依法可以转让的股份、股票，依法可以转让的商标专用权、专利权、著作权中的财产权，依法可以质押的其他权利等作为质权标的的担保。《物权法》第 223 条规定，下列权利可以质押：

1．汇票、支票、本票；

2．债券、存单；

3．仓单、提单；

4．可以转让的基金份额、股权；

5．可以转让的注册商标专用权、专利权、著作权等知识产权中的财产权；

6．应收账款；

7．法律、行政法规规定的可以出质的其他财产权利。

依法可以质押的其他权利，包括公路桥梁、公路隧道或者公路渡口等不动产的收益权。根据法律规定，以汇票、支票、本票、债券、存款单、仓单、提单出质的，当事人应当订立书面合同；有权利凭证的，出质人应当在合同约定的期限内将权利凭证交付质权人，质押合同自权利凭证交付之日起生效；没有权利凭证的，质权应自有关部门办理出质登记时设立。上述票据、单据中载明的兑现或者提货日期先于债务履行期时，质权人可以在债务履行期届满前兑现或者提货，并与出质人协议将兑现的价款或者提取的货物用于提前清偿所担保的债权或者向与出质人约定的第三人提存；上述票据、单据兑现或者提货日期后于债务履行期的，质权人只能在兑现或者提货日期届满时兑现款项或者提取货物。

以基金份额、股权出质的，当事人应当订立书面合同。以基金份额、证券登记结算机构登记的股权出质的，质权自证券登记结算机构办理出质登记时设立；以其他股权出质的，质权自工商行政管理部门办理出质登记时设立。

以注册商标专用权、专利权、著作权等知识产权中的财产权出质的，当事人应当订立书面合同。质权自有关主管部门办理出质登记时设立。

以应收账款出质的，当事人应当订立书面合同。质权自信贷征信机构办理出质登记时设立。

五、留置

留置是指债权人按照合同约定占有债务人的动产。债务人不按照合同约定的期限履行债务，债权人有权留置该财产，以该财产折价或者以拍卖、变卖该财产的价款优先受偿。留置权的构成有以下三项要件：债权清偿期限已到；债权人合法占有债务人的动产；随意强占债务人财产的，不能构成留置权；债权与财产的占有存在牵连关系，但企业间的留置除外。

通过行使留置权，债权人占有债务人的动产，在债务人未履行债务时，留置该财产作为担保和实现债权的权利，有利于督促债务人及时履行债务。因保管合同、运输合同、加工承揽合同及其他法律规定可以留置财产的合同而发生的债权。债务人不履行债务时，债权人有留置权。留置担保的范围包括主债权及利息、违约金、损害赔偿金、留置物保管费用和实现留置权的费用。

留置权人有留置权，同时留置权人也负有妥善保管留质物的义务。因保管不善致使留置物灭失或者毁损的，留置权人应当承担民事责任，但其债权并不因此而丧失。

债权人与债务人可以约定债权人留置财产后的债务履行期限。没有约定或约定不明的，债权人留置债务人财产后，应当给予债务人两个月以上的履行期间，但鲜活易腐等不易保管的物品除外。同一动产上已设立抵押权或者质权，该动产又被留置的，留置权人优先受偿。

案例

案情：某土产公司委托龙马快运公司运输一批“雪峰蜜桔”至广州，准备出口到东南亚及非洲国家，双方签订了货物运输合同，合同约定快运公司负责在一个月内将土产公司的260吨蜜桔运至广州交给丙公司，运费15万元整，由土产公司先行支付，如快运公司未能在一个月内将蜜桔运至广州交给丙公司，则快运公司赔偿8万元给土产公司。合同签订后，快运公司如期将这批蜜桔运至广州，但在丙公司提货时，快运公司却拒绝交付这批货物，声称已将蜜桔留置，因为土产公司没有履行过去欠下快运公司的一笔巨额债务。同时，快运公司书面通知土产公司在3个月内偿还所欠债务，否则要依法拍卖这批蜜桔。

问题：

快运公司能否留置这批蜜桔？为什么？

分析：可以留置。一般而言，债权人对动产的占有应与其债权的发生有牵连关系，不能因为双方发生在以往的其他债务而留置。但是物权法规定，企业之间例外。

六、定金

定金是由合同一方的当事人预先向对方当事人交付一定数额的货币，以保证债权实现的担保方式。给付定金的一方不履行约定的债务时，无权要求返还定金；收受定金的一方不履行约定的债务时，应双倍返还定金。定金应当以书面形式约定。定金的数额由当事人约定，但超过主合同标的额20%的部分，人民法院不予支持。当事人在定金合同中应当约定交付定金的期限。定金合同从实际交付定金之日起生效。

定金与预付款不同。预付款是合同一方当事人按合同的约定，预先向对方支付一定数额的款项。定金作为合同担保的一种方式，其目的是确保合同的履行，而预付款是合同标的的一部分，其交付是合同义务的履行；定金只能一次支付，而预付款则可分次支付；若当事人未履行合同，预付款承担的是违约责任，而定金则需承担定金罚则所规定的法律后果。

定金与押金不同。押金是合同当事人约定由债务人提供与债务标的价值相当的金钱数额交与债权人占有，在债务人不履行债务时，债权人即可取得其占有的金钱。押金的数额通常是与担保债权的数额或价值相当，甚至超出担保债权标的的价值，而定金的数额不能超过主合同标的额的20%；押金担保设立时，移转的只是押金的占有权，而定金担保交付转移的是所有权；定金罚则对交付与收受定金的双方同样适用，而押金则只对交付押金的一方具有约束力，如果交付方不履行合同就会丧失押金。

第六节 违约责任

一、违约责任概述

（一）违约责任的概念

违约责任是指合同当事一方不履行合同义务或者履行合同义务不符合约定时，依照法律规定或者合同约定所承担的法律责任。《合同法》第107条规定：当事人一方不履行合同义务或者履行合同义务不符合约定的，应当承担继续履行、采取补救措施或者赔偿损失等违约责任；当事人双方都违反合同的，应当各自承担相应的责任；当事人一方因第三人的原因造成违约的，应当向对方承担违约责任；当事人一方和第三人之间的纠纷，找法律规定或者按照约定解决。

违约责任主要是一种财产责任，除具有民事责任的独立性、财产性、平等性等一般特征外，违约责任还具有补偿性、强制性等特征。

（二）违约责任的归责原则

违约责任的归责原则是指基于一定的规则事由确定违约责任承担的法律原则。归责原则在合同中起着举足轻重的作用。不同的归责原则，对违约责任制度的内容起着决定性的作用。违约责任的归责原则主要有两项：过错责任原则和严格责任原则。

过错责任原则以过错的存在作为追究违约责任的要件。对过错的存在采取两种方式确认：适用“谁主张，谁举证”的原则，由债权人举证证明债务人存在过错；在特定情况下使用“举证责任倒置”的原则，债务人须举证证明自己不存在过错。

严格责任原则追究违约责任不以过错的存在作为要件，违约方不履行合同义务，不论其主观上是否具有过错均应承担违约责任。我国《合同法》规定的违约责任归责原则是严格责任原则。但《合同法分则》中的部分有名合同仍然使用过错责任原则。

（三）违约行为的形态

违约行为是合同当事人不履行或者不适当履行合同义务的客观事实。违约行为形态是根据违约行为违反合同义务的性质和特点，对违约行为所作的分类。在我国违约行为可以分为以下五种类型：

1．履行不能，是指债务人由于某种原因不能履行其债务；

2．延迟履行，是指债务人能够履行，但在履行期届满时却没有履行债务；

3．拒绝履行，是指债务人能够履行其债务而在履行期届满时对债权人表示不履行债务，又称毁约；

4．受领延迟，是指债权人对于债务人的履行应当且能够受领或不能受领；

5．不完全履行，是指当事人虽进行了履行，但履行的内容不符合法律的规定或者合同的约定，即不符合债务的本旨。

二、承担违约责任的方式

《合同法》规定，当事人一方不履行合同义务或者履行合同义务不符合约定时，应当承担继续履行、采取补救措施、赔偿损失或者支付违约责任。

（一）继续履行

继续履行又称实际履行、强制实际履行，是指债权人在债务人不履行合同义务时，可请求人民法院或者仲裁机构强制债务人实际履行合同义务。

《合同法》规定：当事人一方未支付价款或者报酬的，对方可以要求其支付价款或者报酬。当事人一方不履行非金钱债务或者履行非金钱债务不符合约定的，对方可以要求履行，但有下列情形之一的除外：法律上或者事实上不能履行；债务的标的不适于强制履行或者履行费用过高；债权人在合理期限内未要求履行。

（二）补救措施

补救措施是债务人履行合同义务不符合约定，债权人在请求人民法院或者仲裁机构强制债务人实际履行合同义务的同时,可根据合同履行情况要求债务人采取的补救履行措施。《合同法》第 111 条规定：当事人履行合同义务，履行质量不符合约定的，应当按照当事人的约定承担违约责任。对违约责任没有约定或者约定不明确的，受损害方根据标的的性质及损失的大小，可以合理选择要求对方承担修理、更换、重作、退货、减少价款或者报酬等违约责任。

（三）赔偿损失

当事人一方不履行合同义务或者履行合同义务不符合约定的，在履行义务或者采取补救措施后，对方还有其他损失的，应当赔偿损失。损失赔偿额应当相当于因违约所造成的损失，包括合同履行后可以获得的利益，但不得超过违反合同一方订立合同时预见到或者应当预见到的因违反合同可能造成的损失。当事人可以在合同中约定因违约产生的损失赔偿额的计算方法。

当事人一方违约后，对方应当采取适当措施防止损失的扩大；没有采取适当措施致使损失扩大的，不得就扩大的损失要求赔偿。当事人因防止损失扩大而支出的合理费用由违约方承担。

（四）支付违约金

违约金是指按照当事人约定或者法律规定，一方当事人违约时应根据违约情况向对方支付的一定数额的货币。约定的违约金低于造成的损失时，当事人可以请求人民法院或者仲裁机构予以增加；约定的违约金过分高于造成的损失时，当事人可以请求人民法院或者仲裁机构予以适当减少。

（五）给付或者双倍返还定金

债务人履行债务后，定金应当抵作价款或者收回。给付定金的一方不履行约定的债务时，无权要求返还定金；收受定金的一方不履行约定的债务时，应当双倍返还定金。

若当事人既约定违约金，又约定定金，一方违约时，对方可以选择使用违约金或者定金条款。但由于两者在目的、性质、功能等方面具有共性而不能并用，当事人执行定金条款后不足以弥补所受损害的，仍可以请求赔偿损失。

案例

案情：甲与乙签订了一份 72 000 元价款的原料买卖合同，合同规定买方甲先交定金 10 000 元，卖方乙在年底交货，违约金为不能交货部分的 5%。合同订立后甲按规定交了 1 万元定金。但乙因转产提出不能履行合同，要求解除合同，甲不同意。由于乙未按时交货造成甲停工经济损失 5400 元。

问题:

1. 乙的行为是否违约？乙应承担何种违约责任？

2. 甲如何要求乙承担违约责任对自己最有利？为什么？

分析:

1. 乙的行为是违约行为。因为乙未能依合同的约定履行合同，而且转产不属于不可抗力，不能免责。

2. 乙承担的违约责任可以有以下方式:

1)依合同的违约金条款支付甲3600元违约金;

2)依定金罚则，双倍返还甲定金2万元;

3)按照甲实际遭受的损失，赔偿甲5400元经济损失。其中，甲要求乙双倍返还定金对自己最有利。

三、违约责任的免除

违约责任的免除，也称免责事由，指当事人约定或者法律规定的债务人可以免除承担违约责任的原因和理由。《合同法》规定的一般免责事由为不可抗力，其他法律对特定合同免责事由有规定的，适用于特定合同。当事人可以在合同中自愿约定合理的免责条款。

不可抗力是指不可预见、不能避免并不能克服的客观情况。因不可抗力不能履行合同时，根据不可抗力的影响，部分或者全部免除责任，但法律另有规定的除外。当事人延迟履行后发生不可抗力的，不能免除责任。当事人一方因不可抗力不能履行合同的，应当及时通知对方，以减轻可能给对方造成的损失，并应当在合理期限内提供证明。

课后练习题

一、思考题

1. 合同可以进行哪些分类？
2. 简述订立合同的程序。
3. 如何认定无效合同、可变更或可撤销合同、效力待定的合同？
4. 什么是合同的担保？担保的方式有哪些？
5. 承担违约责任的方式有哪些？

二、案例分析

1. 某年3月5日，甲公司给乙公司发出传真，称:“本公司有一批盐酸欲出售，每吨5000元。如贵公司有意购买，请速与本公司销售部联系。”乙公司接到传真后，认为价格较合算，遂向甲公司发出订单，订购盐酸100吨，总价款50万元，并请甲公司在3月30日前作出正式答复。但直到4月中旬，甲公司才发来传真，说盐酸已售完，请谅解。由于乙公司为准备购货款及仓库花去近2万元的费有，遂将甲公司起诉到法院，要求甲公司承担违约责任，赔偿其经济损失2万元。分析:

(1)乙公司能否要求甲公司对其承担违约责任？为什么？

(2)对于乙公司的2万元损失，甲公司应承担什么责任？为什么？

2. 甲是A贸易公司的业务科长。某年6月因个人债务需要用钱，找到他的朋友乙，说是因公司的需要借款5万元，乙同意借款，但要求甲提供借款担保。甲于是又找到他的小学同学丙，甲对丙说："因A贸易公司的一项业务很紧，由于资金不足需向乙临时借款5万元，7月份就可以偿还，请你给该贷款作个担保人"。丙考虑到与甲是同学关系，A公司实力雄厚，遂同意作担保人。丙是当地有名的个体户，资金充裕，乙见丙是保证人，遂同意借给甲5万元。乙与甲签订了一份5万元的借款合同，在借款人一栏甲填上了A贸易公司，并签了自己的名字，没有盖A贸易公司的公章，在保证人一栏，丙签上了自己的名字。甲拿到款后，即用偿还其个人债务。现借款期限届满，甲无力偿还借款，乙要求保证人丙还款，丙则认为自己是因为被欺骗而担保的，拒绝代为清偿。乙前诉至法院。分析：

(1)丙的主张是否成立？为什么？

(2)A贸易公司是否承担5万元借款的债务？为什么？

(3)人民法院后如何审理该案？

第六章 工业产权法

重点掌握内容

1. 专利法、专利权、专利权的主体和客体、专利权的申请、审查和批准、法律规定专利权的期限、终止和无效法律规定、专利权的保护、专利权的强制许可法律制度。

2. 商标法、商标及其种类、商标权、注册商标的申请与审批法律规定、驰名商标、注册商标的保护。

案例导学

专利侵权是怎么回事?

案例:鲜乐仕株式会社系名称为“容器盖”的发明专利的权利人。2012 年其在“UGO 优购网”以 298 元购买了“超人气美之扣保鲜收纳盒 30 件组”,优购网网站显示“超人气美之扣保鲜收纳盒 30 件组”累计售出 7508 件。原告认为该收纳盒盖落入涉案专利的保护范围,故诉至法院,请求判令停止侵权、销毁侵权产品及相应的模具和专用工具,删除网站上有关侵权产品的宣传内容、连带赔偿经济损失 80 万元及合理费用 53 998 元。

思考:

1. 超市里的保鲜盒也存在专利问题?
2. 优购网应否承担赔偿责任?

第一节 专利法

一、专利法的概念

(一) 专利权的概念

专利权是指专利局代表国家依法批准的发明人或其权利受让人,对其发明成果在一定期限内享有的专有权或独占权。专利权是发明权的一个方面。发明权是指发明人依法对其发明成果所享有的权利。发明权从广义上来说包括两个方面。

1．人身权。人身权是指因发明而产生的人身权利，是指与发明人不可分割的非财产权利。作为发明人，法律赋予他某种荣誉称号，例如在发明物上冠以发明人的姓名，接受奖章、头衔及其他职称等。这种人身权是不能转让和继承的。

2．财产权。财产权是指法律规定和赋予发明人所享有的因发明而取得的物质权利。这是具有物质财富内容、直接与经济利益相联系的权利。发明人有权制造、使用和出售发明物，或转让发明，从而取得物质利益。

（二）专利法的概念

专利法是国家制定的用于调整确认发明创造的权利归属及利用而产生的各种社会关系的法律规范的总称。具体地说，专利法是专门解决发明创造的归属问题和利用问题的法律。我国现行的《专利法》 是 1984 年 3 月颁布，经过 1992 年、2000 年和 2008 年三次修订。

1．如果一项发明创造符合专利法所规定的条件，由国家专门机构按法定程序审查批准后，发明人就取得对该项发明创造的一定期限的专有权，只允许权利持有人，即发明人、权利受让人或继承人制造、使用和销售专利产品。其他人要使用该专利产品时，必须得到权利人的同意，并付给一定的使用费。否则就是侵犯专利权，要承担法律责任。这就解决了发明创造的归属问题。

2．国家授予发明人对该项发明的一定期限的专利权，是为了让他公开这项发明，将发明创造的技术公诸于世，以便其他任何人在得到发明人同意或法律所规定的其他条件下，能够利用这项发明，避免社会上的重复劳动，也可以在此基础上更新、发展新技术，这就解决了发明创造的利用问题。

（三）专利制度

专利制度是指依据专利法，通过授予专利权来保护和鼓励发明创造，从而推动技术进步和经济发展的法律制度。专利制度是国际上通行的一种鼓励发明创造的法律制度，它的核心内容由专利法规定。各国专利法的内容存在很大差别。但各国的专利制度在以下两个问题上基本取得了一致：

1．专利权的获得应当经过科学审查。专利权的取得应当经过专利主管机关对专利申请的全面、严格的审查。只有通过了审查才能获得专利权，这样才能保证专利的质量。

2．技术公开。专利制度一方面要以法律的形式保护发明创造，另一方面又要根据法律的规定，把申请专利的发明创造及技术内容，以说明书、摘要、权利要求书等形式向社会公开，给社会公众提供技术发明的信息和利用发明的途径，促进科学技术的进步和社会经济的发展。

专利法是确认和保护发明人享有专利权的法律规范，因此大多数国家的专利法都要包括以下一些基本问题：专利法的主体和客体，取得专利的条件，专利申请的审批制度，专利权人的权利和义务，以及对专利权的保护等内容。

二、专利权的主体和客体

（一）专利权的主体

专利法的主体就是有权提出专利申请和获得专利、并承担相应的义务的人，包括自然人和法人。我国专利法规定，专利权主体可以是发明人、设计人、职务发明创造的单位、外国人，以及专利权的合法受让人。专利权可以为一个自然人或法人所有，也可以为两个或两个以上的自然人或法人共有。

外国人、外国企业或外国其他组织在中国申请专利时，依照其所属国同中国签订的协议或者共同参加的国际公约或者依照互惠原则，在我国申请专利。我国专利法明确规定了专利法的主体。

1. 发明人或设计人

发明人或设计人是指对发明创造的实质性特点作出创造性贡献的人。发明人或设计人对其完成的非职务发明创造，有权申请专利。申请被批准后，专利权归发明人或设计人个人所有。在完成发明创造的过程中，只负责组织工作的人、为物质技术条件的利用提供方便的人或者从事其他辅助工作的人，不是发明人或者设计人。如果非职务发明创造是由以上的人共同完成，专利申请应当由全体发明人或设计人共同提出。被批准后，专利权归全体发明人或设计人共有。

2. 职务发明创造人所在单位

职务发明创造申请专利的权利属于单位。所谓职务发明创造，是指执行本单位任务的发明创造或者主要是利用本单位的物质条件所完成的发明创造。职务发明的专利申请权属于单位，申请被批准后，该单位是专利权人。所谓执行本单位任务的发明创造包括：在本职工作中所作出的发明创造；履行本单位交付的本职工作之外的任务所作出的发明创造；离职、退休或调动工作一年内作出的，与其在原单位承担的本职工作或分配的任务有关的发明创造。所谓本单位物质条件是指本单位的资金、设备、零部件、原材料或不向外公开的技术资料等。

为了促进科学技术的进步和创新，鼓励个人发明创造积极性，我国专利法允许发明人、设计人与其所在单位就专利的申请及专利权的归属问题进行自由、自愿、公平、合理的协商。我国《专利法》规定，利用本单位的物质技术条件所完成的发明创造，单位与发明人作出约定的，从其约定。

3. 外国人(包括自然人、企业或其他组织)

外国人在我国申请和取得专利权，分为下列三种情况：

(1)在中国有经常居住所或营业所的外国人在中国申请专利的，根据《巴黎公约》的规定和国际惯例，享受与中国公民同等的待遇。

(2)在中国境内的外资企业和中外合资企业的外籍职员完成的职务发明创造，其专利申请权属于该企业；非职务发明创造，其专利申请权属于发明人本人。

(3)在中国没有常居住所或营业所的外国人在中国申请专利，如果其所属国与中国有互相允许对方国民在本国申请和取得专利权的双边协议或者共同参加的国际条约，或者按互惠原则，其所在国的法律承认中国公民在该国享有专利法上的同等待遇。则其可享受与中国公民同等的待遇。外国人在中国申请专利的，应当根据中国《专利法》第 19 条的规定委托中国国务院专利行政部门指定的专利代理机构代理。

如果就同一发明有两个或者两个以上的申请人分别提出专利申请，专利权的归属如何确定，根据《专利法》第 9 条的规定，两个以上的申请人分别就同样的发明创造申请专利的，专利权授予最先申请的人。

（二）专利权的客体

专利法的客体指专利法保护的范围或对象，即哪些发明可以申请并取得专利。中国专利法的保护对象有发明、实用新型和外观设计。

1. 发明

专利法所称的发明，与人们通常所说的发明并不完全相同。人们通常说的发明，泛指创造出前所未有的新产品，是就制造出某件具体的物品而言。但专利法所指的发明是指对产品、方法或者对其改进所提出的新的技术方案，也就是对于任何有益的技术领域中的某一问题提供新的、先进的、非显而易见的解决方案。发明一般分为产品发明和方法发明两类。产品发明是人们通过研究开发出来的关于各种新产品、新材料。发明应具有以下特点：

（1）发明中应包含创新。所谓创新，就是指与现有技术相比发明必须是前所未有的，并且相对于现有技术有一定的进步或难度。当然，这并非不能借鉴前人的成果。利用、借鉴前人成果，在现有技术的基础上作出改进，也是一种创新。

（2）发明必须是利用自然规律。发明是一种技术方案，而技术则是在利用自然规律或法则的基础上发展起来的各种工艺操作方法或生产技能及相应的生产工具、物资设备等。没有利用自然规律的结算方法、比赛规则、逻辑推理法则以及数学运算方法等，则不是专利意义上的发明。对客观存在的“科学发现”，不是技术方案，因而不是发明。

（3）发明是能够重复实施并具有特定效果的技术性方案。

2. 实用新型

所谓实用新型，是指对产品的形状、构造或形状和构造的结合所提出的适于实用的新的技术方案。实用新型与发明一样属于技术方案，因此在保护方式上基本相同。但在许多具体问题上二者之间仍存在着较大的差异。具体表现在：

（1）实用新型专利和发明专利的保护范围不同。申请实用新型专利的只能是产品，而申请发明专利的既可以是产品，也可以是方法。仅就产品而言，也不是所有的产品都可以申请实用新型专利，如气态、液态、粉末状、颗粒状的物质或材料，及以平面图案设计为特征的产品如棋、牌等，也不能授予实用新型专利；

（2）实用新型专利的创造性要求比发明专利低。建立实用新型保护制度的目的，就是为了保护那些达不到发明专利的创造高度要求的一些简单的小发明创造；

（3）实用新型专利的审查程序比发明专利简单、快捷。就目前而言，我国的实用新型专利只要通过初步审查认为符合要求的，便公告授权。与发明相比，不实质审查（即新颖性、实用性、创造性的审查，简称“三性”审查），这就大大加快了专利授予的速度。

3. 外观设计

外观设计也被称为工业品外观设计、工业设计。它是指关于产品的形状、图案或其结合以及色彩与形状、图案的结合所作出的富有美感并适于工业应用的设计。外观设计具有如下特点：

（1）外观设计必须以产品为依托。离开了具体的产品就无所谓外观设计，所以，对于那些游离于某一具体产品之外的设计，充其量只能认为是一种纯美作品，可以受著作权法的保护，不能作为外观设计受到专利法的保护；

（2）外观设计以产品的形状、图案和色彩等作为要素。与发明和实用新型都是一种技术方案，是具有一定实用功能、能够解决一定的技术问题不同，外观设计以产品的形状、图案和色彩等作为要素，不解决技术问题。这是外观设计与发明和实用新型的最大差异；

(3)外观设计不考虑实用目的。外观设计所解决的不是技术问题，而是美学上的问题。因此，外观设计专利应具有美感。在判断外观设计是否具有美感的问题上，不应从纯艺术的角度狭义地理解“美”，而应从更广泛的意义上去理解，只要这种外观设计是公众可以授受、不违背社会公德或公共秩序，便可以认为这种外观设计是具有美感的。

当然，如果将某种具有实用目的的造型申请外观设计，也并非不可，如人们常用的截面六角形的铅笔，可以基于六角形造型所具有的美感而申请外观设计专利，同时也可以基于六角形设计使笔杆纵向存在棱角，能防止铅笔从桌面滚落而申请实用新型专利。

三、授予专利的条件

(一)新颖性

专利法所说的新颖性是指：

1．在申请提交到专利局以前，没有同样的发明创造在国内外出版物上公开发表过。这里的出版物，不但包括书籍、报刊、杂志等纸件，也包括录音带、录像带及唱片等音、影件；

2．在国内没有公开使用过，或者以其他方式为公众所知。所谓公开使用过，是指以商品形式销售或用技术交流等方式进行传播、应用，乃至通过电视和广播为公众所知；

3．在该申请提交日以前，没有同样的发明或实用新型由他人向专利局提出过申请，并且记载在以后公布的专利申请文件中。

因此，在提交申请以前，申请人应当对其发明创造的新颖性作普遍调查，对明显没有新颖性的，就不必申请专利。

(二)创造性

发明和实用新型的创造性在有的国家称为先进性、进步性、非显而易见性。一项发明创造仅具有新颖性，但与现有技术相比没有什么进步，则没有创造性，是不能取得专利的。我国《专利法》第22条规定：“创造性是指本申请与以前已有的技术相比，该发明有突出的实质性特点和显著的进步，该实用新型有实质性特点和进步。”创造性是衡量发明的技术水平高低的客观标准。一项发明创造是否具有创造性及创造性程度的高低，是以所属技术领域的普通技术人员的评价来确定的。

(三)实用性

实用性是指一项发明或实用新型能够制造和使用，并且能产生积极效果。不能在生产中得到应用的技术方案，即使具备新颖性和创造性，也不能授予专利权。凡是能够用工业方法加以实施的，不论是工业生产领域的发明创造，还是农业、交通运输业、矿业、林业、渔业、畜牧业、教科文卫等领域的发明创造，都可被认为具有工业实用性。

四、专利的申请、审查与批准

世界各国专利局在授予专利之前，都要对专利进行审查，以便决定是否授予专利权。专利权应经过法定的程序才能取得。

(一)专利的申请

专利的申请是指具有申请资格的单位或个人就某项发明创造向专利局依法提出授予专利权的请求。专利的申请应遵循下列三个原则。

1. 书面原则

专利申请的书面原则是指申请人为获得专利权所需履行的各种法定手续都必须依法以书面形式办理。申请发明或实用新型专利的，应当提交请求书、说明书、摘要和权利要求书等四类文件。申请外观设计专利的，应当提交请求书及该外观设计的图片或者照片说明。申请专利时，应向专利局提交申请文件一式两份。专利法和专利法实施细则规定的各种手续，都应当以书面形式办理。

2. 单一性原则

单一性原则也称作“一发明一申请原则”，即一件专利申请只限于一项发明创造。实行该原则，有利于对申请进行分类、检索和审查，也便于专利的转让和专利许可合同的签订。《专利法》规定，一件发明或者实用新型专利申请应当限于一项发明或者一项实用新型。属于一个总的发明构思的两项以上的发明或者实用新型，可以作为一件申请提出。

两个或两个以上的人分别就同样的发明创造申请专利时，专利权授予最先申请的人。确定申请先后，是以申请日为准，也就是专利局收到申请文件之日，即以递交日或以寄出的邮戳日为申请日。

3. 优先权原则

优先权是指专利申请人就其发明创造自第一次提出专利申请后，在法定期限内又就相同主题的发明创造提出专利申请，根据有关法律规定，其在后申请以第一次提出专利申请的日期作为其申请日。我国《专利法》规定，申请人自发明或者实用新型在国外第一次提出专利申请之日起12个月内，或者自外观设计在国外第一次提出专利申请之日起6个月内，又在中国就相同主题提出专利申请的，依照该国同中国签订的协议或共同参加的国际条约，或者依照互相承认优先权原则，可享有优先权。这是在《巴黎公约》中提出的，称为国际优先权或外国优先权，是《巴黎公约》成员国必须遵守的基本原则。申请是取得专利权所必须履行的法律程序和重要环节。

(二)专利的审查和批准

专利的审查和批准是指国家专利管理机关依法对提出的专利申请进行审查，并决定是否授予专利。世界各国对专利申请进行审查的制度分为登记制、审查制和延迟审查制。我国对发明专利申请采用“先期公开，延迟审查”的制度。按照我国专利法规定，专利的审批程序包括下列五个过程。

1. 初步审查并公布

初步审查并公布是指对发明专利申请于收到后 18 个月内予以公布，也可根据申请人的请求早日公布其申请。我国《专利法》第 34 条规定，国务院专利行政部门收到发明专利申请后经初步审查认为符合本法要求的，自申请日起满 18 个月即行公布。专利局可以根据申请人的请求早日公布其申请。初步审查公布发明专利申请，是指将申请专利的发明的内容刊登在专利公报上，供公众自由阅览。

2. 请求实质审查和进行实质审查

我国《专利法》规定，发明专利申请自申请日起 3 年内，国务院专利行政部门可以根据申请人随时提出的请求，对其申请进行实质审查。国务院专利行政部门认为必要的时候，可以自行对发明专利申请进行实质审查。实质审查就是审查发明创造的新颖性、适用性和创造性。

3. 批准专利，授予专利权

我国《专利法》第 39 条规定，发明专利申请经实质审查没有发现驳回理由的，由国务院专利行政部门作出授予发明专利权的决定，发给发明专利证书，并予以登记和公告。发明专利自公告之日起生效。

4. 申请人对驳回专利申请决定不服，请求复审和起诉

国务院专利行政部门设立专利复审委员会。专利申请人对国务院专利行政部门驳回申请的决定不服的，可以自收到通知之日起 3 个月内，向专利复审委员会请求复审，专利复审委员会复审后，作出决定，并通知专利申请人。专利申请人对专利复审委员会的复审决定不服的，可以向人民法院起诉。

5. 请求宣告专利权无效

自专利局公告授予专利权之日起 6 个月内，任何单位或者个人认为该专利权的授予不符合专利法的有关规定，都可以请求专利局撤销专利权。宣告无效的专利权视为自始即不存在。

五、专利权的期限、终止和无效

（一）专利权的期限

专利权的期限是指专利局授予专利权具有法律效力的时间界限。我国《专利法》规定，发明专利权的期限为 20 年，实用新型和外观设计专利权的期限为 10 年。专利权的期限均自申请日起算。超过保护期限的专利权进入公共领域，成为社会的公共财富，任何人都可以使用。

（二）专利权的终止

专利权的终止是指专利权在有效期届满而自然消灭，以及有效期未满前由于法定原因而消灭。除了因为保护期限届满使得专利权终止外，专利权还可因下列原因而终止：由于专利权人没有按期缴纳年费；专利权人以书面声明放弃专利权；专利权人死亡而又无人继承。专利权终止应由专利局登记公告。

（三）专利权的无效

专利权的无效是指被授予的专利因其不符合专利法规定，而由专利复审委员会根据有

关单位或个人的请求通过审查而宣告为无效。

我国《专利法》规定，自国务院专利行政管理部门公告授予专利权之日起，任何单位或者个人认为该专利权授予不符合本法规定的，都可以请求专利复审委员会宣告该专利权无效。专利复审委员会对宣告专利权无效的请求进行审查，作出决定，并通知请求人和专利权人。宣告专利权无效的决定，由专利局登记和公告。

六、专利权的法律保护

专利权的法律保护是指国家通过法律采取行政和司法程序保障专利权人依法独立自主地实施其权利，制止和制裁侵犯其专利权的行为，在专利的申请、审批、实施、转让等方面给予专利申请人和专利权人以法律保护的制度。

侵犯专利权的行为是指未经专利权人的许可，为生产经营目的制造、使用或销售其专利产品，使用其专利方法以及使用、销售依照该专利方法直接获得的产品或制造、销售其外观设计专利产品的行为。侵犯专利权的具体行为有以下四个方面：

1．以生产经营为目的制造、使用、销售或进口专利产品，或使用专利方法及使用、销售进口以该方法获得的产品，或制造、销售或进口外观设计专利产品，而又未经专利权人许可；

2．假冒他人专利、未经许可而使用专利标记。根据专利法律制度规定，下列行为属于假冒他人专利的行为：①未经许可，在其制造或者销售的产品、产品的包装上标注他人的专利号；②未经许可，在广告或者其他宣传材料中使用他人的专利号，使公众将所涉及的技术误认为是他自己的专利技术；未经许可，在合同中使用他人的专利号，使公众将合同涉及的技术误认为是他自己的专利技术；伪造或者变造他人的专利证书、专利文件或者专利申请文件；

3．以非专利产品冒充专利产品，以非专利方法冒充专利方法。以下行为属于以非专利产品冒充专利产品、以非专利方法冒充专利方法的行为：①制造或者销售标有专利标记的非专利产品；②专利权被宣告无效后，继续在制造或者销售的产品上标注专利标记；③在广告或者其他宣传材料中将非专利技术称为专利技术；④在合同中将非专利技术称为专利技术；⑤伪造或者变造专利证书、专利文件或者专利申请文件；

4．善意第三人使用、销售侵权专利产品或者依照专利方法直接获得的产品。能证明产品合法来源的除外。

七、专利实施的强制许可

所谓专利的实施，是指由专利权人或该项专利的使用许可证购买人，把专利在专利授予国投入生产，制造产品，以满足市场和经济发展的需要。专利实施的强制许可分以下三种情况：不实施的强制许可；国家紧急状态或非常情况下的强制许可；从属专利的强制许可。

多数国家规定取得专利权的发明，自申请发明专利之日起满 4 年，或批准之日起满 4 年。如果无正当理由而未实施或未充分实施，则专利机构可给予该发明的强制许可，也叫非自愿许可，即强制专利权人允许他人实施其发明。这一规定体现了权利和义务相一致的原则。既然国家授予并以强制力保障专利权人的专利权，那么专利权人也应该承担把专利发明切实付诸实施的义务，使之尽快转化为生产力，推动经济技术的发展。

第二节 商标法

一、商标的概念和分类

（一）商标的概念

商标就是商品的特定标记，它是指工商企业用以标明自己所生产或经营的商品，并使其商品与他人制造或销售的商品有所区别的文字、图案、颜色或把上述各种因素结合起来的一种标志。简单地说，商标就是区别商品的标志。我国正致力于发展市场经济，企业已成为市场经济运行的主体，而这一切都离不开商标。众所周知，著名的商标是企业成功的标志和走向国内和国际市场的通行证。

（二）商标的作用

1. 商标具有表示商品来源的作用

商标可以表示某一商品来自哪一个企业，表示某一商品由哪个企业生产经营。企业可以通过商标把自己的商品与他人的商品区别开来，既有利于维护生产者或经营者的利益，也有利于消费者认牌选购。

2. 商标具有便于宣传的作用

有些商品的商标，特别是名牌商标，本身就起着广告宣传的作用。消费者通过购买和使用带有商标的优质产品，可以对这种商品的质量、用途、功能、耐用程度等有一个完整和良好的印象。商品质量和商品商标是紧密相连的。而对于质量差的商品，商品商标则会起到相反的作用。

3. 商标具有便于国家监督管理的作用

我国商标法规定，商标使用人应当对其使用商标的商品质量负责。各级工商行政管理部门应当通过商标管理，监督商品质量，制止欺骗消费者的行为。

（三）商标的分类

随着经济的发展，商品的品种越来越多，商标的使用也日益广泛，因而对商标种类的划分标准也是多种多样的。按不同的标准，商标可以作如下划分：

1. 按商标结构组成或形态划分为文字商标、图形商标和组合商标

(1) 文字商标是指以文字组成的商标。无论是中文还是外文或者数字等构成的商标均可称为文字商标，如可口可乐、全聚德、海尔等。文字的组合可以是生造的，无任何含义。商标的字体可以任选，笔画可以艺术变形。

(2) 图形商标是指以图形构成的商标，包括人、动物或自然界各种各样的事物。图形商标不受语言文字的限制，无论使用何种语言的国家或地区，人们只要一看图形，就会形成印象，识别其商标。

(3) 组合商标是指以文字和图形组成的商标。组合商标的使用较为广泛，图文并茂，惹人注目，有利于识别记忆。

2. 按商标的使用对象划分为商品商标和服务商标

(1) 商品商标又可分为生产者的生产商标和销售者的商业商标。

(2) 服务商标是服务性行业所使用的标志。它与商品商标性质一样，只是商品商标表示向消费者提供的是商品，而服务商标表示向消费者提供的是服务。

3. 按商标使用者的目的划分为集体商标、证明商标、联合商标、防御商标

(1) 集体商标指以团体、协会或者其他组织名义注册，供该组织成员在商事活动中使用，以表明使用者在该组织中的成员资格的标志，如美国的农产品商标“新奇士”鲜橙。从世界范围来看，集体商标的使用在现实中非常普遍。许多国家对集体商标予以保护。

(2) 证明商标指由对某种商品或者服务具有检测和监督能力的组织所控制，而由该组织以外的单位或个人使用在商品或服务上，用以证明该商品或者服务的原产地、原料、制造方法、质量或其他特定品质的标志，如绿色食品标志、真皮标志等。

(3) 联合商标是指同一商标所有人在同一种或同类商品上注册的若干个近似商标。联合商标的注册不是为了每一个商标都使用，其目的是为了保护正商标，防止他人影射、近似或雷同。

(4) 防御商标指驰名商标或者已被公众熟知的商标的所有人在不同类别的商品或服务上注册若干相同商标。原商标为正商标，注册在另外类别商品或服务上的这种商标称为防御商标，注册这种商标的目的就是为了防御。

4. 按商标信誉划分为普通商标和驰名商标

驰名商标是指在消费者心目中享有崇高信誉、知名度高的商标。驰名商标是企业的宝贵财富，代表着企业的形象和技术实力，具有一定的竞争力。在国际惯例中，驰名商标受到严格的保护。

二、商标法和商标权

(一) 商标法的概念

商标法是调整商标申请、使用、管理过程中所发生的社会关系而制定的法律规范的总称。它规定商标注册、管理和使用，保证商标的专用权。我国现行的《商标法》于 1983 年 3 月颁布，2013 年 8 月进行了修订。

(二) 商标权的概念

商标权是商标专用权的简称，是指商标所有人在一定期限内把某一特定的商标用于其商品上的一种专有权。它的内容包括：使用权、禁止权、转让权、许可使用权。

1. 使用权是指只准许商标注册人在其注册商标所核定的商品上使用该商标并从中取得合法权益。

2. 禁止权是指当商标权受到侵犯时，商标所有人可依法向商标管理机关或司法机关请求法律保护，要求侵权人停止侵权行为和赔偿经济损失，甚至追究刑事责任。

3. 转让权是指商标所有人可以根据自己的意愿，有偿或无偿的依法转让其注册商标。

4. 许可使用权是指商标权所有人可以通过签订许可合同，允许他人使用其注册商标。

三、商标的注册

商标的注册就是对商标权的确认。商标注册是指商标使用人将使用的商标依照《商标法》及《商标法实施细则》规定的注册条件、程序，向商标管理机关提出注册申请，经商标局依法审核批准，在商标注册簿登录，发给商标注册证，并予以公告，授予注册人以商标专用权。商标所有人经过注册这一法律事实取得商标权，该商标权受到国家法律的保护。

（一）商标注册的原则

根据《商标法》的规定，商标注册应遵循以下三个基本原则。

1. 一项商标一件申请的原则

申请人应根据国家工商局颁布的《商标注册用商品和服务国际分类表》规定的类别，按“一类商品，一个商标，一份申请”的原则提出申请。申请人如果在不同类别的商品上使用同一商标，必须分别提出注册申请，分别提交有关申请文件。

2. 申请在先的原则

两个或两个以上的申请人在同一种商品或类似商品上，以相同或者近似的商标申请注册的，初步审定并公告申请在先的商标；同一天申请的，初步审定并公告使用在先的商标，驳回他人的申请；同日使用或者均未使用的，申请人应当协商解决；如果超过 30 天达不成协议，商标局通知各申请人以抽签的方式确定一个申请人，驳回他人的注册申请。

3. 自愿注册与强制注册相结合的原则

我国对大部分商品和服务项目的商标采取自愿注册的原则，由商标使用人自主决定是否进行注册。与此同时，对部分商品实行强制注册原则。我国《商标法》规定：“法律、行政法规规定必须使用注册商标的商品，必须申请商标注册，未经核准注册的，不得在市场上销售。”国家规定必须使用注册商标的商品，一般限于与人民生活关系密切、涉及人身安全和健康的少数商品，如人用药品和烟草制品等。

我国商标法规定，商标权属于首先注册的申请人。未经注册的商标，即使首先使用，也不产生任何权利。如果商标的首先使用人没有及时办理注册手续，而被别人将其商标抢先注册，则首先使用人无法再取得该商标的商标权。

因此，生产者或经营者在设计一个好品牌或创造一个好品牌时，一定要及时到商标主管部门注册登记，取得商标权。

（二）商标注册的法定条件和禁用条款

申请注册的商标，必须符合法律规定的条件才能取得商标权。根据我国《商标法》和《商标法实施细则》的规定，商标注册的法定条件有以下两条。

1. 申请人必须具备生产经营商品的合法地位

只有经工商行政管理部门核准登记，持有“营业执照”的自然人、法人和其他组织从事生产、制造、加工、拣选或者经销商品的，才能申请商标注册。

2. 注册商标应有显著特征

只有具备了显著特征，才能便于识别，并不得与他人在先取得的权利相冲突。一般说来，申请注册的商标只要符合法律规定，都可以获得注册。由于可以选择各种题材作为商标的内容，如果不对商标使用的文字、图形加以限制，就有可能损害国家、社会及单位和个人的利益。所以，我国《商标法》规定商标不得使用下列文字、图形：

(1) 同中华人民共和国的国家名称、国旗、国徽、国歌、军旗、军徽、军歌、勋章等相同或者近似的，以及同中央国家机关的名称、标志、所在地特定地点的名称或者标志性建筑物的名称、图形相同的；

(2) 同外国的国家名称、国旗、国徽、军旗等相同或者近似的，但经该国政府同意的除外；

(3) 同政府间国际组织的名称、旗帜、徽记等相同或者近似的，但经该组织同意或者不易误导公众的除外；

(4) 与表明实施控制、予以保证的官方标志、检验印记相同或者近似，但经授权的除外；

(5) 同"红十字"、"红新月"的名称、标志相同或者近似；

(6) 带有民族歧视性；

(7) 夸大宣传并带有欺骗性；

(8) 有害于社会主义道德风尚或者有其他不良影响。

县级以上行政区划的地名或者公众知晓的外国地名，不得作为商标，但是地名具有其他含义的除外；已经注册的使用地名的商标继续有效。

四、驰名商标

驰名商标一词，最早见于《保护工业产权巴黎公约》。该公约规定，公约的任何成员国，对于其他成员国在本国法律允许的情况下，对于其他成员国主管机关认为的该国驰名商标，有义务予以保护。驰名商标是指在市场上享有较高声誉并被相关公众所熟知的注册商标。驰名商标的认定与管理工作由国家工商行政管理局商标局负责。只有经过商标局依法认定的商标，才可称为驰名商标。任何组织和个人不得认定或者采取其他变相方式认定驰名商标。认定驰名商标应当考虑下列因素：

1. 相关公众对该商标的知晓程度；

2. 该商标使用的持续时间；

3. 该商标的任何宣传工作的持续时间、程度和地理范围；

4. 该商标作为驰名商标受保护的记录；

5. 该商标驰名的其他因素。

在世界经济一体化和国际竞争日趋激烈的今天，驰名商标所起的作用与日俱增。对消费者而言，驰名商标意味着优良的商品品质和较高的企业信誉；对驰名商标所有者而言，驰名商标意味着广泛的市场占有率和超常的创立能力。正是由于这个原因，驰名商标比普通商标更易招致假冒、不正当竞争等行为的侵害。我国商标法对注册商标予以保护。对驰名商标予以特别保护。驰名商标保护范围如下：

1. 对相同或者类似商品，申请注册的商标是复制、摹仿或者翻译他人未在中国注册的驰名商标，容易导致混淆的，不予注册并禁止使用；

2．就不相同或者不相类似商品，申请注册的商标是复制、摹仿或者翻译他人已经在中国注册的驰名商标，误导公众，致使该驰名商标注册人的利益可能受到损害的，不予注册并禁止使用；

3．已经注册的商标，违反商标法相关规定的，自商标注册之日起 5 年内，商标所有人或者利害关系人可以请求商标评审委员会裁定撤销该注册商标。对恶意注册的商标，驰名商标所有人不受 5 年的时间限制；

4．违反《商标法》第 13 条规定使用商标的，有关当事人可以请求工商行政管理部门禁止使用。经商标局依照《商标法》第 14 条的规定认定为驰名商标的，由工商行政管理部门责令侵权人停止违反《商标法》第 13 条的规定使用该驰名商标的行为，收缴、销毁其商标标识；商标标识与商品难以分离的，一并收缴、销毁；

5．驰名商标所有人认为他人将其驰名商标作为企业名称登记，可能欺骗公众或者对公众造成误解的，可以向企业名称登记主管机关申请撤销该企业名称登记。企业名称登记主管关应当依照《企业名称登记管理规定》处理；

6．他人的域名或其主要部分构成对驰名商标的复制、摹仿、翻译或音译的，应当认定其注册、使用域名等行为构成侵权或者不正当竞争；

五、注册商标专用权的保护

注册商标专用权的保护范围，以核准注册的商标和核定使用的商品为限。有下列行为之一的，均属侵犯注册商标专用权：

1．未经商标注册人的许可，在同一种商品上使用与其注册商标相同的商标的；

2．未经商标注册人的许可，在同一种商品上使用与其注册商标近似的商标，或者在类似商品上使用与其注册商标相同或者近似的商标，容易导致混淆的；

3．销售侵犯注册商标专用权的商品的；

4．伪造、擅自制造他人注册商标标识或者销售伪造、擅自制造的注册商标标识的；

5．未经商标注册人同意，更换其注册商标并将该更换商标的商品又投入市场的；

6．故意为侵犯他人商标专用权行为提供便利条件，帮助他人实施侵犯商标专用权行为的；

7．给他人的注册商标专用权造成其他损害的。

对侵犯商标专用权的行为，被侵权人可以向县级以上工商行政管理部门要求处理，也可以向人民法院起诉。有关工商行政管理部门有权责令侵权人立即停止侵权行为，赔偿被侵权人的损失，赔偿额为侵权人在侵权期间所获得的利润或者被侵权人在被侵权期间因被侵权所受到的损失。侵犯商标专用权，未构成犯罪的，工商行政管理部门可以处以罚款。

假冒他人注册商标，伪造、擅自制造他人注册商标标识等，构成犯罪的，除赔偿被侵权人的损失外，依法追究刑事责任。

六、商标保护的期限

我国商标法规定，注册商标的有效期为 10 年，自核准注册之日起计算。商标注册有效期届满后，可以申请展期。每次续展注册的有效期为 10 年，续展的次数不受限制。

课后练习题

一、思考题

1. 什么是专利？取得专利应具备哪些条件？
2. 简述我国商标法的内容？

二、案例分析

甲公司指派员工唐某从事新型灯具的研制开发，唐某于 2008 年 3 月完成了一种新型灯具的开发。甲公司对该灯具的技术采取了保密措施，并于 2009 年 5 月 19 日申请发明专利。2010 年 12 月 1 日，国家专利局公布该发明专利申请，并于 2011 年 8 月 9 日授予甲公司专利权。此前，甲公司与乙公司于 2009 年 7 月签订专利实施许可合同，约定乙公司使用该灯具专利技术 4 年，每年许可使用费 10 万元。2011 年 3 月，甲公司欲以 80 万元将该专利技术转让给丙公司。唐某、乙公司也想以同等条件购买该专利技术。最终甲公司将该专利出让给了唐某。唐某购得专利后，拟以该灯具专利作价 80 万元作为出资，设立一家注册资本为 300 万元的有限责任公司。2011 年 12 月，有人向专利复审委员会申请宣告该专利无效，理由是丁公司已于 2008 年 12 月 20 日开始生产相同的灯具并在市场上销售，该发明不具有新颖性。经查，丁公司在获悉甲公司开发出新型灯具后，以不正当手段获取了甲公司的有关技术资料并一直在生产、销售该新型灯具。

问题:

1. 唐某作为发明人，依法应享有哪些权利？

2. 甲公司在未获得专利前，与乙公司签订的专利实施许可合同是否有效？如甲乙双方因此合同发生纠纷，应如何适用有关法律？

3. 甲公司为何将专利技术出让给唐某？该专利技术转让合同成立后，对甲公司和乙公司之间的专利实施许可合同的效力有何影响？

4. 唐某拟以该专利作价 80 万元设立注册资本为 300 万元的有限责任公司，是否符合法律规定？为什么？

5. 该专利是否应当因为不具有新颖性而被宣告无效？为什么？

6. 对丁公司的违法行为应如何定性？为什么？

第七章　市场秩序法

重点掌握内容

1. 反不正当竞争法、不正当竞争行为、广告的概念和种类、广告管理机构广告主体
2. 广告活动应遵循的法律规定、广告内容的法律规定、特殊商品广告的法律规定

案例导学

360 和百度互联网经营行为纷争

案例：2012 年 2 月和 3 月，奇虎公司的 360 安全卫士在百度网搜索结果页面上有选择地插入了红底白色感叹号图标作为警告标识，以警示用户该搜索结果对应的网站存在风险，而且奇虎公司还逐步引导用户点击安装 360 安全浏览器，通过百度搜索引擎服务对其浏览器产品进行推广。百度认为 360 这一行为构成不正当竞争。法院最终支持了百度，判令奇虎公司赔偿百度 45 万元

思考：法院依据什么判令 360 败诉？

第一节　反不正当竞争法

一、反不正当竞争法概述

反不正当竞争法的概念有广义和狭义之分。广义的反不正当竞争法，是指调整市场竞争过程中因规制不正当竞争行为而发生的各种社会关系的法律规范的总称。狭义的反不正当竞争法，是指《反不正当竞争法》以及相关的行政规章。本书采用狭义概念。1993 年 9 月颁布的《反不正当竞争法》是我国第一部关于规范市场竞争秩序的法律。

（一）不正当竞争行为的概念和特征

不正当竞争一般可以从广义和狭义两个方面来理解：广义上的不正当竞争泛指一切违

反有关法律规定，或者一切违反善良风俗、诚实惯例、商业道德而从事商品生产经营的行为。它包括我们通常说的垄断行为、限制竞争行为以及其他采用不正当手段进行竞争的行为。狭义上的不正当竞争，指的是排除垄断和限制竞争行为以外的，违反法律规定和公认的商业道德，采用假冒、盗用、诋毁竞争对手、欺诈、强制、封锁等手段进行竞争的行为。

我国的法律与理论界所称的不正当竞争仅指狭义上的不正当竞争行为，即指经营者违反《反不正当竞争法》的规定，损害其他经营者的合法权益，扰乱社会经济秩序的行为。这一概念包含三个特征：

1. 主体具有特定性。一般情况下不正当竞争是经营者的行为。

2. 行为具有违法性。不正当竞争行为是违法和违反道德的行为，表现在：违反反不正当竞争法律规范的行为；指违反我国其他法律规范的行为，如《商标法》、《产品质量法》等；指违反公认商业道德的行为。

3. 行为具有危害性。不正当竞争损害的是其他经营者的合法权益和社会正常的经济秩序。

(二) 反不正当竞争法的基本原则

1. 自由竞争原则

自由竞争原则，是指市场主体有权根据自己的意愿自由参与市场竞争活动，并有权拒绝和抵制他人的非法干预和限制。自由竞争既是市场经济的精髓，也是市场经济对竞争行为的必然要求。

2. 正当竞争原则

正当竞争原则，是指竞争主体所选择的竞争手段、竞争方式不违反法律的规定，不违背公认的商业道德。正当竞争原则是自由竞争原则基础上建立的一个原则，同时也是对自由竞争原则的限定与补充。

3. 规制竞争原则

规制竞争原则，是指国家以健全的竞争法律体系、竞争执法机制规制市场竞争活动。市场经济条件下，严格的市场竞争运行规则是规制市场竞争活动的重要内容。而市场竞争运行规则要以健全的竞争法律体系、竞争执法机制予以保障。

二、不正当竞争行为

(一) 欺骗性交易行为

欺骗性交易行为又称为商业假冒行为，是指经营者在市场经营活动中，采用虚假不实的不正当手段从事商业欺诈并牟取非法利益的行为。具体表现为以下几点：

1. 假冒他人注册商标的行为

商标是商品的标记，注册商标是指经国务院工商行政管理部门商标局核准注册的商标。商标一经注册，商标所有人即取得注册商标专用权，依法受到法律的保护。假冒他人注册商标的行为，是指未经商标注册人的许可，在同一种商品或者类似商品上使用与其注册商标相同或者近似的商标的行为。可见，假冒他人注册商标的行为具体有四种情形：在同一种商品上使用与他人注册商标相同的商标；在同一种商品上使用与他人注册商标近似的商标；在类似商品上使用与他人注册商标相同的商标；在类似商品上使用与他人注册商标近似的商标。

2. 假冒或者仿冒知名商品特有的名称、包装、装潢的行为

假冒或者仿冒知名商品特有的名称、包装、装潢的行为，是指擅自将他人知名商品特有的商品名称、包装、装潢作相同或者近似使用，造成与他人的知名商品相混淆，使购买者误认为是该知名商品的行为。所谓假冒，是指行为人误导公众相信商品来源于某一知名经营者，或与某一知名经营者营业有关的行为。所谓仿冒，通常是指按照“某种现成的样子学着做”并误导公众认为是被仿冒经营者产品的行为。

3. 擅自使用他人的企业名称或者姓名，引人误以为是他人商品的行为。

4. 在商品上伪造或者冒用认证标志、名优标志等质量标志，伪造产地，对商品质量作引人误解的虚假表示的行为。

（二）滥用市场支配地位限制竞争行为

滥用市场支配地位限制竞争行为，是指公用企业或者其他具有独占地位的经营者滥用市场支配地位限制竞争的行为。根据我国《反不正当竞争法》第 6 条的规定，滥用市场支配地位的限制竞争行为具有如下构成要件：行为主体是公用企业或者依法具有独占地位的经营者；行为主体从事了侵害其他经营者公平竞争的行为；行为人主观上有过错。

（三）滥用行政权力限制竞争行为

滥用行政权力限制竞争行为，是指政府及其所属部门滥用行政权力所实施的使某些经营者得以垄断，从而排斥、限制或者干涉其他竞争者合法竞争的行为。由于滥用行政权力限制竞争行为凭借的是行政权力，故又称为行政垄断。根据《反不正当竞争法》第 7 条的规定，滥用行政权力限制竞争行为具有如下构成要件：行为主体是政府行政机关；主体采用了滥用行政权力限制竞争的行为；侵害了其他经营者公平竞争的机会。

滥用行政权力限制竞争行为，在《反不正当竞争法》第 7 条中仅规定了“指定购买”和“地区封锁”两种。滥用行政权力限制竞争行为，一方面破坏了平等、自由的市场竞争机制，违背了公平、正当的市场竞争要求；另一方面，又人为地制造条块分割，侵害了其他经营者的公平竞争机会，扰乱了市场竞争秩序。

（四）商业贿赂行为

商业贿赂行为，是指经营者为销售或者购买商品而采用财物或者其他手段贿赂对方单位或者个人的行为。根据我国《反不正当竞争法》第 8 条和 1996 年 11 月 15 日国家工商局发布、并于公布之日起实施的《关于禁止商业贿赂行为的暂行规定》的规定，商业贿赂行为具有如下构成要件：

1. 行为主体是经营者以及与经营者存在交易关系的对方单位或者个人；

2. 经营者实施了商业贿赂行为。商业贿赂主要采用财物和其他手段。财物是指现金和实物；其他手段，是指提供国内外各种名义的旅游、考察等给付财物以外的其他利益的手段等。因此，经营者在商品交易中不得向对方单位或者其个人附赠现金或者物品，否则

可视为商业贿赂行为，但按照商业惯例赠送小额广告礼品的除外；

3．商业贿赂的目的是为了排挤竞争对手而销售或者购买商品。

(五) 虚假宣传行为

虚假宣传行为，是指经营者利用广告或者其他方法，对商品或者服务内容作与实际情况不符的宣传，导致消费者上当受骗或者陷于错误认识的行为。根据《反不正当竞争法》第9条和《广告法》第2条至第5条的规定，虚假宣传行为具有如下构成要件：行为主体是经营者；行为主体实施了虚假宣传行为；虚假宣传行为可能致使消费者上当受骗或者陷于错误认识。

(六) 侵犯商业秘密行为

我国《反不正当竞争法》第10条第3款将商业秘密定义为“不为公众所知悉、能为权利人带来经济利益、具有实用性并经权利人采取保密措施的技术信息和经营信息”。侵犯商业秘密行为具有如下构成要件：

1．权利人拥有商业秘密的事实；

2．权利人拥有的商业秘密具有三个属性。

(1) 秘密性，是指商业秘密是处于未公开的状态，即不为公众所知悉。秘密性是商业秘密最重要、也是最本质的属性，是商业秘密赖以存在的基础。

(2) 价值性，是指商业秘密通过现在或者将来的使用，能够为权利人带来现实的或者潜在的经济利益。价值性是商业秘密进行立法保护的根本属性，如果丧失了价值性，商业秘密也就失去了法律保护的意义了。

(3) 实用性，是指该商业秘密能够应用且能产生积极效果。实用性与价值性密切相关，实用性是价值性存在的基础，价值性是实用性带来的结果。

3．权利人对商业秘密已采取保密措施

采取保密措施的方式，可以是签订内部保密协议，也可以通过外部的具体措施予以保障。

4．经营者实施了侵犯商业秘密的行为

根据我国《反不正当竞争法》第10条和《关于禁止侵犯商业秘密行为的若干规定》第3条的规定，经营者实施侵犯商业秘密的行为包括如下几种：

(1) 以盗窃、利诱、胁迫或者其他不正当手段获取权利人的商业秘密；

(2) 披露、使用或者允许他人使用以前项手段获取的权利人的商业秘密；

(3) 违反约定或者违反权利人有关保守商业秘密的要求，披露、使用或者允许他人使用其所掌握的商业秘密；

(4) 第三人明知或者应知上述各款所列违法行为，获取、使用或者披露他人的商业秘密，视为侵犯商业秘密。

(七) 低价倾销行为

低价倾销行为，是指经营者以排挤竞争对手为目的而采取的以低于成本的价格销售商品的不正当竞争行为。根据《反不正当竞争法》第11条、《价格法》第14条以及国家计划发展委员会颁布的《关于制止低价倾销行为的规定》，低价倾销行为具有如下构成要件：行为主体是处于卖方地位的经营者；经营者实施了低价倾销行为；行为的目的是排挤竞争对手以独占市场。

（八）附加不合理条件的销售行为

附加不合理条件的销售行为，是指经营者在销售商品或者提供服务时，违背购买人和接受服务者的意愿，强行要求购买者或者接受服务者购买搭配商品或者接受附加的不合理条件的行为。根据《反不正当竞争法》第 12 条的规定，附加不合理条件销售行为具有如下构成要件：经营者实施了附加不合理条件的行为；经营者实施附加不合理条件的行为借助了经济上的优势；搭售或者附加其他不合理的条件是交易对方不愿接受的。

（九）不正当奖售行为

不正当奖售行为，是指经营者在销售商品或者提供服务时，以欺骗或者其他不正当的手段附带性地向购买者提供物品、金钱或者其他经济上利益的行为。法律并不禁止所有的有奖销售行为，而只对不正当有奖销售行为予以禁止。根据我国《反不正当竞争法》第 13 条的规定，法律禁止如下三种不正当奖售行为：欺骗性奖售行为；利用有奖销售的手段推销质次价高的商品；最高奖金额超过 5000 元的抽奖式有奖销售。

（十）商业诋毁行为

商业诋毁行为又称为商业诽谤行为，是指经营者捏造、散布虚假事实，损害竞争对手的商业信誉和商品声誉，以削弱竞争对手的竞争力而为自己取得竞争优势和谋取不当利益的行为。根据《反不正当竞争法》第 14 条的规定，商业诋毁行为具有如下构成要件：

1. 行为主体是经营者；

2. 经营者实施了商业诋毁行为。经营者实施商业诋毁行为，可以表现为捏造、散布虚伪事实，也可以表现为真实事件采用不正当的说法两种方式。其表现方式也是多种多样的。例如行为人利用散发公开信、召开新闻发布会、刊登对比性广告、声明性广告等形式，制造、散布贬损竞争对手商誉的虚假事实；在产品销售过程中，向客户和消费者散布虚假事实，或者利用说明书或包装上的文字说明，贬低、诋毁竞争对手的同类商品或者服务；行为人唆使他人在公众中散布谣言以诋毁竞争对手的服务质量等等；

3. 诋毁是行为人故意针对特定竞争对手的行为。

（十一）串通招投标行为

串通招投标行为是指在招标投标过程中，投标人之间私下串通抬高标价或者压低标价，共同损害招标人利益；或者招标人与投标人相互勾结，共同排挤其他投标人利益的行为。由于串通投标的主体不同，其表现形式也不完全相同。根据《反不正当竞争法》第 15 条，1998 年 1 月 6 日国家工商行政管理局第 82 号令《关于禁止串通招标投标行为的暂行规定》的规定，串通招投标行为具有如下构成要件：行为主体是招投标人；招投标人实施了串通招投标的行为；串通招投标的中标无效。

三、监督检查和法律责任

（一）监督检查

我国《反不正当竞争法》第 3 条第 2 款规定："县级以上人民政府工商行政管理部门对不正当竞争行为进行监督检查；法律、行政法规规定由其他部门监督检查的，依照其规定。"第 16 条再次重申："县级以上监督检查部门对不正当竞争行为可以进行监督检查。"由此可见，我国对不正当竞争行为的监督检查机关有两类：一是县级以上人民政府工商行政管理部门。例如根据《关于禁止侵犯商业秘密行为的若干规定》的规定，侵犯商业秘密行为由县级以上工商行政管理机关认定处理。二是县级以上依照法律、行政法规规定的其他职能部门。如卫生部门依法可以对食品和药品方面的不正当竞争行为进行监督检查。例如根据《关于制止低价倾销行为的规定》第 11 条的规定，违反价格法和本规定，属于跨省区的低价倾销行为，由国务院价格主管部门认定；属于省及省以下区域性的低价倾销行为，由省、自治区、直辖市人民政府价格主管部门认定。

（二）法律责任

根据《反不正当竞争法》的规定，违反该法所应承担的法律责任包括民事责任、行政责任和刑事责任，具体规定如下：

1. 经营者的法律责任

经营者违反《反不正当竞争法》的规定，给被侵害的经营者造成损害的，应当承担损害赔偿责任，被侵害的经营者的损失难以计算的，赔偿额为侵权人在侵权期间因侵权所获得的利润，并应当承担被侵害的经营者因调查该经营者侵害其合法权益的不正当竞争行为所支付的合理费用。被侵害的经营者的合法权益受到不正当竞争行为损害的，可以向人民法院提起诉讼。

⑴经营者假冒他人的注册商标，擅自使用他人的企业名称或者姓名，伪造或者冒用认证标志、名优标志等质量标志，伪造产地，对商品质量作引人误解的虚假表示的，依照《中华人民共和国商标法》、《中华人民共和国产品质量法》的规定处罚。

⑵经营者擅自使用知名商品特有的名称、包装、装潢或者使用与知名商品近似的名称、包装、装潢造成和他人的知名商品相混淆，使购买者误认为是该知名商品的，监督检查部门应当责令停止违法行为，没收违法所得，可以根据情节处以违法所得 1 倍以上 3 倍以下的罚款；情节严重的，可以吊销营业执照；销售伪劣商品，构成犯罪的，依法追究刑事责任。

⑶经营者采用财物或者其他手段进行贿赂以销售或者购买商品，构成犯罪的，依法追究刑事责任；不构成犯罪的，监督检查部门可以根据情节处以 1 万元以上 20 万元以下的罚款，有违法所得的，予以没收。

⑷经营者利用广告或者其他方法，对商品作虚假宣传，监督检查部门应当责令停止违法行为，消除影响，可以根据情节处以 1 万元以上 20 万元以下的罚款。广告的经营者，在明知或者应知的情况下，代理、设计、制作、发布虚假广告的，监督检查部门应当责令其停止违法行为，没收违法所得，并依法处以罚款。

(5)侵犯商业秘密的，监督检查部门应当责令停止违法行为，可以根据情节处以 1 万元以上 20 万元以下的罚款。

(6)违法进行有奖销售的，监督检查部门应当责令停止违法行为，可以根据情节处以 1 万元以上 10 万元以下的罚款。

(7)投标者串通投标，抬高标价或者压低标价；投标者和招标者相互勾结，以排挤竞争对手公平竞争的，其中标无效。监督检查部门可以根据情节处以 1 万元以上 20 万元以下的罚款。

(8)经营者有违反被责令暂停销售，不得转移、隐匿、销毁与不正当竞争行为有关的财物的行为的，监督检查部门可以根据情节处以被销售、转移、隐匿、销毁财物的价款的 1 倍以上 3 倍以下的罚款。当事人对监督检查部门作出的处罚决定不服的，可以自收到处罚决定之日起 15 日内向上一级主管机关申请复议；对复议决定不服的，可以自收到复议决定书之日起 15 日内向人民法院提起诉讼；也可以直接向人民法院提起诉讼。

2. 公用企业或者其他依法具有独占地位的经营者的法律责任

公用企业或者其他依法具有独占地位的经营者，限定他人购买其指定的经营者的商品，以排挤其他经营者的公平竞争的，省级或者区的、市的监督检查部门应当责令停止违法行为，可以根据情节处以 5 万元以上 20 万元以下的罚款。被指定的经营者借此销售质次价高商品或者滥收费用的，监督检查部门应当没收违法所得，可以根据情节处以违法所得 1 倍以上 3 倍以下的罚款。

3. 政府及其所属部门的法律责任

政府及其所属部门违法限定他人购买其指定的经营者的商品、限制其他经营者正当的经营活动，或者限制商品在地区之间正常流通的，由上级机关责令其改正；情节严重的，由同级或者上级机关对直接责任人员给予行政处分。被指定的经营者借此销售质次价高商品或者滥收费用的，监督检查部门应当没收违法所得，可以根据情节处以违法所得 1 倍以上 3 倍以下的罚款。

监督检查不正当竞争行为的国家机关工作人员滥用职权、玩忽职守，构成犯罪的，依法追究刑事责任；不构成犯罪的，给予行政处分。

监督检查不正当竞争行为的国家机关工作人员徇私舞弊，对明知有违反《反不正当竞争法》规定构成犯罪的经营者故意包庇不使他受追诉的，依法追究刑事责任。

第二节 广告法

一、广告的概念和种类

1. 广告的概念

从字面的解释来看，广告就是“广而告之”，即向广大公众告知某件事，有广泛劝告的意思。一般来说，广告有狭义和广义之分。狭义的广告专指商业广告或者经济广告，是指商品经营者或者服务提供者承担费用，通过一定媒介和形式直接或者间接地介绍自己的商品或者提供的服务。广义的广告泛指一切要引起他人注意的宣传品和宣传手段，例如政府、政党、宗教团体、学校、个人等向社会发布的宣言、告示、公告、说明、声明、公报等。《广告法》所称广告是指商业广告。

2. 广告的种类

商品生产者欲将其提供的商品和服务向社会广为传播，必须通过一定的传播媒介和手段才能得以实现。广泛使用的广告形式有以下几种：报纸广告、杂志广告、电视广告、广播广告、路牌广告、交通广告、招贴广告、霓虹灯广告、橱窗广告等。目前在国外还出现了一些先进的广告媒介，如广告模型、空中广告等。

二、广告管理机关

我国广告管理是工商行政管理的组成部分，它是指广告管理机关依照国家的法律、法规，对广告主、广告经营者、广告发布者及广告内容等进行监督、检察、控制和指导。我国的广告管理机关是国家工商行政管理局下设的广告司及地方各级工商行政管理局下设的广告处、科等。

为了加强广告管理，1994 年 1 月 27 日第八届全国人民代表大会常务委员会第十次会议通过《中华人民共和国广告法》(以下简称《广告法》)，自 1995 年 2 月 1 日起施行。它标志着我国广告活动进入法律管理的阶段。2015 年 4 月 24 日修订后的《广告法》经十二届全国人大常务委员会第十四次会议审议通过，自 2015 年 9 月 1 日起施行。

三、广告主体

(一) 广告主体的概念

广告主体是指参与广告活动、享受权利、承担义务的当事人或者参加者，包括三个方面：广告主、广告经营者和广告发布者。广告主是指为推销商品或者提供服务，自行或者委托他人设计、制作、发布广告的法人、其他经济组织或者个人；广告经营者是指受委托提供广告设计、制作、代理服务的法人、其他经济组织或者个人；广告发布者是指为广告主或者广告主委托的广告经营者发布会广告的法人或者其他经济组织。

(二) 广告主体的资格

1. 广告主的资格

广告主自行或者委托他人设计、制作、发布广告，所推销的商品或者所提供的服务应当符合广告主的经营范围，且广告主应当具有或者提供真实、合法、有效的下列证明文件：

(1) 营业执照及其他生产、营业资格的证明文件；

(2) 质量检验机构对广告中有关商品质量内容出具的证明文件；

(3) 确认广告内容真实性的其他证明文件；

(4) 发布广告(如药品、医疗器械、农药的广告)需要经有关行政主管部门审查的，还应当提供有关批准文件。

2. 广告经营者和广告发布者的资格

广告经营者应当具有必要的专业技术人员、制作设备，并依法办理广告经营登记，方可从事广告活动；广播电台、电视台、报刊出版单位的广告业务，应当由其专门从事广告业务的机构办理，并依法办理兼营广告的登记。广告经营者、广告发布者按照国家有关规定，建立、健全广告业务的承接登记、审核、档案管理制度；依据法律、行政法规检验有关证明文件，核实广告内容。对内容不实或者证明文件不全的广告，广告经营者不得提供设计、制作、代理服务，广告发布者不得发布。

四、广告活动应遵守的准则

1. 广告主委托设计制作、发布广告，应当委托具有合法经营资格的广告经营者和广告发布者。

2. 广告主、广告经营者、广告发布者之间在广告活动中应当依法定立书面合同，明确各方权利和义务，彼此不得在广告活动中进行任何形式的不正当竞争。

3. 广告发布者向广告主、广告经营者提供的媒介覆盖率、收视率、发行量等资料应当真实；广告收费应当合理、公开，收费标准和收费办法应当向物价和工商行政管理部门备案，广告经营者、广告发布者应当公布其收费标准和收费办法。

4. 广告主或者广告经营者在广告使用他人名义、形象的，应当事先取得他人的书面同意；使用无民事行为能力人、限制民事行为能力人的名义、形象的，应当事先取得其监护人的书面同意。

5. 法律、行政法规规定禁止生产、销售的商品或者提供的服务，以及禁止发布广告的商品或者服务，不得设计、制作、发布广告。

五、广告内容

广告内容是广告管理的核心，我国法律对广告内容的要求，既是广告经营者和广告发布者审查、制作和发布广告的依据，也是广告主申请刊播、设置、张贴广告时应遵循的原则。

1. 广告内容必须真实、客观

(1)语言、文字、图像要与广告的内容一致；

(2)广告使用的数据、统计资料、调查结果等，应当真实准确，并表明出处；

(3)广告中涉及专利产品或者专利方法的，应当标明专利号和专利种类；未取得专利权的，不得在广告中谎称取得专利权。

2. 广告内容必须清晰、明白

(1)广告中对商品的性能、产地、用途、质量、价格、生产者、有效期限、允诺或者对服务的内容、形式、质量、价格、允诺有表示的，应当清楚、明白。广告中表明推销商品、提供服务附带赠送礼品的应当标明赠送的品种和数量；

(2)广告应当具有可识别性，能够使消费者辩明其为广告。大众传播媒介不得以新闻报道形式发布广告。通过大众传播媒介发布的广告应当有广告标记，与其他非广告信息相区别，不得使消费者产生误解；

另外，我国《广告法》还规定：广告内容应当有利于人民的身体健康，促进商品和服务质量的提高，保护消费者的合法权益，体现公平竞争，遵守社会公德和职业道德，维护国家的尊严和利益。

3. 关于广告内容提要的禁止性规定

我国《广告法》规定，广告内容有以下情形之一的，不得刊播、设置、张贴：

(1)使用中华人民共和国国旗、国徽、国歌；

(2)使用国家机关和国家工作人员的名义；

(3)使用国家级、最高级、最佳等用语；

(4)妨碍社会安定和危害人身、财产安全，损害社会公共利益；

(5)妨碍社会公共秩序和违背社会良好风尚；

(6)含有淫秽、迷信、恐怖、暴力、丑恶的内容；

(7)含有民族、种族、宗教、性别歧视的内容；

(8)妨碍环境和自然资源保护；

(9)在广告中贬低其他生产经营者的商品或者服务；

(10)法律、行政法规规定禁止的其他情形。

六、关于特殊商品广告的规定

药品、医疗器械、农药、兽药、烟草等商品是特殊商品，对这些特殊商品的广告，《广告法》有以下明确的规定：

1. 利用广播、电影、电视、报纸、报刊及其他媒介发布药品、医疗器械、农药、兽药等特殊商品的广告，必须在发布前依照有关法律、行政法规规定，由有关行政主管部门对广告内容进行审查；未经审查，不得发布。

2. 药品广告的内容必须以国务院卫生行政部门或者省、自治区、直辖市卫生行政部门批准的说明书为准；国家规定的应当在医生指导下使用的治疗性药品广告中，必须注明“按医生处方购买和使用”。

3. 麻醉药品、精神药品、毒性药品、放射性药品等特殊药品，不得做广告。

4. 药品、医疗器械广告不得有下列内容：①含有不科学的表示功效的断言或者保证；②说明治愈率或者说明效率；③与其他药品、医疗器械的功能和安全性比较；④利用医药科研单位、学术机构、医疗机构或者专家、医生、患者的名义和形象作证明；⑤法律、行政法规禁止的其他内容。

5. 食品、酒类、化装品广告的内容必须符合卫生许可的事项，并不得使用医疗用语或者容易与药品混淆的用语。

6. 农药广告不得有下列内容：使用无毒、无害等表明安全性的绝对化断言；含有不科学的表示功效的断言或者保证；含有违反农药安全使用规程的文字、语言或者画面；法律、行政法规禁止的其他内容。

7. 禁止利用广播、电影、电视、报纸、报刊发布烟草广告；禁止在等候室、影剧院、会议厅堂、体育比赛场馆等公共场所设置烟草广告；烟草广告中必须标明“吸烟有害健康”。

七、违反广告法的法律责任

(一)广告违法行为

常见的广告违法行为有：

1．非法经营广告；
2．发布违禁广告，如虚假广告、新闻广告、超越经营范围和国家许可范围的广告等；
3．代理、发布无合法证明或证明不全的广告；
4．仿造、涂改、盗用或擅自复制广告证明；
5．为广告主出具非法或虚假证明；
6．非法发布卷烟、药品等特殊商品的广告；
7．广告活动中的垄断和不正当竞争行为。

(二)法律责任

违反广告管理法规的广告主、广告经营者和广告发布者应承担的法律责任，包括起来有以下三个方面：

1．民事责任。广告主、广告经营者、广告发布者违反广告法规，给用户和消费者造成损失的，应当承担赔偿责任。对于损害赔偿，受害人可以请求县级以上的工商行政管理机关处理，也可以向人民法院起诉。

2．行政责任。行政责任是指工商行政管理机关对违反广告法规的当事人给予的行政处罚，主要形式有：停止发布广告；责令公开更正；通报批评；没收非法所得；罚款；停业整顿；吊销营业执照或者广告经营许可证。

3．刑事责任。广告主和广告经营者、广告发布者违反广告法规，情节严重构成犯罪的由司法机关追究刑事责任。

课后练习题

一、思考题

1. 《反不正当竞争法》的基本原则是什么？
2. 我国《反下正当竞争法》规定的不正当竞争行为有哪些？
3. 简述我国广告法对广告主体资格的法律要求。
4. 不得设置户外账户广告的情形有哪些？
5. 《广告法》对特殊商品广告作了哪些具体规定？

二、案例分析

2011 年 5 月，某市六家大型百货商场联合发函致有关供货厂家，声称由于该市 X 商场违反商业道德，损害商业信誉和消费者权益，在经营中搞不正当竞争行为，影响极坏；六家商场负责人联名呼吁：希望各供货厂家不与 X 商场在经营上有联系，否则，六家商场可能会采取统一行动抵制供货厂家。

试问：

1. 如果六家商场所发函中叙述的情形属实，其联合行为是否恰当？如不恰当，请说明六家商场怎样做才恰当。

2. 如果函中所属情形虚假，其联合行为构成什么性质的行为？为什么？

第八章　产品质量法与消费者权益保护法

重点掌握内容

1. 产品质量法、产品质量、产品质量法的适用范围、产品质量监督和管理、生产者和经营者有关产品质量的义务

2. 消费者权益保护法的概念、消费者权益保护法的适用范围、消费者的权利、经营者的义务、消费者权益争议的解决途径

案例导学

云某怎样才能获得赔偿?

案例：2011 年 10 月，云某从某市阳光大厦以 500 元买了一只由光华铝制品厂生产的高压锅，11 月底，该高压锅在正常使用的过程中发生爆炸，严重烫伤了云某、其妻和女儿 3 人，3 人住院期间共花费医疗费 12 000 元。此次高压锅爆炸是高压锅自身质量问题所致。

问：云某怎样才能获得赔偿?

第一节　产品质量法

一、产品与产品质量

我国《产品质量法》所称的产品是指经过加工、制作，用于销售的商品。产品质量是指产品应具有的、符合人们需要的各种特性，如适用性、安全性、可靠性、可维修性、可替换性等。产品质量的内容随着经济、科技的发展及人们需要的变换，也在不断丰富和发展。

根据产品质量是否符合法律的规定，是否满足用户、消费者的要求，以及符合、满足的

程度，产品质量可分为合格与不合格两大类。合格又分为符合国家质量标准、符合部级质量标准、符合行业质量标准和符合企业自定质量标准四类。不合格产品包括以下几种情况：

1. 瑕疵，是指产品质量不符合用户、消费者的某些要求，但不存在危及人身、财产安全的不合理危险，或者未丧失原有的使用价值；

2. 缺陷，是指产品存在危及人体健康、人身、财产安全的不合理危险，包括设计上的缺陷、制造上的缺陷和未预先通知的缺陷；

3. 劣质，是指其标明的成分的含量与法律规定的标准不符，或已超过有效使用期限的产品；

4. 假冒，是指该产品根本未含法律规定的标准的内容，以及非法生产、已经变质的根本不能作为某产品使用的产品。

二、产品质量法

（一）产品质量法的概念及调整对象

产品质量法是调整在生产、流通和消费过程中产品质量监督管理关系和产品质量责任关系的法律规范的总称。产品质量监督管理的关系，指发生在行政机关在履行产品监督管理职能的过程中与生产经营者之间的关系，是管理、监督与被管理、被监督的关系。

产品质量责任关系，是指发生在生产经营者与消费者，用户及其相关第三人之间的、因产品质量问题引发的损害赔偿责任关系，是一种在商品交易关系中发生的平等主体间的经济关系

1993 年 2 月 22 日第七届全国人民代表大会常务委员会第十三次会议通过《中华人民共和国产品质量法》(以下简称《产品质量法》)，这是我国第一部全面、系统地规定产品质量的法律。2007 年 7 月 8 日第九届全国人民代表大会常务委员会第十六次会议又对该法作了较大的修正，这次修正使得我国的产品质量法得到进一步的完善和加强。该法自 2010 年 9 月 1 日起实行。

（二）产品质量法的适用范围

1. 产品质量法的主体适用范围

产品质量法的适用主体非常广泛，主要包括以下几种：

(1)产品质量监督管理部门，是负责产品质量监督管理部门工作的国家机关；

(2)保护消费者权益的社会组织，是产品质量监督的辅助性机构，包括各级消费者协会、用户委员会等；

(3)用户，指将产品用于集团性消费的企业、事业单位和其他社会组织；

(4)消费者，指将产品用于生活性消费的社会个体成员；

(5)受害者，指因产品存在缺陷而导致人身、财产损害，从而有权要求获得损害赔偿的人，包括自然人、法人与社会组织。

2. 产品质量法的客体适用范围

产品质量法的客体即产品。我国《产品质量法》规定，产品是指经过加工、制作，用

于销售的商品。下列物品不适用《产品质量法》：天然物品；初级农副产品；初级加工品；建筑工程。《产品质量法》规定，建筑工程不适用本法规定，但是，建筑工程使用的建筑材料、建筑物配件和设备，属于本法规定的产品范围内的，适用产品质量法；专门用于军事的物品等。

三、产品质量法的基本原则

产品质量法的基本原则是贯穿整个产品质量法并应共同遵守的准则，具体包括以下四个方面。

（一）严格责任原则

世界各国产品责任法律制度，严格产品责任原则是产品责任归责原则之趋势。中国产品质量法亦采取严格责任原则。所谓严格责任，是指产品的制造者、销售者对因产品瑕疵而造成的人身伤害和财产损失所应负的赔偿责任，而不问产品的制造者、销售者主观上是否有过错。

（二）统一立法、区别管理的原则

国家对涉及人体健康，人身、财产安全的产品实行必要的强制管理。其他产品主要通过市场机制和企业自我的约束机制解决。

（三）先保证与事后监督检查相结合原则

国家通过实行生产许可证制度，采取国际上通用的企业质量体系认证和产品质量认证的方法，保证生产的产品符合相应标准的要求，同时对市场流通领域的产品质量进行监督检查。

（四）奖优罚劣的原则

我国《产品质量法》鼓励推行科学的质量管理方法，采用先进的科学技术，采用国际质量标准，并对质量管理先进、产品质量达到国际先进水平的单位和个人给予奖励；同时，对于生产、销售假冒伪劣产品的企业和个人给予严厉的打击和制裁。

四、产品质量监督与管理

（一）产品质量的监督管理体制

产品质量监督管理体制是指产品质量的监督管理机构的设置及其权限划分等有关制度的总称。根据我国的具体情况，《产品质量法》确立了统一管理与分工管理、层次管理与地域管理相结合的原则。具体内容如下：

1．国务院产品质量监督部门主管全国产品质量监督工作；

2．县级以上产品质量监督部门主管本行政区域内的产品质量监督工作；

3．国务院有关部门和县级以上地方人民政府有关部门在各自的职责范围内负责产品质量监督工作；

4. 法律对产品质量监督的部门另有规定的，依照有关法律规定执行。

（二）产品质量检验管理制度

产品质量检验是指检验机构依据特定标准对产品质量进行检验，并判断其是否合格的活动。《产品质量法》规定：产品质量应当检验合格，不得以不合格产品冒充合格产品；可能危及人体健康和人身、财产安全的工业产品，必须符合保障人体健康和人身、财产安全的国家标准、行业标准；未指定国家标准、行业标准的，必须符合保障人体健康和人身、财产安全的要求；禁止生产、销售不符合人体健康和人身、财产安全标准和要求的工业产品。

（三）标准化管理制度

1. 产品质量标准的制定

按照我国法律规定，凡工业产品的品种、规格、质量、等级或者安全、卫生要求，工业产品的设计、生产、检验、包装、储存、运输、使用方法或者生产、储存、运输中的安全、卫生要求，工业生产的技术术语、符号、代号和制图方法等，需要统一的技术要求的，应当制定标准。产品质量标准按其制定的部门或单位及适用范围的不同，分为国家标准、行业标准等。

2. 产品标准的实施

我国法律将标准按性质的不同，分为强制性标准和推荐性标准。强制性标准是必须执行的标准，它包括国家标准和行业标准及全部地方标准，主要有药品标准，食品卫生标准，兽药标准，产品及产品生产、储存和使用中的安全、卫生标准，劳动安全、卫生标准，国家需要控制的重要产品质量标准等。推荐性标准是不具有强制执行效力，由执行者自愿采用的标准，强制性标准以外的标准是推荐性标准。

（四）企业质量体系认证制度

企业质量体系认证制度是由国际标准化组织提出，并为国际社会普遍接受的质量管理措施。企业质量体系认证是指法定的认证机构对企业的产品质量保证能力和质量管理水平进行综合性检查和评定后，确认和证明该企业质量管理达到国际通用标准的一种制度。该制度通过对产品质量构成的各种因素，如产品设计、制造过程、质量检验、组织机构和人员素质等质量保证能力进行严格评定，使企业形成稳定生产符合标准产品的能力。

目前国际上通用的“质量管理和质量保证”标准是ISO9000系列国际标准，我国对企业实行质量体系认证的依据是GB/T19000质量管理和质量保证系列国家标准。企业根据自愿原则可以向国务院产品质量监督部门认可的或者国务院产品质量监督部门授权的部门认可的认证机构申请企业质量体系的认证。经认证合格的企业，由认证机构颁发企业质量体系认证证书。

（五）产品质量认证制度

产品质量认证，是指依据产品标准和相应的技术要求，经认证机构确认，并通过颁发认证证书和认证标志来证明某一产品符合相应标准和技术要求的活动。我国产品质量认证制度的基本内容包括认证对象、认证依据、认证方式、认证种类和认证原则。

1. 认证对象

目前，我国已经组建了许多产品质量认证委员会，其开展的产品质量认证的对象是实物产品，如电子产品、电动产品、电线电缆、低压电器、家用电器、电子元件、水泥、橡胶、汽车安全玻璃等产品。具体哪些产品可以申请认证，由国家质量技术监督局根据实际需要和认证机构的组建情况，适时向社会公布。

2. 认证依据

根据我国标准化法和认证条例的规定，产品质量认证所依据的标准应当是具有国际水平的国家标准和行业标准，内容有产品技术性能指标、产品检验方法和综合判断准则。如果现行国家标准和行业标准还不能满足认证的要求，还应当制定补充的技术要求。对于我国已经与国外有关认证机构订立双边或者多边协议的产品，应当按照协议规定的标准执行。对于国家质量技术监督局批准加入相应国际认证组织的认证委员会，其认证依据的标准应当采用国际组织公布的并已经转化为我国国家标准或者行业标准的标准，如果现行国家标准与国际标准不同，按照我国有关规定办理。

3. 认证方式

我国产品质量认证方式采用国际上通用的第三方认证制度。质量认证由国务院产品质量监督管理部门或其授权部门所认可的认证机构承担。

4. 认证种类

我国产品质量分为合格认证和安全认证两种。

5. 认证原则

我国产品质量认证实行自愿认证的原则。

（六）产品质量监督检查制度

产品质量监督检查是指依法设立的质量监督部门，依照法定权限和法定程序对企业产品的质量进行监督性检查。

国家对产品质量实行以抽查为主要方式的监督检查制度，对可能危及人体健康和人身、财产安全的产品、影响国计民生的重要工业产品及销售者、有关组织反映有质量问题的产品进行抽查。抽查的样品应当在市场上或者企业成品仓库内的待销产品中随机抽取。监督抽查工作由国务院产品质量监督部门统一规划和组织。县级以上的地方产品质量监督部门在本行政区域内也可以组织监督抽查。法律另有规定的，根据有关法律的规定执行。

五、生产者、销售者的产品质量义务

（一）生产者的产品质量的义务

1. 保证产品质量的义务

《产品质量法》规定，生产者应当对其生产的产品质量负责，产品质量应当符合下列要求：

(1) 不存在危及人身、财产安全的不合理危险，如果有保障人体健康和人身、财产安全的国家标准、行业标准，应当符合该标准；

(2) 具备产品应当具备的使用性能，对产品存在使用性能瑕疵作出说明的除外；

(3)符合在产品或者其外包装上注明采用的产品标准，符合以产品说明、实物样品等方式标明的质量状况。

2. 保证产品标识符合要求

我国《产品质量法》规定，产品或者其包装上的标识必须真实，并符合下列要求：

(1)有产品质量检验合格证明；

(2)有中文标明的产品名称、生产厂名和厂址；

(3)根据产品的特点和适用要求，需要标明产品规格、等级、所含主要成分的名称和含量的，用中文相应予以标明；需要让消费者知晓的，应当在外包装上标明，或者预先向消费者提供有关资料；

(4)限期使用的产品，应当在显著位置清晰地标明生产日期和安全使用期或者失效日期；

(5)对于使用不当容易造成产品本身损坏或者可能危及人身、财产安全的产品，应当有警示标志或者中文警示说明。

裸装的食品和其他根据产品特点难以附加标识的裸装产品，可以不附加产品标识。易碎、易燃、易爆、有毒、有腐蚀性、有放射性等危险物品及储运中不能倒置和其他有特殊要求的产品，其包装质量必须符合相应要求，依照国家有关规定作出警示标志或者中文警示说明，标明储运注意事项。

3. 不作为的义务

生产者不作为的义务具体包括以下四个方面：

(1)不得生产国家明令淘汰的产品；

(2)不得伪造产地，不得伪造或者冒用他人的厂名、厂址；

(3)不得伪造或者冒用认证标志等质量标志；

(4)不得掺杂、掺假，不得以假充真、以次充好，不得以不合格产品冒充合格产品。

(二)销售者的产品质量义务

为了保证实现用户、消费者的产品质量权利，销售者要承担下列义务：

1. 执行进货检查验收制度。销售者应当建立并执行进货检查验收制度，验明产品合格证明和其他标识。

2. 采取措施，保持产品质量。销售者应当采取措施，保持销售产品的质量。

3. 销售产品的标识符合要求。销售者销售产品的标识应当符合《产品质量法》关于标识要求的有关规定。

4. 不得销售国家明令淘汰并停止使用的产品和失效、变质的产品。

5. 不得伪造产地，不得伪造或者冒用他人的厂名、厂址。

6. 不得伪造或者冒用认证标志等质量标志。

7. 不得掺杂、掺假，不得以假充真、以次充好，不得以不合格产品冒充合格产品。

六、产品质量法律责任

(一)产品质量法律责任的概念

产品质量法律责任指生产者、销售者及对产品质量负有直接责任的责任人，因违反《产品质量法》规定的产品质量义务所应承担的法律责任。

（二）产品质量的合同责任

产品质量的合同责任，也称瑕疵责任或瑕疵担保责任。它是指产品不具备应有的使用性能，不符合明示采用的质量标准，或不符合以产品说明、实物样品等方式表明的质量状况而产生的法律责任。产品质量合同责任的具体责任形式如下：负责修理、更换、退货；给消费者、用户造成损害的，应负责赔偿；销售者未按规定给予修理、更换、退货或赔偿损失的，由产品质量监督部门或工商行政管理部门责令改正。

（三）产品责任

产品责任是基于产品存在缺陷并导致销售者、用户和相关第三人人身、财产遭受损害而发生的民事赔偿责任。缺陷是指产品存在危及人身、财产安全的不合理危险。产品责任适用无过错责任原则。

产品责任由以下三个要件构成：产品有缺陷；有损害事实存在；产品缺陷与损害事实之间有因果关系。

生产者能够证明有下列情形之一的，不承担赔偿责任：①未将产品投入流通；②产品投入流通时，引起损害的缺陷尚不存在；③将产品投入流通时，科学技术水平尚不能发现缺陷的存在。

因产品质量发生民事纠纷时，当事人可以通过协商或者调解解决。当事人不愿意通过协商、调解解决或者协商、调解不成的，可以根据当事人各方的协议向仲裁机构申请仲裁；当事人各方没有达成仲裁协议或者仲裁协议无效的，可以直接向人民法院起诉。

（四）行政责任

生产者、销售者违反《产品质量法》规定生产、销售产品应承担如下产品质量行政责任：责令改正；责令停止生产、销售；没收违法生产、销售的产品；没收违法所得；罚款；责令停业整顿；吊销营业执照。吊销营业执照的行政处罚由工商行政管理部门决定，其他行政处罚由产品质量监督部门或者工商行政管理部门按照国务院规定的职权范围决定。法律、行政法规对行使行政处罚权的机关另有规定的，依照有关法律、行政法规的规定执行。

（五）刑事责任

根据《产品质量法》的规定，生产者、销售者生产、销售的产品有下列情形之一的，依法追究刑事责任：

1. 生产、销售不符合保障人体健康和人身、财产安全的国家标准、行业标准的产品，构成犯罪的；
2. 在产品中掺杂、掺假，以假充真，以次充好，或者以不合格产品冒充合格产品，构成犯罪的；
3. 销售失效、变质的产品，构成犯罪的。

第二节 消费者权益保护法

一、消费者权益保护法概述

（一）消费者权益保护法的概念和立法宗旨

消费者权益保护法有广义、狭义之分。广义上的消费者权益保护法是指涉及消费者保护的各种法律规范的总称，例如消费者保护基本法，其他专门的单行消费者保护的法律和法规，以及其他法律和法规中的有关消费者权益保护的法律条款。狭义上的消费者权益保护法仅指国家有关消费者权益保护的专门立法。在我国广义上的消费者权益保护法包括《广告法》、《价格法》、《食品卫生法》、《产品质量法》等诸多有关消费者权益保护的法律、法规，而狭义上的消费者权益保护法则仅指 1993 年 10 月 31 日第八届全国大常委会第四次会议通过的《中华人民共和国消费者权益保护法》。2013 年 10 月第二次修正。

由于消费者的弱势性，消费者权益保护法在制定过程中加大了对消费者权益的保护，加重了经营者的义务负担。《消费者权益保护法》的立法宗旨十分明确，正如其第 1 条规定，《消费者权益保护法》的立法宗旨是保护消费者的合法权益，维护社会经济秩序，以促进社会主义市场经济的健康发展。这一立法宗旨完全是从保护消费者合法权益出发的，维护消费者利益、保护消费者的合法权益是该法的精神主旨。

（二）消费者权益保护法的适用范围和基本原则

1. 适用范围

我国《消费者权益保护法》从主体及其行为的角度规定了该法的适用范围。

（1）消费者为生活消费需要，购买、使用商品或接受服务，其权益受到本法保护，这是从消费法律关系中的一方主体——消费者角度来讲的。

（2）经营者为消费者提供生产、销售的商品或提供服务，应当遵守该法，这是从消费法律关系当中的另一方主体——经营者角度来讲的。

（3）农民购买、使用直接用于农业生产的生产资料，也可适用本法，这是《消费者权益保护法》的特殊适用范围。

2. 基本原则

我国《消费者权益保护法》的原则为：自愿、平等、公平、诚实信用的原则；对消费者的权益给予特别保护的原则；全社会共同保护消费者合法权益的原则。

（三）消费者的概念

消费者是指为了满足生活消费需要而购买、使用商品或者接受服务的自然人。正确理解消费者的概念应该掌握以下几点。

1. 消费者是购买、使用商品或接受服务的人

单位和政府不属于消费者，原因在于：

（1）从消费者立法宗旨来看，其立法目的是为了保护现代消费社会中的弱者而产生的。

作为个人，消费者往往势单力薄，因其不是专门从事商品买卖的人，因此通常欠缺交易经验或者缺乏足够的交易信息和交易能力。而单位并不是消费关系中的弱者，当单位与个体经营者或实力更弱的单位发生经济关系时，其甚至处于强者地位。因此，对单位给予特殊保护失去了理论依据，没有必要对单位进行特殊保护。如果单位与经营者之间出现了纠纷，双方均可以依《合同法》的相关规定主张权利。

(2) 消费者不完全限于直接的交易人，也包括最终的消费者或使用者。

2. 消费者的消费性质是生活消费，包括商品消费和服务消费

界定生活消费要与生产消费区别，应看个人购买商品或接受服务是不是为了将商品或服务再次转手获利，是否是专门从事商品交易活动，即要确认其购买商品或接受服务是不是以盈利为目的。

3. 消费者的消费对象是商品和服务

作为消费的客体应当具有两个条件：一是必须进入流通领域；二是要与生活消费有关。

4. 消费的方式包括购买、使用和接受

消费的方式包括购买、使用和接受，也就是说并非购买并使用的人才是消费者，购买商品的人和使用商品的人都是消费者。任何亲自接受服务的人也都可以理解为消费者。

二、消费者的权利

《中华人民共和国消费者权益保护法》中规定了消费者的 9 项权利。

(一) 安全保障权

安全保障权是指消费者在购买、使用商品或者接受服务的过程中，依法享有人身财产安全不受侵犯的权利。消费者为获取、使用某种商品或接受服务支付了报酬，理应得到应有的保障。该权利是消费者各项权利的基础，消费者的安全保障权主要包括两个方面：消费者的人身安全权，即消费者享有生命、健康不受侵害的权利；消费者的财产安全权，即消费者享有财产不受侵害的权利。

(二) 知悉真情权

知悉真情权是指消费者享有知悉其购买、使用的商品或者接受服务的真实情况的权利。也就是说，消费者有权根据商品或服务的不同情况，要求经营者提供商品的价格、产地、生产者、用途、性能、规格等级、主要成分、生产日期、有效期限、检验合格证明、使用方法说明书、售后服务，或者服务的内容、规格、费用等有关情况，同时经营者也应该主动向消费者提供此类信息。

(三) 自主选择权

自主选择权是指消费者有权选择要购买的商品或者要接受的服务。自主选择权是消费者的一项基本权利，该权利包括四个方面：自主选择经营者；自主选择商品品种或者服务方式；自主决定是否购买商品和接受服务；在选择商品和服务时，有权进行比较、鉴别和挑选。此外，消费者还有权选择购买商品或者接受服务的场所；有权根据商品或者服务的

不同情况，选择商品的商标、产地、价格等事项。

总之，消费者在购买商品或者接受服务时，选择商品和服务的行为必须是自愿的，不必以经营者的意愿为自己的意志，主动权应牢牢掌握在自己的手中，有权要求经营者介绍有关商品或服务的知识，以便作出购买商品或接受服务的决定。同时，消费者自主选择商品和服务的行为必须是合法的，必须在法律允许的范围内运用自主选择权，而不能把自主选择权建立在侵害国家、集体和他人的合法权益之上。此外，自主选择权通常只能限定在购买商品或者接受服务的范围内，不能扩大到使用商品上。

（四）公平交易权

消费者享有的公平交易权主要体现在以下两方面：

1．有权获得质量保障、价格合理、计量正确等公平交易条件。质量保障是消费者在购买商品或接受服务时对经营者的基本要求，这是关系到人体健康和人身安全的重大问题。价格合理充分地体现了等价交换的原则。计量的准确性则直接涉及消费者的经济利益。因此，经营者在提供商品或服务时，必须保证质量、价格合理、计量正确。

2．消费者有权拒绝经营者的强制交易行为。有的经营者在掌握了人们非常需要而又十分紧俏的商品或服务时，往往违反平等自愿、公平交易的市场准则，违背消费者的意愿强制交易，从而损害了消费者自主选择商品或者服务的权利，侵害了消费者的合法权益。

因此，消费者在公平交易权受到侵害时，有权依法要求经营者改正错误，提供质量好、价格合理、计量正确的服务，有权拒绝强制交易，并获得合理的赔偿。

（五）获得赔偿权

获得赔偿权指消费者因购买、使用商品或者接受服务时如果受到人身、财产损害，享有依法获得赔偿的权利。求偿权是弥补消费者所受侵害的必不可少的救济性权利。

消费者在购买、使用商品或接受服务时，由于经营者的过失或故意，可能会使人身权或财产权受到侵害。这里的人身权包括消费者的生命健康权、姓名权、名誉权、荣誉权等，财产损害则包括直接的财产损失和间接的财产损失。因此，对于商品的购买者、商品的使用者、接受服务者及在别人购买、使用商品或接受服务的过程中受到人身或财产损害的其他人而言，只要其人身、财产损害是因购买、使用商品或接受服务而引起的，都有获得赔偿的权利。商品的生产者、销售者或服务者均应承担赔偿责任，而不论其是否有过错。但是如果是由于受害者自己的过错，如违反使用说明而造成的损害，商品的制造者、销售者不承担责任。

（六）获得相关知识权

消费者对商品的必要了解和对自身权益保护的获悉，是其正确行使消费者其他权利的基础和前提。只有在一定的知识背景下，消费者才能按自己的意愿达到正常的消费目的，并且在消费过程中能够维护自己的正当权益不受侵害。所谓消费方面的知识主要包括以下内容：

1．有关消费态度的知识，这有利于消费者科学地指导自己的消费行为；

2．有关商品和服务的基本知识，这有利于消费者根据有关知识买到自己满意的商品或接受到使自己满意的服务；

3．政府有义务公告相关消费信息。政府作为国家经济的宏观调控者，以其特殊的身份通过主管部门就市场情况进行统筹、评估后，向公众提供及时、准确、全面、有效的消费信息，无疑对引导消费者理性消费、繁荣市场经济会起到特殊作用。

同时，法律还要求消费者为了自己的切身利益，努力去掌握一定的知识和技能，以便正确地使用商品和接受可靠的服务。消费者通过获得有关消费和消费者权益保护方面的知识，不断提高自我保护意识，使自己的合法权益得到尽可能大的保护。

(七) 受尊重权

受尊重权是指消费者购买、使用商品和接受服务时享有其人格尊严和民族风俗习惯得到尊重的权利。

1．消费者在购买、使用商品和接受服务时，享有人格尊严受到尊重的权利。人格尊严是公民人身权的重要组成部分，我国宪法即对公民人格尊严不可侵犯作出了规定。消费尊严作为消费者的基本权利，是指消费者的姓名权、名誉权、荣誉权、肖像权、人身自由权等应当受到高度的尊敬和重视，不受非法侵犯。因此，任何人都无权对消费者在生活消费活动中的消费尊严加以污辱和诽谤。对于侵犯消费者消费尊严的行为，法律视情节轻重予以相应的民事制裁。情节特别严重构成犯罪的，还要予以刑事制裁。

2．消费者在购买、使用商品和接受服务时，享有民族风俗习惯得到尊重的权利。我国是个多民族国家，由于经济、文化发展水平和地域的差异，各民族的饮食、服饰、居住、娱乐、礼节、禁忌等风俗习惯都有所不同。作为经营者和消费者应自觉尊重这些风俗习惯，不做有伤民族感情的事情，这关系到民族平等和团结，处理好民族关系，促进安定团结。因此，保护少数民族消费者的合法权益是至关重要的。

(八) 结社权

结社权就是消费者享有依法成立维护自身合法权益的社会团体的权利。中国公民享有结社权是宪法赋予的权利。因此，消费者依法成立维护自身合法权益的社会团体，无疑应当受到我国宪法的保护。消费者为了保护自己的合法权益，依法成立消费者社会团体，形成对商品和服务的广泛的社会监督。通过这样的社团组织，使一些侵害消费者利益的行为得到及时处理；可以指导消费行为，提高消费者自我保护意识的能力。因此，结社权是国家鼓励全社会共同保护消费者权益的具体体现。

(九) 监督批评权

监督批评权是指消费者享有对商品和服务及保护消费者权益工作进行监督的权利。法律授予消费者监督权有助于制止侵害消费者权益的违法行为，维护消费者的合法权益，促使经营者提高商品和服务的质量。消费者的监督是一种广泛、有效的社会监督形式，它促使经营者更好地考虑消费者的需求，合法、高效地经营，提高商品和服务的质量水平。

三、经营者的义务

(一) 履行法定的或约定的义务

经营者向消费者提供商品或者服务，应当依照《产品质量法》和其他有关法律、法规的规定履行义务。经营者和消费者有约定的、应当按照约定履行义务，但双方的约定不得违背法律、法规的规定。

（二）接受监督的义务

经营者应当听取消费者对其提供的商品或者服务的意见，接受消费者的监督。具体包括三个方面的内容：应当允许消费者对其商品或服务提出不同意见、看法；应当为消费者提出意见、看法提供方便和渠道；应认真对待消费者的意见，不得打击报复提出意见的消费者。

（三）保障商品和服务安全的义务

保障商品和服务安全的义务包括三个方面：

1．经营者应当保证其提供的商品或服务符合保障人身、财产安全的要求，这是对商品或服务的内在质量要求。

2．警示说明义务，指对可能危及人身、财产安全的商品和服务，应当向消费者作出真实的说明和明确的警示，并说明和标明正确使用商品或接受服务的方法，以及防止危害发生的方法。例如，在香烟的外包装上注明“吸烟有害健康”。

3．通知和补救义务，指经营者发现其提供的商品或者服务存在严重缺陷，即使正确使用商品或者接受服务仍然可能对人身、财产安全造成危害的，应当立即向有关行政部门报告和告知消费者，并采取防止危害发生的措施。例如，对缺陷产品召回制度。

（四）提供真实信息的义务

提供真实信息义务包括三方面内容：

1．不得对提供的商品或者服务作引人误解的宣传；

2．对消费者就经营者提供的商品或者服务的质量和使用方法等内容提出的询问，经营者应当作出真实、明确的答复；

3．商店提供商品应当明码标价，标价可以使用标签或价目表，标价的内容必须真实准确、字迹清晰、货签对位、标示醒目，价格变动时应当及时调整。降价销售商品和提供服务必须使用降价标签、价目表，如实标明降价原因及原价和现价，以区别于正常价格销售的商品和提供的服务。

（五）标明真实名称和标记的义务

商品和服务的名称是消费者判断商品生产者和质量的最基本依据。租赁他人柜台或者场地的经营者，应当标明真实名称和标记。这一方面有利于消费者了解经营的真实情况，作出合乎真实意愿的消费决定；另一方面有得国家对经营者的监督管理，便于消费者在其权益受到侵害时，实现获得赔偿权。

（六）出具购货凭证或服务单据的义务

经营者提供商品或者服务，应当按照国家有关规定或者商业惯例向消费者出具购货凭证或者服务单据；消费者索要购货凭证或者服务单据时，经营者必须出具。购货凭证是指商品的销售者向消费者出具的证明商品买卖已经履行的书面凭证。服务单据是服务的提供者向消费者出具的证明服务已经履行的书面凭证。

（七）保证商品或服务质量的义务

该义务包括以下两方面内容：

1. 经营者应当保证在正常使用商品或者接受服务的情况下，提供的商品或者服务具有相应的质量、性能、用途和有效期限；但消费者在购买该商品或者接受该服务前已经知道存在瑕疵的除外。

2. 经营者以广告、产品说明、实物样品或者其他方式表明商品或者服务的质量状态的，应当保证其提供的商品或者服务的实际质量与表明或展示的质量状况相符。

（八）履行“三包”或其他责任的义务

经营者提供商品或者服务，按照国家规定或者与消费者的约定，承担包修、包换、包退或者其他责任的，应当按照国家规定或者约定履行，不得故意拖延或无理拒绝。

（九）不得从事不公平、不合理交易的义务

经营者不得以格式合同、通知、声明、店堂告示等方式作出对消费者不公平、不合理的规定，或者减轻、免除其损害消费者合法权益应当承担的民事责任。格式合同、通知、声明、店堂告示等含有前述所列内容的，其违法内容无效，合同的其余部分仍然有效。

（十）不得侵犯消费者人格权的义务

经营者不得对消费者进行侮辱、诽谤，不得搜查消费者的身体及携带的物品，不得侵犯消费者的人身自由。

四、消费者组织

我国消费者组织的半官方性质较为突出。中国消费者协会于 1985 年 1 月 12 日由国务院正式发文批准成立，并责成各省、自治区、直辖市筹建地方消费者组织。在各级消费协会中，发起组建人为工商行政管理、技术监督、物价、卫生、商检等有关行政部门，其各级会长一般由同级人民代表大会常务委员会或者政府的领导担任，其办事机构一般挂在同级工商行政管理部门，办事机构的编制、工作人员、办公设施等主要由同级工商行政管理部门解决。

《消费者权益保护法》第 36 条规定：消费者协会和其他消费者组织是依法成立的对商品和服务进行社会监督的保护消费者合法权益的社会团体。

消费者协会基本上由工商行政管理、卫生等部门及工会等组织发起设立，经同级人民政府批准，它不同于国家机关，属于半官方的群众性团体；而其他消费者组织大多是消费者自愿组织起来的社会团体，基本上是民间社团组织。总之，消费者组织是非生产经营性的社会团体。1983 年，国际消费者权益组织确定每年的 3 月 15 日为“国际消费者权益日”。1986 年 3 月 15 日，中国消费者协会在北京首次举办国际消费者权益日宣传咨询服务活动。自此，在每年的 3 月 15 日，中国消费者协会及地方消协组织每年都要组织大规模的宣传活动。

五、消费者权益争议的解决

（一）消费者权益争议的解决途径

依据我国《消费者权益保护法》第 39 条的规定，消费者和经营者发生消费者权益争议可以通过下列途径解决：与经营者协商解决；请求消费者协会协调；向有关行政部门申诉；根据与经营者达成的仲裁协议提请仲裁机构仲裁；向人民法院提起诉讼。

（二）损害赔偿责任的承担

当消费者的合法权益受到损害时，消费者可以依法要求经营者承担损害赔偿的责任，包括以下七种情形：

1．消费者在购买、使用商品时，如果合法权益受到损害，可以向销售者要求赔偿。销售者赔偿后，属于生产者的责任或者属于向销售者提供商品的其他销售者的责任，销售者有权向生产者或者其他销售者追偿。

2．消费者或者其他受害人因商品缺陷造成人身、财产损害的，可以向销售者要求赔偿，也可以向生产者要求赔偿。属于生产者责任的，销售者赔偿后，有权向生产者追偿；属于销售者责任的，生产者赔偿后，有权向销售者追偿。

3．消费者在接受服务时，若其合法权益受到损害，消费者可以向服务者要求赔偿。

4．消费者在购买、使用商品或者接受服务时，其合法权益受到损害，若原企业分立、合并，消费者可以向变更后承受其权利义务的企业要求赔偿。

5．使用他人营业执照的违法经营者，若其提供的商品或服务损害了消费者的合法权益，则消费者可以直接向其要求赔偿，也可以向营业执照的持有人要求赔偿。

6．消费者在展销会、租赁柜台或者通过网络交易平台等购买商品或者接受服务，其合法权益受到损害的，可以向销售者或者服务者要求赔偿。展销会结束、柜台租赁期满或者网络交易平台上的销售者、服务者不再利用该平台的，也可以向展销会的举办者、柜台的出租者或者网络交易平台提供者要求赔偿。展销会的举办者、柜台的出租者或者网络交易平台提供者赔偿后，有权向销售者或者服务者追偿。

(7)消费者因经营者利用虚假广告提供商品或者服务，其合法权益受到损害时，可以向经营者要求赔偿。广告的经营者发布虚假广告的，消费者可以请求行政主管部门予以惩处。广告的经营者不能提供经营者的真实名称、地址的，应当承担赔偿责任。广告经营者、发布者设计、制作、发布食品药品等关系消费者生命健康商品或者服务的虚假广告，造成消费者损害的，广告经营者、发布者与提供该商品或者服务的经营者承担连带责任。

课后练习题

一、思考题

1．什么是产品和产品质量？

2．我国《产品质量法》规定的产品质量监督管理有哪些具体的制度？

3．生产者、销售者的产品质量义务有哪些？

4. 简述产品质量的责任。

5. 什么是消费者？消费者享有哪些权利？

二、案例分析

2011 年 2 月 6 日，周森花 1200 元在市电器商场购买了一台家用录像机，使用不到一个月，录像机出现故障，周森找到商场要求维修，可商场包经理声称：“生产厂家已把维修费用返还给保修单上所列的维修单位，而且商场与生产厂家及修理者之间订有合同，明确规定：凡录像机出现质量问题均由用户送交修理者负责维修，商场只是代销单位，不承担三包责任。”由于到维修单位修理距离遥远，周森专程送修很不方便，他应该怎么办?

第九章　票　据　法

重点掌握内容

1. 票据法的概念、票据的概念及作用票据行为

2. 汇票的概念、汇票的出票、汇票的背书、汇票的承兑、汇票的保证、汇票的付款、汇票的追索权汇票和本票的区别

3. 本票的概念

4. 支票的概念

案例导学

刘星担心自己持有的汇票拿不到钱是多余的吗？

案例：刘星的公司和客户签订了一个合同，合同金额为 20 万元。客户提出要用汇票给刘星公司支付货款。公司刚成立不久，这是刘星第一次接触票据，他以前只听说过支票。刘星担心自己持有票据拿不到钱。另外，刘星还欠别人的货款，他想用现在客户给他的汇票来支付这笔货款。

思考：

1. 刘星的担心是多余的吗？他该怎样避免持有票据却得不到支付的风险？你知道在使用票据的过程中应注意哪些主要问题？

2. 票据法规定的票据类型有哪些？票据有哪些功能？

第一节　票据法概述

一、票据法的概念

（一）票据

票据是指出票人依票据法签发的、无条件支付一定金额或委托他人无条件支付一定金额给收款人或持票人的有价证券，具体包括汇票、本票和支票。票据具有如下作用：

1. 支付作用，即票据作为支付手段，代替现金使用，汇票、本票和支票都具有这种作用，这可以避免在商品交换中使用大量现金的风险；

2. 流通作用，即票据可以代替现金来完成商品交换；

3. 信用作用，即商品交换中，交易主体可以利用票据，尤其是商业汇票，进行信用融资。

(二) 票据法

票据法是指规范票据制度及各种票据关系的法律规范的总称。由于票据法是处理经济贸易中有关支付结算的一个特别法，随着国际贸易的发展，不同国家的票据法逐步走向统一。《中华人民共和国票据法》是 1995 年 5 月 10 日第八届全国人民代表大会常务委员会第十三次会议通过，1996 年 1 月 1 日起施行的单行法律。在中华人民共和国境内的票据活动，适用《票据法》。

二、票据行为

票据行为是以发生票据上的债务为目的的法律行为。《票据法》规定的票据行为有：出票、背书、承兑、保证四种。广义的票据行为还包括更改、付款、划线、见票等行为。其中出票是基本行为，其他是附属行为。票据行为具有如下特点：

1. 要式性，具体表现为：任何一种票据行为都必须以书面形式做成，而且每一种票据行为在票据上记载的位置也都是特定的；任何一种票据行为都必须由行为人签名或者盖章；各种票据行为都有一定的格式或款式，即必须以一定的方式记载一定的内容。

2. 无因性，是指票据行为只要具备法律规定的形式即自行产生效力，而不问其基于的原因或基础关系存在与否或是否有效，即票据关系与基础关系在法律上是互相分离的。所以票据成为一种“无因证券”。

3. 独立性，是指若干个行为人在同一票据上各自所为的票据行为，都各自依其在票据上所载文义独立发生效力。票据当事人可以委托其代理人在票据上签章，并应当在票据上表明其代理关系。没有代理权而以代理人名义在票据上签章的，应当由签章人承担票据责任；代理人超越代理权限的，应当就其超越权限的部分承担票据责任。

4. 文义性，是指票据行为的内容完全以票据上记载的文义为准。即使票据上记载的文字与实际不符，仍应以文字记载为准，不允许票据当事人以票据文字以外的事实或证据来对票据上的文字记载作变更或者补充。

第二节 汇票

一、汇票出票

(一) 汇票的概念

汇票是出票人签发的，委托付款人在见票时或者在指定日期无条件支付确定的金额给收款人或者持票人的票据。汇票按出票人划分为银行汇票和商业汇票。商业汇票按承兑人划分商业承兑汇票和银行承兑汇票。汇票特点是：汇票是一种委托他人付款的票据；汇票的出票人仅为签发票据的人，而不是票据的付款人；汇票属于委付证券，而不是自付证券。另外，汇票的到期日具有多样性，汇票的到期日即汇票的付款日期，包括见票即付、定日付款、见票后定期付款、出票后定期付款四种方式。

（二）汇票的出票

出票是指出票人签发票据并将其交付给收款人的票据行为。可以看出，出票包括签发和交付两个行为，缺一不可。在出票时，汇票的出票人必须与付款人具有真实的委托付款关系，并且具有支付汇票金额的可靠资金来源。不得签发无对价的汇票用以骗取银行或者其他票据当事人的资金。

（三）汇票签发的记载事项

汇票必须记载下列七个事项：

1. 标明“汇票”的字样，以此与其他票据相区别；
2. 无条件支付的委托，汇票是委付证券，这种委托必须是无条件的；
3. 确定的金额；
4. 付款人名称；
5. 收款人名称；
6. 出票日期。出票日期对确定汇票到期日具有重要意义。如果汇票是见票即付的，出票日决定着付款指示的时间；如果汇票是在出票日后定日付款，则必须首先确定出票日，才能确定到期日；如果汇票是在见票日后定日付款，则首先必须见票，即以出票日为标准确定提示见票时间，然后才能确定汇票到期日；
7. 出票人签章。这是出票人承担汇票义务的意思表示。若汇票上未记载前款规定事项之一，汇票无效。

相对必要记载事项有：如果汇票上记载付款日期、付款地、出票地等事项，应当清楚、明确。如果汇票上未记载付款日期，则为见票即付。付款日期是汇票权利人行使权利和汇票债务人履行义务的日期，即汇票到期日。因此，付款日期是确定履行汇票义务时间的依据。如果汇票上未记载付款地，则付款人的营业场所、住所或者经常居住地为付款地。如果汇票上未记载出票地，则出票人的营业场所、住所或者经常居住地为出票地。

汇票出票的效力表现为：汇票出票对收款人的效力表现为收款人在接受出票人交付的汇票后，即取得包括付款请求权和追索权在内的票据权利；汇票出票对付款人的效力表现为付款人依法具有承兑人的地位，但并不当然负有付款的义务，只有在其对汇票进行承兑之后，才成为汇票上的主债务人；汇票出票对出票人的效力表现为出票人签发汇票后，即承担保证该汇票承兑和最终付款的责任。

二、背书

（一）背书的概念

背书是指在票据背面或者粘单上记载有关事项并签章的票据行为。持票人可以将汇票权利转让给他人或者将一定的汇票权利授予他人行使。持票人行使这一权利时，应当背书并交付汇票。但出票人在汇票上记载“不得转让”字样时，汇票不得转让。

背书可以分为转让背书和非转让背书。转让背书是指持票人以转让汇票权利为目的而做的背书；非转让背书是指持票人不是以转让汇票权利为目的，而是以授予他人一定的汇票权利为目的而做的背书。其中非转让背书又分为委任背书和设质背书。委托他人代为取款的背书是委任背书，而为担保债务而在汇票上设定质权的背书为设质背书。

(二)转让背书

背书时应记载的事项如下：

1．必要记载事项。背书由背书人签章并记载背书日期。背书未记载日期的，视为在汇票到期日前背书。汇票以背书转让或者以背书将一定的汇票权利授予他人行使时，必须记载被背书人名称。如果票据凭证不能满足背书人记载事项的需要，可以加附粘单，粘附于票据凭证上。但粘单上的第一记载人，应当在汇票和粘单的粘接处签章。

2．任意记载事项。若背书人在汇票上记载“不得转让”字样，而其后手再背书转让，原背书人对后手的被背书人不承担保证责任。

3．不得记载事项。背书不得附有条件。背书附有条件的，所附条件不具有汇票上的效力。将汇票金额的一部分转让的背书或者将汇票金额分别转让给二人以上的背书无效。

4．转让背书的效力。转让背书将产生三种效力：①权利转移效力，即背书后汇票上的一切权利由背书人转移给被背书人，被背书人取代背书人成为汇票权利人；②权利担保效力，是指背书人对被背书人及其后手负有担保承兑和担保付款的责任，即若持票人请求承兑或付款被拒绝时，就可以向背书人行使追索权；③权利证明效力，是指持票人所持汇票上的背书只要具有连续性，票据法就推定其为正当的汇票权利人而享有汇票上的一切权利。

三、承兑

(一)承兑的概念

承兑是指汇票付款人承诺在汇票到期日支付汇票金额的票据行为。由此可知，承兑是出票后的票据行为。汇票必须经过承兑，因为在汇票承兑以前，付款人的付款义务是不确定的，即出票人的出票委托并不能约束付款人的义务。只有付款人同意承兑并签章，汇票上的权利义务关系才最终确定下来。付款人承兑汇票后，应当承担到期付款的责任。

(二)提示承兑

提示承兑是指持票人向付款人出示汇票，并要求付款人承诺付款的行为。定日付款或者出票后定期付款的汇票，持票人应当在汇票到期日前向付款人提示承兑；见票后定期付款的汇票，持票人应当自出票日起 1 个月内向付款人提示承兑。汇票未按照规定期限提示承兑的，持票人丧失对其前手的追索权。见票即付的汇票无需提示承兑，即见票付款的汇票一经提示，付款人就必须付款。

（三）承兑或拒绝承兑

承兑是指付款人在持票人向其提示远期汇票时，在汇票上签名，承诺于汇票到期时付款的行为。具体做法是付款人在汇票正面写明“承兑(Accepted)”字样，注明承兑日期，于签章后交还持票人。付款人一旦对汇票作承兑，即成为承兑人以主债务人的地位承担汇票到期时付款的法律责任。

付款人对向其提示承兑的汇票，应当自收到提示承兑的汇票之日起 3 日内承兑或者拒绝承兑。

持票人向付款人提示，付款人拒绝付款或拒绝承兑，均称拒付。另外，付款人逃匿、死亡或宣告破产，以致持票人无法实现提示，也称拒付。出现拒付，持票人有追索权。即有权向其前手(背书人、出票人)要求偿付汇票金额、利息和其他费用的权利。在追索前必须按规定做成拒绝证书和发出拒付通知。拒绝证书，用以证明持票已进行提示而未获结果，由付款地公证机构出具，也可由付款人自行出具退票理由书，或有关的司法文书。拒付通知用以通知前手关于拒付的事实，使其准备偿付并进行再追索。

（四）承兑记载事项

付款人承兑汇票的，记载事项有签章、承兑文句、承兑日期。

四、保证

（一）保证的概念

汇票的保证是指债务人以外的第三人为担保特定汇票债务人履行债务，以负担同一内容的汇票债务为目的的附属票据行为。《票据法》第 45 条规定，汇票的债务可以由保证人承担保证责任，保证人由汇票债务人以外的他人担当。

（二）保证记载事项

保证人必须在汇票或者粘单上记载下列事项：标明“保证”的字样；保证人名称和住所；保证日期；保证人签章。

（三）保证效力

保证人为汇票保证后，必须承担相应的票据责任。对于被保证的汇票，保证人应当与被保证人对持票人承担连带责任。汇票到期后得不到付款的，持票人有权向保证人请求付款，保证人应当足额付款。

五、付款

（一）付款的概念

付款是指汇票的付款人或其代理人支付汇票金额，以消灭汇票关系的行为。持票人应当按照下列期限提示付款:见票即付的汇票，出票日起 1 个月内向付款人提示付款；定日付款、出票后定期付款或者见票后定期付款的汇票，自到期日起 10 日内向承兑人提示付款。

（二）实际付款

持票人依法提示付款时，付款人必须在当日足额付款。具体操作程序是：若持票人获得付款，应当在汇票上签收，并将汇票交给付款人；若持票人委托银行收款，受委托的银行将代收的汇票金额转账至持票人账户，视同签收。付款人依法足额付款后，全体汇票债务人的责任解除。

六、追索权

（一）追索权的概念

汇票追索权是指持票人在汇票到期不获付款或期前不获承兑或有其他法定的原因时，在依法行使或保全汇票权利后，向其前手请求偿还汇票金额、利息及其他法定款项的一种票据权利。持票人只有行使第一次权利未获实现时才能行使第二次权利。

（二）当事人及法律关系

当事人包括追索权人和被追索人。对追索时的法律关系，票据法规定，汇票的出票人、背书人、承兑人和保证人对持票人承担连带责任。持票人可以不按照汇票债务人的先后顺序，对其中任何一人、数人或者全体行使追索权。持票人对汇票债务人中的一人或者数人已经进行追索的，对其他汇票债务人仍可以进行追索权。被追索人清偿债务后，与持票人享有同一权利。持票人为出票人的，对其前手无追索权。持票人为背书人的，对其后手无追索权。

（三）追索金额

持票人行使追索权，可以请求被追索人支付下列金额和费用：被拒绝付款的汇票金额；汇票金额自到期日或者提示付款日起至清偿日止，按照中国人民银行规定的利率计算的利息；取得有关拒绝证明和发出通知书的费用。

被追索人清偿债务时，持票人应当交出汇票和有关拒绝证明，并出具所收到利息和费用的证据。被追索人依法清偿后，可以向其他汇票债务人行使再追索权。被追索人清偿债务后，其责任解除。

第三节 本票

一、本票的概念

本票是出票人签发的，承诺自己在见票时无条件支付确定的金额给收款人或者持票人的票据。由此可知，本票是由出票人自己对付款人支付并承担绝对付款责任的票据，这是区别于汇票和支票的本质所在。因此本票只存在两方当事人：出票人和持票人。同时我国《票据法》规定的本票是见票即付本票。

二、出票

出票是指出票人签发票据并交付给收款人的基本票据行为。本票的出票人必须具有支付本票金额的可靠资金来源，并保证支付。本票必须记载下列事项：标明“本票”字样；无条件支付的承诺；确定的金额；收款人名称；出票日期；出票人签章。

本票上未记载前款规定事项之一的，本票无效。

本票相对必须记载下列事项：本票上记载付款地、出票地等事项的，应当清楚、明确；本票上未记载付款地的，出票人的营业场所为付款地；本票上未记载出票地的，出票人的营业场所为出票地。

三、出票效力

本票的出票人在持票人提示见票时，必须承担付款责任。本票自出票日起，付款期限最长不得超过 2 个月。本票的持票人未按照规定期限提示见票的，丧失对出票人以外的前手的追索权。

此外，出票行为、本票的背书、保证、付款行为和追索权的行使，除另有规定外，适用有关汇票的规定。

四、本票和汇票的区别

本票是出票人自己付款的承诺，汇票是出票人要求他人付款的委托或指示；本票无需承兑，见票后定期付款的本票也无需承兑，汇票除见票即付的汇票外均应当承兑；本票的出票人始终是第一债务人，汇票在承兑以前不存在第一债务人，在承兑后付款人为第一债务人。我国本票只有银行本票，汇票则有银行汇票和商业汇票两种。

第四节 支票

一、支票的概念

支票是出票人签发的，委托办理支票存款业务的银行或者其他金融机构在见票时无条件支付确定的金额给收款人或者持票人的票据。由此可见,支票的付款人只限于银行或者其他金融机构，而且支票是见票即付票据；另外，支票的出票人所签发的支票金额不得超过其付款时在付款人处实有的存款金额。出票人签发的支票金额超过其付款时在付款人处实有的存款金额的，是空头支票。禁止签发空头支票。支票分为现金支票、转账支票、普通支票三种。

1．现金支票只能用于支取现金，它可以由存款人签发用于到银行为本单位提取现金，也可以签发给其他单位和个人用来办理结算或者委托银行代为支付现金给收款人；

2．转账支票只能用于转账，它适用于存款人给同一城市范围内的收款单位划转款项，以办理商品交易、劳务供应、清偿债务和其他往来款项结算；

3．普通支票可以用于支取现金，也可以用于转账。但在普通支票左上角划两条平行线的，为划线支票，只能用于转账，不能支取现金。

二、出票

支票的出票是指出票人签发票据，并将票据交付给收款人的票据行为。汇票的出票是出票人委托付款人支付一定金额的票据行为，本票的出票是指出票人表示自己承担支付本票金额债务的票据行为，而支票的出票则是指出票人委托银行或其他金融机构无条件向持票人支付一定金额的票据行为。我国《票据法》规定，出票必须具备下列三个条件：

1．签发支票的出票人必须与付款人之间存在资金关系。开立支票存款账户，申请人必须使用其本名，并提交证明其身份的合法证件。开立支票存款账户和领用支票，应当有可靠的资信，并存入一定的资金，申请人应当预留其本名的签名式样和印鉴。

2．支票的出票人所签发的支票金额不得超过其付款时在付款人处实有的存款金额。出票人签发的支票金额超过其付款时在付款人处实有的存款金额的，是空头支票。禁止签发空头支票。

3．支票的出票人不得签发与其预留本名的签名式样或者印鉴不符的支票。

支票必须记载下列事项：标明“支票”字样；无条件支付的委托；确定的金额；付款人名称；出票日期；出票人签章。

支票上未记载前款规定事项之一的，支票无效。此外，支票上的金额可以由出票人授权补记，未补记前的支票，不得使用。

三、出票的效力

出票效力是指出票人签发支票后，出票人、收款人、付款人所承担的责任或权利。《票据法》规定：出票人必须按照签发的支票金额承担保证向该持票人付款的责任；出票人在付款人处的存款足以支付支票金额时，付款人应当在当日足额付款。

支票的背书、付款行为和追索权的行使，除规定外，适用有关汇票的规定。支票的出票行为，除另有规定外，适用关于汇票的规定。

四、支票与汇票的区别

1．支票的付款人限于银行或者其他金融机构，而汇票的付款人没有此限制；

2．支票没有主债务人，而汇票在承兑前没有主债务人，承兑后付款人为主债务人；

3．支票出票时，出票人与付款人之间必须存在资金关系，而汇票则无此要求；

4．支票出票人承担担保付款责任，汇票的出票人负有担保承兑和担保付款责任；

5．支票是见票即付票据，无到期日；

6．支票无承兑制度，汇票有承兑制度。

课后练习题

一、思考题

1. 什么是票据？什么是票据行为？
2. 什么是汇票？《票据法》关于汇票有哪些法律规定？
3. 什么是本票？《票据法》关于本票有哪些法律规定？
4. 什么是支票？《票据法》关于支票有哪些法律规定？

二、案例分析

2011 年 1 月，湖南天易公司与福建华茂发展公司签订了名为联营实质上是借贷性质的《联营合同》，约定华茂公司向天易公司借款人民币 500 万元，湖南交通银行衡阳某分行(下简称为交行)对该借款作担保并给天易公司出具了担保书。之后，天易公司签发了以浙江某服装厂为收款人，到期日为 2011 年 8 月底的 500 万元商业汇票一张，还同该厂签订了虚假的《购销合同》，将该汇票与合同一并提交给农业银行某县支行(下简称为农行)请求承兑，双方签订了《委托承兑商业汇票协议》。天易公司告知农行拟使用贴现的方式取得资金，并承诺把该汇票的贴现款项大部分汇回该行，由该行控制使用。其后，该农行承兑了此汇票。而后收款人浙江某服装厂持票到建设银行浙江某分行贴现，并将贴现所得现款以退货款形式退回给天易公司，后者则按《联营协议》的约定，将此款项全部借给华茂发展公司。汇票到期后农行以受天易公司等诈骗为理由拒绝付款给贴现行，而当天易公司要求华茂发展公司及交行归还借款时，该行则以出借方签发汇票套取资金用于借贷不合法为由，拒绝承担保证人责任。请问:

1. 此案中哪些属于票据关系?
2. 此案中有哪几种非票据关系?
3. 农行和交行的理由能否成立?为什么?

第十章　税收法律制度

重点掌握内容

1. 税法的构成要素
2. 增值税法的基本内容、消费税法的基本内容、营业税的基本问题、所得税法的基本内容
3. 税务登记、税款征收

案例导学

你了解税收吗?

大学生小李在进入大学之前，每个公民都有依法纳税的义务，也听说过税法，但不知道国家的税收是怎么收入国库的？不清楚税收与税法之间有什么区别与联系，也不了解自己大学毕业以后进入社会会具体承担哪些纳税义务等等。带着这些问题，我们和您及小李同学一起进入本项目的学习。

思考：你在商场买了一件衣服，价格里有税吗?

第一节　税法概述

一、税收的概念

税收是国家为了实现其职能，凭借政治权利，按照法律规定的标准和程序，无偿地、强制性地取得财政收入的一种特定分配方式，是国家财政收入的最基本形式和调节经济的重要杠杆。同国家取得财政收入的其他方式相比，税收具有强制性、无偿性和固定性的特征。

二、税法的概念

税法是调整税收关系的法律规范的总称。税法调整的税收关系主要包括三个基本方

面：一是税收征纳关系，即国家税务机关向纳税人无偿征收货币或实物而形成的法律关系。大致包括流转税法律关系、所得税法律关系、财产税法律关系、行为税法律关系、资源税法律关系等；二是国家权力机关与其授权的行政机关之间，中央与地方之间因税收管理权限而形成的关系；三是征税纳税程序关系。如税务登记程序关系、纳税申报程序关系等。

三、税法的构成要素

（一）纳税主体

纳税主体又称纳税义务人，是指税法规定的直接负有纳税义务的社会组织和个人。每个税种都有明确的纳税义务人。纳税义务人可以是自然人、也可以是法人和其他社会组织。

（二）征税对象

征税对象又称征税客体，即对什么征税。每一种税法都规定了明确而具体的征税对象。根据征税对象的不同，税收可分为流转税类、所得税类、财产税类、行为税类、资源税类。

（三）税目

税目是征税对象的具体化，是一个税种在税法中具体规定应当纳税的项目，反映了具体的征税范围。制定税目的基本方法一般有两种：一是列举法，即按照每种商品或经营项目分别设置税目，必要时还可以在一个税目下设若干子目；二是概括法，即把性质相近的产品或项目归类设置税目。

（四）税率

税率是纳税额与征税对象之间的比例，是计算税额的尺度。我国现行的税率有三种：比例税率、累进税率、定额税率。比例税率是不分征税对象的大小，只限定一个比例的税率。累进税率是随课税对象数额增大而提高的税率。累进税率根据划分级距的标准不同和累进方式的不同又可分为全额累进税率、超额累进税率和超率累进税率。全额累进税率，是对征税对象的全部数额都按照与之相适应的等级税率征税，我国现行税法不采用这种税率。超额累进税率，是根据征税对象数额的不同级距规定不同的税率，对同一纳税人按照不同的等级税率征税。我国的个人所得税即采用这种税率。超率累进税率，是把纳税客体的一定数额作为一个计税基数，以此基数为一倍，按不同超倍数额采用不同的累进税率计征。我国土地增值税即采用此种税率。定额税率，又称固定税额，是按单位征税对象直接固定税额的一种税率形式，一般适用于从量计征的税种，如车船使用税、资源税等。

四、纳税环节

纳税环节是指在商品生产和流转过程中的应当交纳税款的环节。商品流转一般要经过生产、采购、批发、零售等若干环节，具体确定在哪个环节应当缴纳税款，则该环节为纳税环节。

五、纳税期限

纳税期限是指纳税单位和个人交纳税款的期限。纳税期限可分为两种：一是按期纳税，二是按次纳税。纳税人不按纳税期限缴纳税款的，应依法加收滞纳金并补缴税款。

六、税收优惠

税收优惠是指国家为了体现鼓励和扶持政策，在税收方面采取的激励和照顾措施。我国税法规定的税收优惠形式主要有减税、免税、退税、投资抵免、快速折旧、亏损结转抵补和延期纳税等。

七、法律责任

法律责任是税法规定的纳税人和征税工作人员违反税法规范应当承担的法律后果，是规定对纳税人和征税工作人员违反税法的行为采取的惩罚措施。主要包括：加收滞纳金、处以罚款、罚没并处、税收保全措施、强制执行措施、提请司法机关处理等。

第二节 税法的主要内容

一、流转税法律制度

流转税是以商品流转额和非商品（劳务）的流转额为征税对象的税。商品流转额是指在商品交换过程中，因销售或购进商品而支出的数额。流转税的种类主要有增值税、消费税、营业税、关税等。

（一）营业税改增值税

1．营业税改增值税的概述

2016 年 3 月 24 日下午，财政部和国税总局下发通知，经国务院批准，自 2016 年 5 月 1 日起，在全国范围内全面推开营业税改征增值税试点，建筑业、房地产业、金融业、生活服务业等全部营业税纳税人纳入试点范围，由缴纳营业税改为缴纳增值税。

营业税改征增值税（以下简称营改增）是指以前缴纳营业税的应税项目改成缴纳增值税，增值税只对产品或者服务的增值部分纳税，减少了重复纳税的环节，是党中央、国务院，根据经济社会发展新形势，从深化改革的总体部署出发作出的重要决策，目的是加快财税体制改革、进一步减轻企业赋税，调动各方积极性，促进服务业尤其是科技等高端服务业的发展，促进产业和消费升级、培育新动能、深化供给侧结构性改革。

营业税和增值税，是我国两大主体税种。营改增在全国的推开，大致经历了以下三个阶段。2011 年，经国务院批准，财政部、国家税务总局联合下发营业税改增值税试点方案。从 2012 年 1 月 1 日起，在上海交通运输业和部分现代服务业开展营业税改征增值税试点。自 2012 年 8 月 1 日起至年底，国务院将扩大营改增试点至 8 省市；2013 年 8 月 1 日，“营改增”范围已推广到全国试行，将广播影视服务业纳入试点范围。2014 年 1 月 1 日起，将铁路运输和邮政服务业纳入营业税改征增值税试点，至此交通运输业已全部纳入营改增范围；2016 年 3 月 18 日召开的国务院常务会议决定，自 2016 年 5 月 1 日起，中国将全面推开营改增试点，将建筑业、房地产业、金融业、生活服务业全部纳入营改增试点，至此，营业税退出历史舞台，增值税制度将更加规范。这是自 1994 年分税制改革以来，财税体制的又一次深刻变革。

2. 营业税改增值税的征收范围与税率

(1)征收范围

营业税改增值税主要涉及的范围是交通运输业以及部分现代服务业；

交通运输业包括：陆路运输、水路运输、航空运输、管道运输。

现代服务业包括：研发和技术服务、信息技术服务、文化创意服务、物流辅助服务、有形动产租赁服务、鉴证咨询服务。

(2)营业税改增值税税率

① 改革之后，原来缴纳营业税的改交增值税，增值税增加两档低税率 6%(现代服务业)和 11%(交通运输业)。营业税改增值税主要涉及范围：交通运输业和部分现代服务业，交通运输业包括：陆路运输、水路运输、航空运输、管道运输。现代服务业包括：研发和技术服务、信息技术服务、文化创意服务、物流辅助服务、有形动产租赁服务、鉴证咨询服务。

营业税是按收入全额计算缴纳税金的，改成增值税之后，可以扣除一些成本及费用，实际上可以降低税负。

总体税负不增加或略有下降。对现行征收增值税的行业而言，无论在上海还是其他地区，由于向试点纳税人购买应税服务的进项税额可以得到抵扣，税负也将相应下降。12 万户试点企业中，对 3.5 万户一般纳税人而言，由于引入增值税抵扣，与原营业税全额征收相比，税负会有所减少甚至大幅降低；对 8.5 万户小规模纳税人而言，营业税改增值税后，实行 3%的征收率，较原先营业税率要低 2 个百分点。改革的确存在个别企业税负增加的情况。

② 税率

营业税改增值税 新增两档按照试点行业营业税实际税负测算，陆路运输、水路运输、航空运输等交通运输业转换的增值税税率水平基本在 11%-15%之间，研发和技术服务、信息技术、文化创意、物流辅助、鉴证咨询服务等现代服务业基本在 6%-10%之间。为使试点行业总体税负不增加，改革试点选择了 11%和 6%两档低税率，分别适用于交通运输业和部分现代服务业。

③ 广告代理业在营业税改增值税范围内，税率为 6%。

广告服务，指的是利用图书、报纸、杂志、广播、电视、电影、幻灯、路牌、招贴、橱窗、霓虹灯、灯箱、互联网等各种形式作为客户的商品、经营服务项目、文体节目或者是通告、声明等委托事项进行宣传以及提供相关服务的业务活动。包括广告的策划、设计、制作、发布、播映、宣传、展示等。

3. 营改增的特点

营改增的最大特点是减少重复征税，可以促使社会形成更好的良性循环，有利于企业降低税负。营改增可以说是一种减税的政策。在当前经济下行压力较大的情况下，全面实施营改增，可以促进有效投资带动供给，以供给带动需求。对企业来讲，如果提高了盈利能力，就有可能进一步推进转型发展。每个个体企业的转型升级，无疑将实现产业乃至整个经济体的结构性改革，这也是推动结构性改革尤其是供给侧结构性改革和积极财政政策的重要内容。

“营改增”最大的变化，就是避免了营业税重复征税、不能抵扣、不能退税的弊端，实现了增值税“道道征税，层层抵扣”的目的，能有效降低企业税负。更重要的是，“营改增”改变了市场经济交往中的价格体系，把营业税的“价内税”变成了增值税的“价外税”，形成了增值税进项和销项的抵扣关系，这将从深层次上影响到产业结构的调整及企业的内部架构。角度、多层次诠释此次税改政策，帮助试点企业即刻分析，掌握新规，应对新规。

增值税是以商品生产流通和劳务服务各个环节的增值额为征税对象的一种流转税。

1. 纳税主体

增值税的纳税主体是在我国境内销售货物或者提供加工、修理修配劳务以及进口货物的单位和个人。出于征税管理的需要，税法将纳税人分为小规模纳税人和一般纳税人。小规模纳税人是指：①以从事货物生产或提供劳务为主的纳税人，年应征增值税销售额在100万元以下的；②从事货物批发或零售的纳税人，年应税销售额在180万元以下的。年应税销售额超过上述标准的个人、非企业性单位，不经常发生应税行为的企业，视为小规模纳税人。

2. 税率

增值税率分为基本税率17%、低税率13%和零税率三种。适用低税率的产品主要是与生活紧密相关的必需品。包括：粮食、食用植物油；自来水、暖气、冷气、热水、煤气、石油液化气、天然气、居民用煤制品；图书、杂志、报纸；饲料、化肥、农药、农机、农膜；国务院规定的其他货物。除此之外的其他应税产品和劳务均适用基本税率。零税率适用于出口产品(即产品报关出口后退还全部税款)。

3. 计税方法

(1)一般纳税人。对一般纳税人实行根据增值税专用发票上注明的税款抵扣制度,即以商品销售额为计税依据，同时允许从税额中扣除上一道环节已经缴纳的税款，以实现按增值税因素征税的原则。其计算公式为：

应纳税额=当期销项税额-当期进项税额

销项税额=销售额×税率

因当期销项税额小于当期进项税额不足抵扣时，其不足部分可以结转下期继续抵扣。

(2)小规模纳税人。小规模纳税人应纳增值税额采取简单方法计算。应纳税额=销售额×征收率6%或4%。因销货退回或折让退还给购买方的销售额，应从销货退回或折让当期的销售额中扣减。

进口货物，按照组成计税价格和税率计算应纳税额，不得抵扣任何税额。

组成计税价格=关税完税价格+关税+消费税

应纳税额=组成计税价格×税率

4. 纳税义务履行的时间

销售货物或提供应税劳务的，为收讫销售款或者取得索取销售凭据的当天；进口货物，为报关进口的当天。

5. 减免税

增值税减免项目都由国务院规定。免税项目有：农业生产者销售的自产农产品；避孕用品；古旧图书；直接用于科学研究、科学实验和教学的进口仪器、设备；外国政府、国际组织无偿援助的进口物资和设备等。

（二）消费税法律制度

消费税是对特定的消费品和消费行为征收的一种流转税。它根据不同消费品的种类、档次、结构、功能等情况，制定不同的税率。消费税税负最终将转嫁到消费者身上，由消费者负担。

1. 纳税主体

消费税的纳税人是在中华人民共和国境内生产、委托加工和进口《消费税暂行条例》规定的消费品的单位和个人。

2. 征税对象和税目

消费税征收对象是生产、委托加工和进口的应税消费品的销售额或销售数量。《消费税暂行条例》附有一个税目税率（税额）表，将消费税分为 11 个税目、13 个子税目。税目有烟、酒、化妆品、护肤护发品、贵重首饰及珠宝宝石、鞭炮焰火、汽油、柴油、汽车轮胎、摩托车和小汽车等。

3. 税率

消费税税率采用比例税率和定额税率两种，根据不同应税消费品的种类、档次、结构、功能以及供求、价格等情况，实行高低不同的税率、税额。比例税率最低为 3%（如小排量汽车），最高为 45%（如甲类卷烟）。对黄酒、啤酒、汽油、柴油等实行定额税率。

4. 应纳税额计算

实行从价定率办法计算的应纳税额=销售额×税率

实行从量定额办法计算的应纳税额=销售数量×单位税额

自产自用应税消费品的应纳税额=按纳税人生产的同类消费品的销售价格确定的销售额×税率（或销售数量×单位税额）

进口应税消费品的应纳税额=组成计税价格×税率

5. 纳税时间

消费税的纳税期限分别为 1 日、3 日、5 日、10 日、15 日或者一个月。进口应税消费品的，自海关填发税款缴纳征收凭证的次日起 7 日内缴纳税款。

（三）营业税法律制度

营业税是对经营《中华人民共和国营业税暂行条例》所规定的应税劳务、转让无形资产或者销售不动产的营业额征收的一种流转税。营业税征税范围广、税负低而均衡。

1. 纳税主体

凡在我国境内提供应税劳务、转让无形资产或者销售不动产的单位和个人，均为营业税的纳税义务人。

2. 税目和税率

营业税共设 9 个税目：交通运输业、建筑业、金融业、邮电通讯业、文化体育业、娱乐业、服务业、转让无形资产和销售不动产。营业税全部税目只有3档税率：娱乐业适用5%—20%的税率，由省、市、自治区人民政府在该幅度范围内具体确定；转让无形资产、销售不动产和服务业的税率为5%；其他税率为3%。对《营业税暂行条例》规定的相关项目免征营业税。

3. 应纳税额的计算

营业税的计税依据为提供劳务或销售商品的收入。

$$应纳税额=销售额\times税率$$

4. 纳税义务发生的时间

营业税的纳税义务发生的时间，为纳税人收讫营业收入款项或者取得营业收入款项凭据的当天。

（四）关税法律制度

关税是对进出国境的货物和物品所征收的一种税。关税分为进口税和出口税。

1. 纳税主体

关税的纳税主体是进口货物的收货人、出口货物的发货人和进境物品的所有人。

2. 征税客体和税目

关税的征税客体是进出国境的货物或物品。所谓货物是贸易性物品；物品是指入境旅客随身携带的行李和物品、个人邮递物品、各种运输工具上的服务人员携带进口和自用的物品、馈赠物和以其他方式进出我国关境的个人物品。2003年《海关进出口税则》规定我国进出口税则共计7445个税目。

3. 税率

关税税率分为进口税率和出口税率两类。在进口税率中，分别设置最惠国税率、协定税率、特惠税率、普通税率、关税配额税率、报复性税率等税率。对进出口地货物，在一定期限内可以实行暂定税率。

4. 应纳税额计算

关税的计税依据是完税价格。进口货物以海关审定的成交价格为基础的到岸价格为完税价格。出口货物以海关审定的货物离岸价格、扣除出口关税后为完税价格。进出口货物的成交价格不能确定的，由海关与纳税义务人协商后，估定该货物的完税价格。

$$从价计征的应纳税额=完税价格\times关税税率$$

$$从量计征的应纳税额=货物数量\times单位税率$$

5. 纳税期限和地点

进口货物的纳税义务人应当自运输工具申报进境之日起14日内，出口货物的纳税义务人除海关特准的外，应当在货物运抵海关监管区后、装货的24小时以前，向货物出入境地海关申报纳税。纳税义务人应当自海关填发税款缴纳书之日起15日内向指定银行缴纳税款。

二、所得税法

所得税又称收益税，是以纳税人的收益额为征税对象的税。所得税是按纳税人的负担能力来确定税收负担，税负不能转嫁，体现了国家对社会成员收入水平的调节。所得税一般采用按年所得额征税、分期预缴、年终汇算清缴。我国现行所得税法主要由《企业所得税暂行条例》、《个人所得税法》、《外商投资企业和外国企业所得税法》构成，所得税的种类有企业所得税、外商投资企业和外国企业所得税、个人所得税以及农牧业税。

（一）企业所得税

企业所得税是指对中国境内内资企业，就其生产、经营的纯收益、所得额和其他所得额征收的一种税。

1. 纳税主体

纳税主体为在中国境内实行独立经济核算的内资企业或其他组织。具体包括：国有企业、集体企业、私营企业、联营企业、股份制企业和有生产、经营所得和其他所得的其他组织。

2. 征税对象

征税对象为纳税人每一年度的收入总额减去准予扣除的成本、费用和损失后的余额，纳税人的收入总额包括：生产、经营收入，财产转让收入，利息收入，租赁收入，特许权使用费收入，股息收入，其他收入。准予扣除的项目包括：纳税人在生产经营期间，向金融机构借款的利息支出，按照实际发生数扣除；向非金融机构借款的利息支出，不高于按照金融机构同类、同期贷款利率计算的金额部分，准予扣除；纳税人支付给职工的工资，按照计税工资扣除；纳税人的职工工会经费、职工福利费、教育费，分别按照计税工资总额的2%、14%、15%计算扣除；纳税人用于公益、救济性的捐款、在年度应纳税所得额3%以内的部分准予扣除。

3. 税率

《中华人民共和国企业所得税法》规定，企业所得税税率为25%。非居民企业所得税税率为20%。符合条件的小型微利企业，减按20%的税率征收企业所得税；国家重点扶持的高新技术企业，减按15%的税率征收企业所得税。

4. 应纳企业所得税额的计算

$$\text{应纳税额}=\text{应纳税所得额}\times\text{适用税率}$$

$$\text{应纳税所得额}=\text{年收入总额}-\text{减免和抵免的税额}$$

（二）个人所得税

个人所得税，是指对个人（自然人）取得的各项应税所得额征收的一种税。

1. 纳税主体

居民纳税人，是指在中国境内有住所或者无住所，而在境内居住满一年的公民，从中国境内和境外取得的所得，均应依法缴纳个人所得税。非居民纳税人，是指在中国境内无住所又不居住，或无住所而在境内居住不满一年的人，只对从中国境内取得的所得，缴纳个人所得税。

2. 征税对象

个人所得税的征税对象为：工资、薪金所得；个体工商户的生产、经营所得；对企事业单位的承包经营、承租经营所得；劳务报酬所得；稿酬所得；特许权使用费所得；利息、股息、红利所得；财产租赁所得；财产转让所得；偶然所得；经国务院财政部门确定征税的其他所得。

3. 个人所得税税率

(1) 工资、薪金所得，适用3%-45%超额累计税率。

2011年9月1日起调整后，现在实行的是7级超额累进税率，个人所得税的免征额为3500元。见下表：

级数	全月应纳税所得额	全月应纳税所得额（不含税级距）	税率	速算扣除数
1	不超过1,500元	不超过1455元的	3%	0
2	超过1,500元至4,500元的部分	超过1455元至4155元的部分	10%	105
3	超过4,500元至9,000元的部分	超过4155元至7755元的部分	20%	555
4	超过9,000元至35,000元的部分	超过7755元至27255元的部分	25%	1005
5	超过35,000元至55,000元的部分	超过27255元至41255元的部分	30%	2755
6	超过55,000元至80,000元的部分	超过41255元至57505元的部分	35%	5505
7	超过80,000元的部分	超过57505元的部分	45%	13505

(2) 个体工商户的生产、经营所得和对企事业单位的承包经营、承租经营所得，适用5%-35的超额累进税率。见下表：

级数	全年应纳税所得额	税率	速算扣除数
1	不超过15000元的	5%	0
2	超过15000元至30,000元的部分	10%	750
3	超过30,000元至60,000元的部分	20%	3750
4	超过60,000元至100,000元的部分	30%	9750
5	超过100,000元的部分	35%	14750

(3) 稿酬所得，适用20%的比例税率，并按应纳税额减征30%，稿酬所得每次收入不超过4000元人民币的，减除费用800元，4000元以上的，减除20%的费用后的余额为应纳税所得额。

(4) 劳务报酬所得，适用20%的比例税率，对劳务报酬所得每次收入不超过4000元人民币的，减除费用800元。4000元以上的，减除20%的费用后的余额为应纳税所得额。对劳务报酬所得畸高的，可以实行加成征收，具体办法由国务院规定。收入畸高是指个人一次取得超过20 000元以上的劳务报酬。

(5) 利息、股息、红利所得、偶然所得和其他所得，以每次收入额为应纳税所得额，适用20%的比例税率。

4. 减免税

有下列情形之一的，经批准可以减税：残疾、孤老人员和烈属的所得；因严重自然灾害造成重大损失的；其他经国务院财政部门批准减税的。

下列各项个人所得免税：省级政府、国务院各部委和中国人民解放军军级以上单位，以及外国组织、国际组织颁发的科学、教育、技术、文化、卫生、体育、环境保护等方面的奖金；特种储蓄存款利息，国债和国家发行的金融债券利息；按照国家统一规定发给的补贴、津贴；福利费、抚恤金、救济金；保险赔款；军人转业费、复员费；职工的安家费、离职费、离退休工资、退休生活补助费等。

三、财产税

(一)房产税

房产税是以房产为征税对象，按照房产的计税价值或房产租金收入向产权所有人征收的一种税。房产税的课税对象为城市、县城、建制镇和工矿区的房产，不包括农村的房产。房产税以房产的计税价值或房产的租金收入为计税依据，其中房产的计税价值为房产原值一次减除10%—30%后的余额。我国现行房产税实行比例税率。房产税的税率有两种形式：

1. 从价计征，税率为12%；依照房产余额缴纳。

应纳税额=房产原值×(1-扣除率)×12%

2. 从租计征，税率为12%；依照房产租金收入计算缴纳；对个人按照市场价格出租的房屋，用于居住的，可暂减按4%税率征收房产税。

应纳税额=房产全年租金收入×12%

(二)城镇土地使用税

城镇土地使用税是国家在城市、县城、建制镇和工矿区范围内，对使用土地的单位和个人，以其实际占用的土地面积为计税依据，按照规定的税额计算征收的一种税。城镇土地使用税税率采用分类分级的幅度定额税率，城镇土地使用税每平方米年税额为：大城市1.5～30元；中等城市1.2～24元；小城市0.9～18元；县城、建制镇、工矿区0.6～12元。

四、资源税

资源税是以各种自然资源及其级差收入为课税对象的一种税。资源税的征收原则上以开采者取得的原料产品或自然资源的初级产品为征收范围，不包括经过加工的产品。具体包括：原油、天然气、煤炭、其他非金属矿原矿、固体盐。凡在中华人民共和国境内开采上述应征税的矿产品或生产盐的单位和个人，均为资源税的纳税人。

资源税的税目按照不同性质的资源确定了7个税目，即原油、天然气、煤炭、其他非金属矿原矿；黑色金属矿原矿、有色金属矿原矿、盐。盐税目下还设置了固体盐、液体盐两个子税目。

资源税实行定额幅度税率，即按照开采或生产应税产品的课税数量，规定有上下限幅度的单位税额。纳税人开采或生产不同税目应税产品的，应当分别核算不同的税目应税产品的课税数量；未分别核算或者不能准确提供不同税目应税产品的课税数量的，从高适用税额。

应纳税额=课税数量×单位税额

五、行为税

(一)契税

契税是指不动产(土地、房屋)产权发生转移变动时，以其价值或交换差价为征税对象，对承受该权属的单位和个人所征收的一种税。契税征税范围具体包括：国有土地使用权出让；土地使用权转让；房屋买卖；房屋赠与；房屋交换。国有土地使用权出让、土地使用权出售、房屋买卖，为成交价格；土地使用权赠与、房屋赠与，由征收机关参照土地使用权出售、房屋买卖的市场价格核定；土地使用权交换、房屋交换，为所交换的土地使用权、房屋的价格的差额。成交价格明显低于市场价格并且不正当理由的，或者所交换土地使用权，房屋的价格的差额明显不合理并且不正当理由的，由征收机关参照市场价格核定。

《契税暂行条例》规定，契税税率为 3%-5%，由省级人民政府在此幅度内按照本地区的实际情况确定，报财政部和国家税务总局备案。

应纳税额=计税依据×税率

（二）印花税

印花税是对经济活动中和经济交往中书立或受领的应税凭证而征收的一种税。因为购买并粘贴印花的形式缴纳而得名。其特点是征税面广、清税重罚。印花税的纳税义务人是在我国境内书立、领受应税凭证的单位和个人。同一凭证由两个或两个以上当事人书立的，各方应就其所执的一份分别全额贴花。印花税的征税范围包括合同、产权转移书据、营业账簿、权利、许可证照和经财政部确定征税的其他凭证。

印花税的税率分为从价比例税率和按件定额税率两种。对合同、记载资金的账簿和产权转移数据，按金额比例贴花；对权利、许可证照和其他营业账簿按件每件贴花 5 元。其中，比例税率分为千分之一、万分之五、万分之三、万分之零点五和万分之零点三等五档。

从价定率征收：应纳税额=凭证所载应税金额×适用税率

从量定额征收：应纳税额=应税凭证件数×适用单位税额

（三）车船使用税

车船使用税是指在我国境内，依法在车辆、船舶管理部门登记并使用的车船，由车船使用地政府部门或税务主管部门根据实际情况确定车船使用税范围和税额幅度，并由地方税务机关负责征收的一种税金。车船使用税的纳税主体是在我国境内，车辆、船舶的所有人或者管理者、使用人。车船使用税的适用税额依照《车船使用税暂行条例》的规定税目执行。

第三节　税收征收管理法

一、税收征收管理机关

我国的税收征收管理机关包括税务机关、地方财政局和海关。国家税务局是国务院主管国家税收工作的职能机构。根据分税制财政管理体制的需要，省级以下税务机构分为国家税务局和地方税务局两个系统。各级国税局、地税局负责除由地方财政局和海关负责征收的各种税收的征管工作。

国家税务机关主要负责下列税种的征收和管理：增值税；消费税；中央企业所得税；铁路、保险总公司、各银行及其金融企业的营业税、所得税；资源税；外商投资企业和外国企业的各项税收及外籍人员缴纳的个人所得税；证券交易税。

地方税务系统主要负责下列税种的征收和管理：营业税；个人所得税；城市建设维护税；资源税；地方企业所得税；城镇土地使用税；按地方营业税附征的教育税附加；各种行为税等。

地方财政局目前主要负责下列税种的征收和管理：农业税、农林特产税；牧业税；耕地占用税；契税。海关主要负责关税的征收和管理。

二、税务管理制度

税务管理包括税务登记管理、账簿、凭证管理和纳税申报管理三个部分。

(一)税务登记

税务登记又称纳税登记，是指纳税人向税务机关办理书面登记的法定手续。凡税法规定应当纳税的纳税义务人，都必须在领取营业执照之日起 30 日内，持有关证件向当地税务机关申请办理税务登记，税务机关应当自收到申报资料起 30 日内审核并发给税务登记证。工商行政主管机关应当将办理登记注册、合法营业执照的情况定期向税务机关通报。从事生产、经营的纳税人应当按照国家有关规定，持税务登记证，在银行或者其他金融机构开立基本存款账户和其他存款账户，并将全部账号向税务机关报告。

(二)账簿、凭证管理

纳税人必须按照国家财务会计法规和税务机关的要求，建立健全财务会计制度，办理纳税事项，按规定完整地保存账簿、记账凭证、完税凭证等纳税资料。发票必须由国务院税务主管部门以及省、自治区、直辖市人民政府税务机关指定的企业印制，未经县级或县级以上税务机关批准，任何单位、个人都不得自行印制、发售或承印发票。单位、个人在购销商品、提供或者接受经营服务以及从事其他经营活动中，应当按照规定开具、使用、取得发票。

(三)纳税申报

纳税申报，是指纳税人或者扣缴义务人必须在法定期限内向税务机关报送纳税申报表、财务会计报表、代扣代缴、代收代缴税务报告表以及税务机关根据实际需要要求纳税人和扣缴义务人报送其他有关资料的法律行为。纳税人、扣缴义务人可以直接到税务机关办理纳税申报或者报送报告表，也可以按照规定采取邮寄、数据电文或者其他方式办理申报、报送事项。需要延期申报的，必须报告主管税务机关，由主管税务机关重新核定纳税额。延期办理纳税申报的，应当在纳税期内按照上期实际缴纳的税额或者税务机关核定的税额预缴税款，并在核定的延期内办理税款结算。

三、税款征收制度

税款征收是税务机关按照税法规定将纳税人应纳的税款收缴入库。

（一）税款征收的方式

根据《税收征收管理法》及其实施细则的规定，税款征收有五种方式：查账征收；查定征收；查验征收；定期定额征收；其他征收方式。

（二）税款缴纳的法律规定

1．纳税人未按照规定期限缴纳税款的，扣缴义务人未按照规定期限缴纳税款的，税务机关除责令限期缴纳外，从滞纳税款之日起，按日加收滞纳税款万分之五的滞纳金。

2．纳税人因有特殊困难，不能按期缴纳税款的，应当在规定的缴纳期限内，向主管税务机关提出书面申请，经县以上税务机关批准后，可按批准的期限延期缴纳税款，不加收滞纳金。但延期缴纳税款的时间最长不超过3个月。

3．纳税人可以依法申请减税、免税。税务机关应依法定权限和条件审批减免税申请，并具体落实减免税事项。

4．主管机关可依法责成纳税人提供纳税担保，以保证其履行纳税义务。

5．纳税人超过应纳税额缴纳的税款，税务机关发现后应当立即退还。纳税人自结算缴纳税款之日起3年内发现的，可以向税务机关要求退还多缴纳的税款并加算银行同期存款利息，税务机关查实后应当立即退还。

6．纳税人有合并、分立情形的，应当向税务机关报告，并依法缴清税款。

四、税务代理制度

税务代理制度是指通过会计师事务所、律师事务所、税务咨询机构等社会中介机构代理纳税人办税的一种制度。税务代理人受纳税人、扣缴义务人的委托，可以是全面代理、单项代理、临时代理或常年代理。税务代理关系一经成立，税务代理人就可以在代理范围内从事代理工作。税务代理人可以接受委托办理的代理业务包括：税务登记、变更税务登记和注销税务登记；发票领购手续；纳税申报或扣交税款报告；缴纳税款和申请退税；制作涉税文书；审查纳税情况；建章建制，办理账务；税务咨询，受聘税务顾问；提起税务行政复议或税务行政诉讼；国家税务总局规定的其他业务。

第四节　违反税法的法律责任

一、违反税收管理的法律责任

纳税人有下列行为之一的，由税务机关责令限期改正，逾期不改正的，可处以2000元以下的罚款；情节严重的，处2000元以上1万元以下的罚款；未按照规定期限办理开业税务登记、变更或注销登记的；未按照规定设置、保管账薄或者保管记账凭证和有关资料的；未按照规定将财务、会计制度或者财务、会计处理办法和会计核算软件报送税务机关备查的；未按照规定将其全部银行账号向税务机关报告的；未按照规定安装、使用税控装置，或者损毁或者擅自改动税控装置的。

扣缴义务人未按照规定设置、保管代扣代缴、代收代缴税款账簿或者保管代扣代缴、代收代缴税款记账凭证及有关资料的，由税务机关责令限期改正，可处以 2000 元以下的罚款；情节严重的，处 2000 元以上 5000 元以下的罚款。

二、违反纳税申报规定的法律责任

纳税人未按照规定的期限办理纳税申报和报送纳税资料的，或者扣缴义务人未按照规定的期限向税务机关报送代扣代缴、代收代缴税款报告表和有关资料的，由税务机关责令限期改正，可处于 2000 元以下的罚款；情节严重的，处 2000 元以上 1 万元以下的罚款。

三、偷税的法律责任

偷税是指纳税人采用欺骗、隐瞒等手段逃避纳税的行为。包括纳税人采取伪造、变造、隐匿、擅自销毁账簿、记账凭证，在账簿上多列支出或者不列、少列收入，或者进行虚假的纳税申报的手段，不缴或少缴应纳税款的；扣缴义务人采取上述偷税手段，不缴或少缴已扣、已收税款；纳税人欠缴应纳税款，采用转移或者隐匿手段，致使税务机关无法追缴所欠税款。纳税人偷税的，由税务机关追缴其应缴税款和滞纳金，并处应缴税款 50%以上的 5 倍以下的罚款；构成犯罪的，依法追究刑事责任。

四、逃税的法律责任

纳税人不进行纳税申报，不缴或者少缴应纳税款的，由税务机关追缴其不缴或者少缴的税款、滞纳金，并处应缴税款 50%以上 5 倍以下的罚款；纳税人、扣缴义务人编造虚假计税依据的，由税务机关责令限期改正，并处 5 万元以下的罚款。

扣缴义务人应扣未扣、应收未收税款的，由税务机关向纳税人追缴税款，对扣缴义务人处应扣缴税款 50%以上 3 倍以下的罚款。

五、拖欠税款的法律责任

纳税人、扣缴义务人在规定期限内不缴或者少缴应纳或者应缴纳的税款，经税务机关责令限期缴纳，逾期仍未缴纳的，税务机关除依法采取强制措施追缴其不缴或者少缴的税款外，还可处以不缴或者少缴税款 50%以上 5 倍以下的罚款。

六、逃避追缴欠款的法律责任

纳税人欠缴应纳税款，采取转移或者隐匿财产的手段，妨碍税务机关追缴欠交税款的，由税务机关追缴欠缴的税款、滞纳金，处以欠交税款 50%以上 5 倍以下的罚款；构成犯罪的，依法追究刑事责任。

七、抗税、阻挠税务检查的法律责任

纳税人以暴力、威胁方法拒不缴纳税款，由税务机关追缴其拒缴的税款、滞纳金，并处以拒缴税款 1 倍以上 5 倍以下的罚款；构成犯罪的，依法追究刑事责任。纳税人、扣缴义务人逃避、拒绝或者以其他方式阻扰税务机关检查的，由税务机关责令改正，可处以 1 万元以下的罚款；情节严重的，处 1 万元以上 5 万元以下的罚款。

课后练习题

一、思考题

1. 企业所得税法规定了哪些基本内容？
2. 个人所得税法规定了哪些基本内容？
3. 我国税务登记的主要规定是什么？
4. 账簿、凭证管理的主要内容是什么？
5. 纳税申报的基本要求是什么？

二、案例分析

某私营工业企业生产润滑油，于 2010 年 4 月 10 日办理工商营业执照登记，在未办理税务登记的情况下，于同年 4 月 20 日擅自伪造税务登记件达一年半之久，同年 5 月 10 日开始生产产品。经群众举报，市国税局稽查局对其进行了纳税检查。经查实，该企业上述违法行为属实，而且未按规定设置账簿，账目混乱、账证不全、拒不配合检查。自 2010 年 5 月至 2011 年 10 月末共销售润滑油 600 桶，实现销售收入(含税价)150 万元，并开具使用非法购买的伪造普通发票 75 份。

请问，市国税局稽查局对本案应作出如何处理？

第十一章　会　计　法

重点掌握内容

1. 会计的概念、职能和分类
2. 会计核算的基本内容
3. 会计人员的回避和交接违反会计法的法律责任

案例导学

该高校校长是否应该承担会计法上的责任?

案例：某高校财务处长挪用学校资金 7000 万元，用于炒股，结果给学校造成了重大的损失，对此事该校校长并不知情。

思考：其是否应该承担责任?

第一节　会计法概述

一、会计的概念与职能

(一) 会计的概念

会计是以货币为主要计量单位，以凭证为依据，按照规定的程序，借助于专业的技术方法，对一定的经济主体的经济活动和财务开支进行全面、系统、连续、综合的记录、核算、分析、检查和监督，以达到对经济活动的组织、控制、调节和指导，促使经济主体加强经济管理，提高经济效益的一种管理和监督活动。

(二) 会计的基本职能

1. 会计核算，它是会计的最基本职能，贯穿于经济活动的全过程，是指会计人员以货币为主要计量单位，通过确认、记录、计量、报告等环节，对特定主体的经济活动进行记账、算账和报账，为各有关方面提供会计信息。

2．会计监督，是指会计人员在进行会计核算的同时，对特定主体的经济活动的合法性、合理性进行审查的职能。通过审查，达到一定的管理、控制目标。

（三）会计的分类

现代会计一般被分为财务会计和管理会计。财务会计，又称对外报告会计，主要是对企业等单位的日常经济业务进行记录、整理、汇总和定期编制财务报告，向其外部的国家宏观经济管理部门、债权人、各方投资者及其他利益关系人定期提供关于企业等单位的财务状况和经营成果的信息。管理会计，又称对内会计，主要是通过对财务会计资料、统计核算资料和业务核算资料在内的有关经济活动的资料进行加工、整理、对比、分析，向企业等单位的内部管理者提供借以决策和有效经营管理的经济信息。

二、会计法的概念和基本原则

（一）会计法的概念及调整对象

会计法是指调整会计关系的法律，有广义和狭义之分。广义的会计法是指国家颁布的有关会计方面的法律规范的总称，狭义的会计法仅指《中华人民共和国会计法》。《中华人民共和国会计法》调整国家机关、社会团体、公司、企事业单位和其他组织，在办理会计事务中产生的经济管理关系。这种关系包括单位内部的会计事务管理关系，单位之间在办理会计事务中产生的经济关系，单位与国家会计管理机关和有关行政管理机关之间在会计事务管理中产生的行政关系等。

（二）会计法的基本原则

1．依法进行原则。根据《中华人民共和国会计法》的相关规定，无论何种单位在进行独立核算、独立记载经济业务、独立办理会计事务时，都必须依照《中华人民共和国会计法》的规定进行。各单位都必须依法设置会计账簿，并保证其真实、完整。会计机构会计人员依法进行会计核算，实行会计监督。

2．统一领导、分级管理的原则。《中华人民共和国会计法》第7条规定：“国务院财政部门主管全国的会计工作。县级以上地方各级人民政府的财政部门管理本行政区域内的会计工作”。

3．统一性原则。《中华人民共和国会计法》第8条规定了会计制度的统一性。国务院财政部门根据《中华人民共和国会计法》的有关规定制定国家统一的会计制度。国家有关部门可以依照《中华人民共和国会计法》和国家统一的会计制度制定对会计核算和会计监督有特殊要求的行业实施国家统一的会计制度的具体办法或者补充规定，报国务院财政部门审批。

三、会计机构和会计人员

（一）会计机构及会计人员的设置

会计机构是指各单位办理会计事务的内部职能部门。会计人员是指直接从事会计工作的人员。《中华人民共和国会计法》第36条规定：“各单位应当根据会计业务的需要，设置会计机构，或者在有关机构中设置会计人员并指定会计主管人员；不具备设置会计机构条件的单位，应当委托经批准设立从事会计代理记账业务的中介机构代理记账。国有的和国有资产占控股地位的大、中型企业必须设置总会计师。总会计师的任职资格、任免程序、职责权限由国务院规定。”设置会计机构应当配备会计机构负责人，在有关机构中配备专职会计人员，应当在专职会计人员中指定会计主管人员。

会计机构内部应当建立稽核制度。出纳人员不得兼任稽核、会计档案保管和收入、支出、费用、债权债务账目的登记工作。

（二）会计人员从业资格的管理

为保证会计工作质量，规范会计人员行为，从事会计工作的人员，必须取得会计从业资格证书。《中华人民共和国会计法》和《会计从业资格管理办法》对会计从业资格的管理、取得条件、年检等做了相关规定。担任单位会计机构负责人（会计主管人员）的，除取得会计从业资格证书外，还应当具备会计师以上专业技术职务资格或者从事会计工作3年以上的经历。因提供虚假财务会计报告，做假账，隐匿或者故意销毁会计凭证、会计账簿、财务会计报告、贪污、挪用公款、职务侵占等与会计职务有关的违法行为被依法追究刑事责任的人员，不得取得或者重新取得会计从业资格证书。除前款规定的人员外，因违法违纪行为被吊销会计从业资格证书的人员，自被吊销会计从业资格证书一日起5年内，不得重新取得会计从业资格证书。

国家对会计从业资格实行考试制度。考试科目主要有财经法规与会计职业道德、会计基础、初级会计电算化（或者珠算五级）。会计从业资格考试大纲由财政部统一制定并公布。

（三）会计人员的回避与交接制度

为了保证会计工作的公正性，我国对会计人员的任职规定了回避制度。《会计基础工作规范》规定，国家机关、国有企业、事业单位任用会计人员应当实行回避制度；单位领导人的直系亲属不得担任本单位的会计机构负责人、会计主管人员；会计机构负责人会计主管人员的直系亲属不得在本单位会计机构中担任出纳工作。

《中华人民共和国会计法》及其相关法规规定，会计人员因工作调动或因故离职时与接替人员应办理工作交接手续。移交人员在办理移交时，要按移交清册逐项移交，接管人员要逐项核对点收。会计机构负责人、会计主管人员移交时，还必须将全部财务会计工作、重大财务收支和会计人员的情况等，向接替人员详细介绍。

（四）会计机构和会计人员职责

根据《中华人民共和国会计法》和《会计人员职权条例》的规定，会计机构和会计人员的主要职责有：

1. 拟定本单位办理会计事务的具体办法；

2. 按照国家财务制度的规定，认真编制并严格执行财务计划、预算，遵守各项收入制度、费用开支范围和开支标准、分清资金渠道，合理使用资金，保证完成财政上缴任务；

3．按照国家会计制度的规定，记账、算账、报账做到手续完备，内容真实，数字准确，账目清楚，日清月结，按其报账；

4．按照银行制度的规定，合理使用贷款，加强现金管理，做好结算工作；

5．按照经济核算制原则，定期检查，分析财务计划和预算的执行情况，挖掘增收节支的潜力，考核资金使用效果，揭露经营管理中的问题，及时向领导提出建议；

6．按照国家会计制度的规定，妥善保管会计凭证账簿报表等档案资料；

7．遵守宣传维护国家财政制度和财经纪律，同一切违法乱纪行为作斗争；

8．会计人员对于上级机关和审计财政税务等部门来本单位了解检查财务会计工作，要负责提供有关资料，如实反映情况。

第二节　会计核算

一、会计核算的概念及内容

（一）会计核算的概念

会计核算是指以货币为主要计量工具，运用专门的会计方法，对各单位的生产经营活动或预算执行的过程及其结果进行及时、连续、系统地记录、计算、分析，如实反映其财务状况和经营成果，定期编制会计报表，形成一系列会计指标，据以考核目标或计划的完成情况，为经营决策和宏观经济管理提供可靠信息的一项会计管理活动。

（二）会计核算的内容

会计核算的内容，是指应当进行会计核算的经济业务事项。根据《中华人民共和国会计法》第 10 条的规定，下列经济业务事项，应当办理会计手续，进行会计核算：①款项和有价证券的收付；②财物的收发、增减和使用；③债权债务的发生和结算；④资本、基金的增减；⑤收入、支出、费用、成本的计算；⑥财务成果的计算和处理;⑦需要办理会计手续、进行会计核算的其他事项。

（三）会计核算的基本要求

1．依法建账

有以下三个方面的要求：第一，各单位必须依法设置会计账簿，进行会计核算；第二，设置会计账簿的种类和具体要求，应当符合《中华人民共和国会计法》和国家统一会计制度的规定；第三，各单位发生的各项经济业务事项应当在依法设置的会计账簿上统一登记、核算。

2．采用正确的会计处理办法

《中华人民共和国会计法》第 18 条和国家统一的会计制度规定：各单位采用的会计处理方法，前后各期应当一致，不得随意变更；确有必要变更的，应按照国家统一会计制度的规定变更，并将变更的原因、情况及影响在财务会计报告中说明。《中华人民共和国会计法》第 13 条第 2 款，第 15 条第 3 款规定：使用电子计算机进行会计核算的，其软件及其生成的会计凭证、会计账簿、财务会计报告和其他会计资料及会计账簿的登记、更正均应当符合国家统一的会计制度的规定。

3. 正确使用会计记录文字

《中华人民共和国会计法》第 22 条规定：会计记录的文字应使用中文；民族自治地方的会计记录可以同时使用当地通用的一种民族文字；在中国境内的外商投资企业、外国企业和其他外国组织的会计记录可以同时使用一种外国文字。

4. 保证会计资料的真实性和完整性

《中华人民共和国会计法》第 9 条规定：各单位必须根据实际发生的经济业务事项进行会计核算，填制会计凭证，登记会计账簿，编制财务会计报告。会计资料的内容和要求必须符合国家统一的会计制度的规定，任何单位不得以虚假的经济业务事项或者资料进行会计核算，任何单位和个人不得伪造、变造会计凭证、会计账簿及其他会计资料，不得提供虚假的财务会计报告。

二、会计年度与记账本位币

根据《中华人民共和国会计法》第 11 条的规定，我国会计年度采用公历制，自公历 1 月 1 日起止 12 月 31 日，这与我国的财政年度是一致的。每一个会计年度还可以根据公历日期划分为半年度、季度、月度等。会计年度要求在以 1 年为单位的会计期限内定期总结各个单位的经济活动和财务收支的结果，并在会计制度上必须将生产经营和业务活动按时间划分期限(年、季、月)，从而便于加强管理。

根据《中华人民共和国会计法》12 条的规定，会计核算以人民币为记账本位币。《中华人民共和国会计法》同时还规定，业务收支以人民币以外的货币为主的单位，还可以选定其中一种货币作为记账本位币，但是编报的财务会计报告应当折算为人民币。

三、会计凭证、会计账簿和财务会计报告

(一)会计凭证

1. 会计凭证的概念

会计凭证是指具有一定格式，用以记录经济业务的发生和完成情况，作为记账依据，明确经济责任的书面证明。它是各单位办理会计手续、进行会计核算的凭据，在经济管理活动中具有提供会计信息，监控会计活动和证明财务收支发生情况的重要作用，对于保证会计核算任务的完成有着重要作用。会计凭证分原始凭证和记账凭证。

2. 会计凭证的相关法律规定

(1)根据《中华人民共和国会计法》的规定，凡应当办理会计手续、进行会计核算的事项，必须填制或者取得原始凭证并及时送交会计机构。会计机构、会计人员必须对原始凭证进行审核，对于不真实、不合法的原始凭证有权拒绝接受，并向单位负责人报告；对于记载不准确、不完整的原始凭证有权予以退回，并要求按照国家统一的会计制度的规定更正、补充。

(2)原始凭证记载的各项内容均不得涂改；原始凭证有错误的，应当由出具单位重开或者更正，更正后应当加盖出具单位印章。原始凭证金额有错误的，应当由出具单位重开，不得在原始凭证上更正。

(3)记账凭证应当根据经过审核的原始凭证及有关资料编制。

(二)会计账簿

1. 会计账簿的概念

会计账簿是指由一定格式、相互联系的账页所组成，把大量分散的数据或资料加以归类整理，序时性地全面记录和反映一个单位的经济业务事项的会计簿籍。

2. 会计账簿的相关法律规定

(1)所有实行独立核算的国家机关、社会团体、公司、企业、事业单位和其他组织都必须依法设置登记会计账簿，以保证会计信息真实、完整。任何单位都不得在法定会计账簿之外另行设置会计账簿。

(2)会计账簿登记必须以经过审核的会计凭证为依据，并符合有关法律法规和国家统一会计制度的规定。

(3)会计账簿应当按照连续编号的页码顺序登记；会计账簿记录发生错误或者隔页、缺号、跳行的，应当按照国家统一的会计制度规定的方法更正，并由会计人员和会计机构负责人在更正处盖章。

(4)使用电子计算机进行会计核算的，其会计账簿的登记、更正，应当符合国家统一的会计制度的规定。

(5)会计账簿记录出现错误时，不准涂改、挖补、刮擦或者用药水消除字迹，不准重新抄写。当记账出现错误时，应将错误的文字或数字划红线注销，但必须使原有字迹仍然能辨认，然后在红线上方填写正确的内容，并由记账人员在更正处盖章。对于错误的数字，应全部划红线更正，不得只更正其中的错误数字。对于文字错误，可只划去错误部分。由于记账凭证错误而使账簿记录发生错误的，应按照更正的记账凭证登记账簿。

(6)各单位应定期将会计账簿记录与实物、款项及有关资料相互核对，保证会计账簿记录与实物、款项的实有数额相符，会计账簿记录与会计凭证的有关内容相符，会计账簿之间相对应的记录相符，会计账簿记录与会计报表的有关内容相符。

(三)财务会计报告

1. 财务会计报告的概念

财务会计报告是指会计主体对外公布的、反映企业财务状况和经营成果的报告文件。财务会计报告由会计报表、会计报表附注、财务情况说明书组成，其中会计报表是财务会计报告的基本部分，会计报表附注和财务情况说明书是会计报告的补充说明。会计报表按经济内容分类分为财务报表、成本报表和综合报表；按服务对象分类可分为内部报表和对外报表；按编报的单位可分为基层报表、汇总报表和合并会计报表。

2. 财务会计报告的相关法律规定

(1)《中华人民共和国会计法》规定，财务会计报告应根据经过审核的会计账簿记录和有关资料编制，并符合会计法和国家统一的会计制度关于财务会计报告的编制要求、提供对象和提供期限的规定；其他法律、行政法规另有规定的，从其规定。向不同的会计资料使用者提供的财务会计报告，其编制的依据应该一致。

(2)有关法律、行政法规规定会计报表、会计报表附注和财务情况说明书须经注册会计师审计的，注册会计师及其所在的会计事务所所出具的审计报告应当随同财务会计报告一并提供。

(3)财务会计报告应当由单位负责人和主管会计工作的负责人、会计机构负责人签名并盖章；设置总会计师的单位，还必须由总会计师签名并盖章。单位负责人应当保证财务会计报告真实和完整。

第三节 会计监督

一、会计监督的概念

会计监督是指会计机构和会计人员依照法律的规定，通过会计手续对经济活动的合法性、合理性和有效性进行的一种监督。目前我国《中华人民共和国会计法》确定了单位内部会计监督、国家监督和社会监督三位一体的会计监督体制。

二、单位内部的会计监督

(一)单位内部会计监督的主要内容

1．内部会计管理体系。主要包括：单位领导人、总会计师对会计工作的领导职责；会计部门及其会计机构负责人、会计主管人员的职责、权限；会计部门与其他职能部门的关系；会计核算的组织形式等。

2．会计人员岗位责任制度。主要包括：会计人员的工作岗位设置；各会计工作岗位的职责和标准；各会计工作岗位的人员和具体分工；会计工作岗位轮换办法；对各会计工作岗位的考核办法。

3．原始记录管理制度。主要包括：原始记录的内容和填制方法；原始记录的格式；原始记录的签署、传递、汇集、审核等要求。

4．账务处理程序制度。主要包括：会计科目及其明细科目的设置和使用；会计凭证的格式、审核要求和传递程序；会计核算方法；会计账簿的设置；编制会计报表的种类和要求；单位会计指标体系。

5．财务收支审批制度。主要包括：财务收支审批人员和审批权限；财务收支审批程序；财务收支审批人员的责任。

6．内部牵连制度。主要包括：内部牵连制度的原则；组织分工；出纳岗位的职责和限制条件；有关岗位的职责和权限。

7．成本核算制度。主要包括：成本核算的对象、方法和程序；成本分析等。

8．稽核制度。主要包括：稽核工作的组织形式和具体分工；稽核工作的职责、权限；审核会计凭证和复核会计账簿、会计报表的方法。

9．财产清查制度。主要包括：财产清查的范围；财产清查的组织；财产清查的期限和方法；对财产清查中发现问题的处理办法；对财产管理人员的奖罚办法。

10．财务会计分析制度。主要包括：财务会计分析的基本要求和组织程序；财务会计分析的具体方法；财务会计分析报告的编写要求等。

(二)单位内部会计监督的要求

1．记账人员与经济业务事项和会计事项的审批人员、经办人员、财务保管人员的职责权限应当明确，并相互分离、相互制约；

2．重大对外投资、资产处置、资金调度和其他重要经济业务事项的决策和执行的相互监督、相互制约程序应当明确；

3．财产清查的范围、期限和组织程序应当明确；

4．对会计资料定期进行内部审计的办法和程序应当明确。

(三)单位内部会计监督主体的职权

1．会计机构、会计人员的主要职权

(1)对不真实、不合法的原始凭证，不予受理。对弄虚作假、严重违法的原始凭证，在不予受理的同时，应予以扣留，并及时向单位领导报告。对记载不准确、不完整的原始凭证，予以退回，要求经办人员更正、补充。

(2)对伪造、变造、故意毁灭会计账簿或者账外设账行为，应当制止和纠正；制止和纠正无效的，应当向上级主管部门报告，请求处理。

(3)对实物、款项进行监督，督促建立并严格执行财产清查制度。

(4)对指使、强令编造、篡改财务报告的行为，应当制止和纠正；制止和纠正无效的，应当向上级主管部门报告，请求处理。

(5)对财务收支进行监督。

(6)对违反单位内部会计管理制度的经济活动，应当制止和纠正，制止、纠正无效的，向单位领导人报告，请求处理。

(7)对单位制定的预算、财务计划、经济计划、业务计划的执行情况进行监督。

(8)各单位必须依法接受财政、审计、税务等机关的监督，如实提供会计凭证、会计账簿、会计报表和其他会计资料及有关情况，不得拒绝隐匿和谎报。

(9)按照法律规定应当委托注册会计师进行审计的单位，应当委托注册会计师进行审计，并配合注册会计师的工作，如实提供相关资料，不得拒绝、隐匿和谎报，不得示意注册会计师出具不当的审计报告。

2．单位负责人的义务

应当保证会计机构、会计人员依法履行职责；不得授意、指使、强令会计机构、会计人员违法办理会计事项。

三、会计工作的国家监督

会计工作的国家监督，是指包括财政部门、审计部门、税务部门、人民银行、证券监管部门、保险部门在内的国家机关对各单位及其相关人员的会计工作及行为实施的监督检查和违法处罚。其中主管会计工作的财政部门对会计工作的监管表现在以下几个方面：①监督各单位是否依法设置会计账簿；②监督各单位的会计凭证、会计账簿、财务会计报告和其他资料是否真实、完整；③监督各单位的会计核算是否符合《中华人民共和国会计法》和国家统一的会计制度的规定；④监督各单位是否依法管理会计档案；⑤监督从事会计工作的人员是否具备从业资格。

税务部门对各单位会计工作的监督的职责和权限表现在以下几个方面：①对依规定可以不设置账簿的、依规定应当设置但未设置账簿的，以及虽设置账簿，但账目混乱或者成本资料、收入凭证、费用凭证残缺不全，难以查账的有权核定其应纳税额；②调整应纳税的收入或者所得额；③账簿、凭证管理；④从事生产、经营的纳税人的财务、会计制度或者财务、会计处理办法，应当报送税务机关备案；⑤专用发票管理；⑥对纳税人的会计账簿、记账凭证、会计报表和其他有关资料进行检查；⑦对纳税人的生产经营场所和货物存放地进行检查等。

课后练习题

一、思考题

1．什么是会计？什么是会计法？

2．会计核算包含哪些内容？

3．会计监督有哪些主要内容？单位内部会计监督的内容包括哪些？

4．会计机构、会计人员的工作职责有哪些？

5. 什么是会计凭证、会计账簿、会计报表？会计法对填制会计凭证、登记会计账簿是如何规定的？

二、案例分析

飞乐公司是一家大型国有控股企业，该公司发生以下情况:

1. 2010 年，公司董事长胡某主持召集召开董事会会议，研究进一步加强会计工作问题。根据公司经理的提名，会议决定增设 1 名副经理主管财务工作，现任总会计师配合工作。

2. 2010 年 5 月，公司会计科负责收入、费用账目的会计张某提出休产假。因会计科长出差在外，主管财会工作的副经理指定出纳员兼管张某的工作，并让出纳员与张某自行办理会计工作交接手续。

3. 2010 年 12 月，公司产品滞销状况仍无根本改变，亏损已成定局。公司董事长胡某指使会计科在会计报表上作出一些“技术处理”，确保“实现”年初定下的盈利 40 万元的目标。会计科遵照办理。

4. 2011 年 2 月，公司财务会计主管工作的副经理、总会计师、会计科长签名并盖章后报出，公司董事长胡某未在财务会计报告上签章。

根据上述情况和会计、金融法的有关规定，回答下列问题:

(1)该公司增设主管财会工作的副经理的做法是否符合法律规定?

(2)该公司指定出纳员兼管会计张某的工作并让出纳员与张某自行办理会计工作交接是否符合法律规定?

(3)该公司董事长胡某指使会计科在会计报表上作出一些“技术处理”，致使公司由亏变盈的行为属于何种违法行为？应承担哪些法律责任?

(4)该公司董事长胡某是否应当在对外报出的财会会计报告上签名并盖章?

第十二章　对外贸易法

重点掌握内容

1. 对外贸易法的基本原则
2. 货物进出口管理法律制度
3. 技术进出口管理法律制度国际服务贸易管理法律制度
4. 对外贸易秩序法律制度、对外贸易救济法律制度
5. 海关法律制度、对外贸易调查法律制度

案例导学

如何看待可口可乐并购汇源

2009 年 3 月 18 日，商务部对可口可乐并购汇源的反垄断审查作出裁决，依法禁止该并购。随后，社会各界对该案作出了形形色色的评析。商务部作出禁止并购决定，是出于保护民族品牌，还是出于产业政策考虑？作为《反垄断法》实施后第一例禁止并购的案例，在反垄断法史上有何意义？对完善我国反垄断法执法能力有何借鉴意义？

第一节　对外贸易法概述

一、对外贸易与对外贸易法的概念

(一)对外贸易

对外贸易是指一个国家或地区与世界上其他国家或地区之间所进行的商品、服务和技术的交易活动。按照《中华人民共和国对外贸易法》第 2 条的规定，对外贸易包括货物进出口、技术进出口和国际服务贸易三个方面。

(二)对外贸易法

对外贸易法是确认对外贸易主管机关和对外贸易经营者的法律地位，调整它们之间对外贸易关系的法律规范的总称，它是关于国家对进出口采取鼓励、限制或禁止等措施的法。我国的对外贸易法依制定机关的不同可以分为国内立法和我国参加或承认的有关国际贸易的国际公约、国际条约和国际惯例等。前者包括《中华人民共和国对外贸易法》、《反倾销条例》、《反补贴条例》、《保障措施条例》、《海关法》等有关规范对外贸易及其管理活动的行政法规、地方性法规和规章等相关立法，后者有《中华人民共和国加入世界贸易组织议定书》、《联合国国际货物销售合同公约》等。

二、《中华人民共和国对外贸易法》确认的基本原则

1. 实行统一的对外贸易制度，维护公平、自由的对外贸易秩序的原则；
2. 鼓励发展对外贸易，充分发挥地方积极性，保障对外贸易经营者的经营自主权的原则；
3. 在平等互利的基础上促进和发展我国同其他国家和地区的贸易活动的原则；
4. 根据互惠原则给予外贸相对方最惠国待遇或国民待遇的原则；
5. 在对等原则下，根据实际情况，采取相应报复性措施，以维护我国企业利益和国家利益。

三、对外贸易经营者

对外贸易经营者是指依法取得对外贸易经营资格从事对外贸易经营活动的自然人、法人和其他组织。根据我国《中华人民共和国对外贸易法》的规定，对外贸易经营者依法自主经营、自负盈亏。对外贸易经营者的主要权利包括：对外经营自主权；自主使用外汇权；反补贴、反倾销和保障措施的请求权；外贸代理权。外贸经营者的义务主要有依法经营、信守合同、结汇、提供资料等。

除法律、行政法规和国务院对外贸易主管部门有特别规定外，从事货物进出口或者技术进出口的对外贸易经营者，应当向国务院对外贸易主管部门或者其委托的机构办理备案登记，未按规定办理备案登记的，海关不予办理进出口货物的报关验收手续。另外，根据《中华人民共和国加入议定书》的相关承诺，国务院商务主管部门会同国务院有关部门可以授予对外贸易经营者在特定贸易领域从事国营贸易的专营权或者特许权。

四、海关法

(一)海关与海关法的基本概念

海关是一个国家为了维护国家主权和经济利益所设置的对进出关境实施监督管理、征收关税、查缉走私和有关统计的国家机关。国务院设立海关总署，统一管理全国海关，国家在对外开放的口岸和海关监管业务集中的地点设立海关。海关依法独立行使职权，向海关

总署负责，不受行政区划的限制。海关法是规定海关的地位和调整进出关境活动中发生的海关监督管理关系的法，与行政法、税法、进出口商品检验和动植物检疫法等有着密切的联系。

(二)海关法的基本内容

1. 对进出境运输工具的监管

《海关法》规定，进出境运输工具到达或者驶离设立海关的地点时，运输工具负责人应当向海关如实申报，交验单证，并接受海关监管和检查。运输工具装卸进出境货物、物品或者上下进出境旅客，应当接受海关监管。停留在设立海关的地点的进出境运输工具，未经海关同意，不得擅自驶离。进出境运输工具从一个设立海关的地点驶往另一个设立海关的地点的，应当符合海关监管要求，办理海关手续，未办结海关手续的，不得改驶境外。

2. 对进出境货物的监管

《海关法》规定，进口货物自进境起到办结海关手续止，出口货物自向海关申报起到出境止，过境、转运和通运货物自进境到出境止，应当接受海关监管。

(1)申报制度。按照《海关法》的规定，一切进出境运输工具、货物、物品都必须由有关当事人或其代理人向海关如实申报，交验进出口许可证和有关单证。国家限制进出口的货物，没有进出口许可证件的，不予放行。对于应施行商品检验、文物鉴定或受其他管制的进出口货物，还应交验有关主管部门签发的证件。对于进口后满 3 个月尚未向海关申报、纳税的进口货物，海关可以根据《海关法》的相关规定进行处理。

(2)查验。进出口货物应当接受海关查验。海关查验货物时，进口货物的收货人、出口货物的发货人应当到场，并负责搬移货物，开拆和重封货物的包装。海关认为必要时，可以进行开验、复验或者提取货样。经收发货人申请，海关总署批准，其进出口货物可以免验。

(3)放行。一般情况下，经过海关审核单证、查验货物，对于符合国家规定，没有发现不正常情况，货主已对应税货物按规定纳税的，海关在货运单据上签章放行，收、发货人据此向港口、民航、车站、邮局办理提取和托运手续。

3. 海关事务担保

海关事务担保是解决加速通关和防范风险这一海关基本矛盾的一种有效办法。《海关法》规定，在确定货物的商品归类、估价和提供有效报关单证或者办结其他海关手续前，收发货人要求放行货物的，海关应当在其提供与其依法应当履行的法律义务相适应的担保后放行，法律、行政法规规定可以免除担保的除外。法律、行政法规对履行海关义务的担保另有规定的，从其规定。国家对进出境货物、物品有限制性规定的，应当提供许可证件而不能提供的，以及法律、行政法规规定不得担保的其他情形，海关不得办理担保放行。担保人应当在担保期限内承担担保责任。担保人履行担保责任的，不免除被担保人应当办理有关海关手续的义务。

第二节　货物进出口管理法律制度

一、货物进出口管理制度

《中华人民共和国对外贸易法》对货物进出口实行统一的管理制度，并依国际惯例准许货物自由进出口，同时也根据国民经济发展需要，国家经济安全和维护对外贸易秩序等需要，对货物进出口保留了必要的限制和禁止。这种限制与世界贸易组织的数量限制例外规定相适应，并遵守非歧视性和透明度原则。相关进出口管理也适用《中华人民共和国货物进出口管理条例》。现行的货物进出口管理制度主要包括以下内容：

(一)货物进出口管理

按照有关规定，属于限制进出口的货物，限制进出口。属于禁止进出口的货物，不得进出口。对于数量有限制的货物，国家对其实行配额管理，对于其他限制进出口的货物，则实行许可证管理。国务院外经贸主管部门会同国务院有关部门制定、调整并公布限制进出口货物的目录。同时，国务院对外贸易主管部门基于监测进出口情况的需要，对部分自由进出口的货物实行进出口自动许可证并公布其目录；实行自动许可的进出口货物，收、发货人在办理海关报关手续前提出自动许可申请的，国务院对外贸易主管部门或者其委托的机构应当予以许可，未办理自动许可手续的海关不予放行。

(二)国营贸易管理

国营贸易管理是指国家授权某些企业主要是国有或国有控股企业垄断经营某些进出口业务,作为国家控制和限制货物或技术等进出口的一种手段。《中华人民共和国对外贸易法》11条规定，国家可以对部分货物的进出口实行国营贸易管理。除另有许可证外，实行国营贸易管理货物的进出口业务只能由经授权的企业经营。实行国营贸易管理的货物和经授权经营企业的目录，由国务院对外经贸主管部门会同其他部门确定、调整并公布。国务院对外经贸主管部门基于维护进出口经营秩序的需要，可以在一定期限内对部分货物实行指定经营管理。国营贸易企业和指定经营企业应当根据正常的商业条件从事经营活动，不得以非商业因素选择供应商，不得以非商业因素拒绝其他企业或者组织的委托。

(三)进出口监测和临时措施

国务院对外经贸主管部门负责对货物进出口情况进行监测、评估，并定期向国务院报告货物进出口情况，提出建议。当国际收支发生严重失衡或者受到严重失衡威胁，或者为维持与实施经济发展计划相适应的外汇储备水平或者为建立或者加快建立国内特定产业,在采取现有措施无法实现的情况下国家都可以对进出口货物的价值或者数量采取临时限制措施。国家为了执行下列一项或者数项措施，必要时可以对任何形式的农产品、水产品采取限制进口的临时措施：①对相同产品或者直接竞争产品的国内生产或者销售采取限制措施；②通过补贴消费的形式，消除国内过剩的相同产品或者直接竞争的产品；③对完全或者主要依靠进口农产品、水产品形成的动物产品采取限产措施。另外，有下列情形之一的，国务院外经贸主管部门可以对特定货物的出口采取限制或者禁止的临时措施：发生严重自然灾害等异常情况，需要限制或者禁止出口的；出口经营秩序严重混乱，需要限制出口的；其他需要限制或者禁止出口的。

二、进出口商品检验制度

进出口商品检验是指在对外贸易活动中，由商品检验机构依法对买卖双方成交的商品的质量、数量、重量、包装、安全、卫生以及装运条件等进行检验的工作，通常简称为商检。

国务院设立进出口商品检验部门，主管全国进出口商品检验工作。国家商检部门设在各地的进出口商品检验机构管理所辖地区的进出口商品检验工作。商检机构和经国家商检部门许可的检验机构，依法对进出口商品实施检验。进出口商品检验应当根据保护人类健康和安全、保护动植物的生命和健康、保护环境、防止欺诈行为、维护国家安全的原则，由国家商检部门制定、调整必须实施检验的进出口商品目录并公布实施。列入目录的进出口商品，由商检机构实施检验。列入目录的进出口商品，按照国家技术规范的强制性要求进行检验；尚未制定国家技术规范的强制性要求的，应当依法及时制定，未制定之前，可以参照国家商检部门指定的国外有关标准进行检验。

必须经商检机构强制检验的进出口商品的收、发货人或者代理人，应当向报关地的商检机构报验，并在商检机构规定的地点和期限内，接受商检机构对进出口商品的检验。商检机构应当在国家商检部门统一规定的期限内检验完毕，并出具检验证单。海关凭商检机构签发的货物通关证明验放。

三、进出境动植物检疫制度

国务院设立动植物检疫机关，统一管理全国进出境动植物检疫工作。国家动植物检疫机关在对外开放的口岸和进出境动植物检疫业务集中的地点设立的口岸动植物检疫机关，依法实施进出境动植物检疫。国家质检总局是统一管理全国进出境动植物检疫工作的主管机关。

进出境动植物检疫的范围，是进出境的动植物、动植物产品和其他检疫物，装载动植物、动植物产品和其他检疫物的装载容器、包装物，以及来自动植物疫区的运输工具。口岸动植物检疫机关在实施检疫时可以行使下列职权：依法登船、登车、登机实施检疫；进入港口、机场、车站、邮局以及检疫物的存放、加工、养殖、种植场所实施检疫，并依照规定采样；根据检疫需要，进入有关生产、仓库等场所，进行疫情监测、调查和检疫监督管理；查阅、复制、摘录与检疫物有关的运行日志、货运单、合同、发票及其他单证。

第三节 技术和服务贸易管理法律制度

一、技术进出口管理制度

技术进出口，是指在我国境外向我国境内，或者从我国境内向我国境外，通过贸易、投资或者经济技术合作的方式转移技术的行为，包括专利权转让、专利申请权转让、专利实施许可、技术秘密转让、技术服务和其他方式的技术转移。我国对技术进出口实行统一的管理制度，依法维护公平、自由的技术进出口秩序。目前，我国关于技术进出口管理的制度主要包括技术进口管理和技术出口管理。适用的法律包括 2001 年 1 月 1 日施行的《中华人民共和国技术进出口管理条例》、2002 年 1 月 1 日施行的《中华人民共和国技术进出口合同登记管理办法》等。技术进出口必须符合国家的产业政策、科技政策和社会发展政策，必须有利于促进我国科技进步和对外经济技术合作的发展，有利于维护我国经济技术权益。国家准许技术的自由进出口，但是，法律、行政法规另有规定的除外。

(一)技术进口管理

国家鼓励先进、适用的技术进口。属于禁止进口的技术，不得进口。属于限制进口的技术，实行许可证管理；未经许可，不得进口。国务院外经贸主管部门会同国务院有关部门，制定、调整并公布禁止或者限制进口的技术目录。进口属于限制进口的技术，应向国务院外经贸主管部门提出技术进口申请并附有关文件。技术进口项目需经有关部门批准的，还应提交有关部门的批准文件，技术进口申请经批准的，由国务院外经贸主管部门提交技术进口许可意向书，进口经营者取得技术进口许可意向书后，才可以对外签订技术进口合同。对于属于自由进口的技术，国家实行合同登记管理。

(二)技术出口管理

国家鼓励成熟的产业化技术出口。属于禁止出口的技术，不得出口。属于限制出口的技术，实行许可证管理；未经许可，不得出口。国务院外经贸主管部门会同国务院有关部门，制定、调整并公布禁止或者限制出口的技术目录。出口属于限制出口的技术，应当向国务院外经贸主管部门提出申请。国务院外经贸主管部门收到技术出口申请后，应当会同国务院科技主管部门对申请出口的技术进行审查，并作出批准或者不予批准的决定。限制出口的技术需经有关部门进行保密审查的，按照国家有关规定执行，技术出口申请经批准的，由国务院外经贸主管部门发给技术出口许可意向书，申请人取得技术出口许可意向书后，方可对外进行实质性谈判。对于属于自由出口的技术，国家实行合同登记管理。

二、国际服务贸易管理制度

国际服务贸易，是指一国服务提供者向另一国消费者提供服务并获得外汇收入，以及一国消费者接受另一国服务提供者提供的各项服务并支付报酬的贸易活动。国际服务贸易的内容十分广泛，包括国际运输、国际旅游、国际金融服务、国际保险、国际建筑和工程承包、国际劳务输出、国际电讯服务、教育、卫生、文化、艺术的国际交流服务以及广告设计、律师、会计等专业服务等。

(一)服务贸易的市场准入制度和国民待遇的给予

《中华人民共和国对外贸易法》第 24 条规定，中华人民共和国在国际服务贸易方面根据所缔结或者参加的国际条约、协定中所作出的承诺，给予其他缔约方、参加方市场准入和国民待遇。

(二)国际服务贸易的限制和禁止

《中华人民共和国对外贸易法》第 26 条规定，国家基于下列原因，可以限制或者禁止有关的国际服务贸易：①为维护国家安全、社会公共利益或者公共道德，需要限制或者禁止的;②为保护人的健康或者安全，保护动物、植物的生命或者健康，保护环境，需要限制或者禁止的；③为建立或者加快建立国内特定服务产业，需要限制的；④为保障国家外汇收支平衡，需要限制的；⑤依照法律、行政法规的规定，其他需要限制或者禁止的；⑥根据我国缔结或者参加的国际条约、协定的规定，其他需要限制或者禁止的。《中华人民共和国对外贸易法》第 27 条还规定，国家对与军事有关的国际服务贸易，以及与裂变、聚变物质或者衍生物等此类物质有关的国际服务贸易，可以采取任何必要的措施，维护国家安全。在战时或者为维护国际和平与安全，国家在国际服务贸易方面可以采取任何必要的措施。

第四节　对外贸易秩序和救济法律制度

一、对外贸易秩序法律制度

对外贸易秩序，是指国家运用法律手段对对外贸易进行管理，以使对外贸易经营者合法、公平地开展对外贸易活动，以形成健康有序的对外贸易发展局面。维护对外贸易秩序，不仅有利于打破贸易垄断，建立正当合理的竞争秩序，促进对外贸易的健康发展，而且有利于合理调节进出口贸易，维护国家的宏观经济利益。

(一)关于公平竞争的法律规定

《中华人民共和国对外贸易法》规定，在对外贸易经营活动中，不得违法实施串通投标等垄断行为；不得进行不当低价销售、发布虚假广告、商业贿赂等不正当竞争行为。对外贸易经营者有垄断和不正当竞争行为的，除应承当竞争法上的责任外，国务院对外贸易主管部门可以禁止该经营者有关货物、技术进出口等措施。

(二)关于禁止破坏对外贸易秩序行为的法律规定

《中华人民共和国对外贸易法》明确规定，禁止以下违法性活动：①伪造、变造进出口货物原产地标记，伪造、变造或者买卖进出口货物原产地证书、进出口许可证、进出口配额证明或者其他进出口证明文件；②骗取出口退税；③走私；④逃避法律行政法规规定的认证、检验、检疫。

(三)关于遵守外汇管理的规定

对外贸易经营者在对外贸易经营活动中，应当遵守国家有关外汇管理的规定。

二、对外贸易调查法律制度

为了维护对外贸易秩序，应对其他国家或地区的贸易壁垒和不公平竞争，最大限度地保护国内产业的发展，我国在《中华人民共和国对外贸易法》中规定了对外贸易调查制度，并在贸易壁垒、反倾销、反补贴、保障措施等方面制定了具体的调查规制。通过对外贸易调查，确定各种损害贸易秩序和产业发展的事实，以便采取适当的对外贸易救济措施。

(一)对外贸易调查的事项

为了维护对外贸易秩序，国务院对外贸易主管部门可以自行或者会同国务院其他有关部门，依照法律、行政法规的规定对下列事项进行调查：

1. 货物进出口、技术进出口、国际服务贸易对国内产业及其竞争力的影响；
2. 有关国家或者地区的贸易壁垒；
3. 为确定是否应当依法采取反倾销、反补贴或者保障措施等对外贸易救济措施，需要调查的事项；
4. 规避对外贸易救济措施的行为；
5. 对外贸易中有关国家利益的事项；
6. 任何国家或者地区在贸易方面对我国采取歧视性的禁止、限制或其他类似措施的；
7. 对外贸易中有关知识产权方面的侵权或滥用权利的行为；
8. 在对外贸易中危害市场公平竞争秩序，危害对外贸易秩序的行为；
9. 其他影响对外贸易秩序，需要调查的事项。

(二)对外贸易调查的程序和方式

1. 启动调查。《中华人民共和国对外贸易法》规定，启动对外贸易调查，由国务院对外贸易主管部门发布公告。

2. 进行调查及调查方式。调查启动后，即开始进行调查。调查可以采取书面问卷、召开听证会、实地调查、委托调查等方式进行。

3. 提出调查报告或作出处理裁定。国务院对外贸易主管部门根据调查结果，提出调查或者作出处理裁定，并发布公告。

三、对外贸易救济法律制度

《中华人民共和国对外贸易法》第 40 条规定，国家根据对外贸易调查结果，可以采取适当的对外贸易救济措施。

(一)反倾销措施

《中华人民共和国对外贸易法》规定，其他国家或者地区的产品以低于正常价值的倾销方式进入我国市场，对已建立的国内产业造成实质性损害或者产生实质损害威胁，或者对建立国内产业造成实质障碍的，国家可以采取反倾销措施，消除或者减轻这种损害或者损害的威胁或者障碍。

商务部根据调查初裁决定确定倾销成立，并由此对国内产业造成损害的，可以采取下列临时反倾销措施：①征收临时反倾销税；②要求提供保证金、保函或者其他形式的担保。临时反倾销措施实施的期限，自临时反倾销措施决定公告规定实施之日起，不超过 4 个月；在特殊情况下，可以延长至 9 个月。自反倾销立案调查决定公告之日起 60 天内，不得采取临时反倾销措施。

商务部经过调查仲裁决定确定倾销成立，并由此对国内产业造成损坏的，可以征收反倾销税。反倾销税一般适用于终裁决定公告之日后进口的产品，其纳税人为倾销进口产品的进口经营者。反倾销税应当根据不同经营者的倾销幅度，分别确定。对未包括在审查范围内的出口经营者的倾销进口产品，需要征收反倾销税的，应当按照合理的方式确定对其适用的反倾销税。反倾销税税额不超过终裁决定确定的倾销幅度。终裁决定确定存在实质损害，并在此前已经采取临时反倾销措施的，反倾销税可以对已经实施临时反倾销措施的期间追溯征收。

《中华人民共和国对外贸易法》还规定，其他国家或者地区的产品以低于正常价值出口至第三国(地区)市场，对我国已建立的国内产业造成实质损害或者产生实质损害威胁，或者对我国建立国内产业造成实质障碍的，应国内产业的申请，国务院对外贸易主管部门可以与该第三国(地区)政府进行磋商，要求其采取适当的措施。

（二）反补贴措施

《中华人民共和国对外贸易法》规定，进口的产品直接或间接地接受出口国或者地区给予的任何形式的专项性补贴，对已建立的国内产业造成实质损害或者产生实质损害威胁，或者对建立国内产业造成实质障碍的，国家可以采取反补贴措施，消除或者减轻这种损害或者损害的威胁或者障碍。

商务部根据调查初裁决定确定补贴成立，并由此对国内产业造成损害的，可以采取下列临时反补贴措施：征收临时反补贴税；要求提供保证金、保函或者其他形式的担保。临时反补贴措施实施的期限，自临时反补贴措施决定公告规定实施之日起，不超过 4 个月。自反补贴立案调查决定公告之日起 60 天内，不得采取临时反补贴措施。

商务部经过调查终裁决定确定补贴成立，并由此对国内产业造成损坏的，可以征收反补贴税。反补贴税一般适用于终裁决定公告之日后进口的产品，其纳税人为补贴进口产品的进口经营者。反补贴税应当根据不同经营者的补贴幅度，分别确定。对未包括在审查范围内的出口经营者的补贴进口产品，需要征收反补贴税的，应当按照合理的方式确定对其适用的反补贴税。反补贴税税额不超过终裁决定确定的补贴幅度。终裁决定确定存在实质损害，并在此前已经采取临时反补贴措施的，反补贴税可以对已经实施临时反补贴措施的期间追溯征收。

第五节　违反《中华人民共和国对外贸易法》的法律责任

一、对外贸易经营者的法律责任

1. 进出口属于禁止进出口的货物或技术的，或者未经许可擅自进出口属于限制进出口地货物或技术的，依照有关法律、行政法规的规定处理、处罚；法律、行政法规没有规定的，由国务院对外贸易主管部门责令改正，没收违法所得并处以罚款；构成犯罪的，依法追究刑事责任。

2. 擅自进出口实行国营贸易管理的货物，海关不予放行；未经授权擅自进出口实行国营贸易管理的货物的，国务院对外贸易主管部门或者其他有关部门可处以 5 万元以下罚款；情节严重的，可以自行政处罚决定生效之日起 3 年内，不受理违法行为人从事国营贸易管理货物进出口业务的申请，或者撤销已给予其从事其他国营贸易管理货物进出口的授权。

3. 从事属于禁止的国际服务贸易的，或者未经许可擅自从事属于限制的国际服务贸易的，依照有关法律、行政法规的规定处罚；法律、行政法规没有规定的，由国务院对外贸易主管部门责令改正，没收违法所得，并处违法所得 1 倍以上 5 倍以下罚款，没有违法所得或者违法所得不足 1 万元的，处 1 万元以上 5 万元以下罚款；构成犯罪的，依法追究刑事责任。国务院对外贸易主管部门可以禁止违法行为人自行政处罚决定生效之日或者刑事处罚判决生效之日起 1 年以上 3 年以下的期限内从事有关国际服务贸易经营活动。在禁止期限内，海关根据国务院对外贸易主管部门依法作出的禁止决定，对该对外贸易经营者的有关进出口货物不予办理报关验放手续，外汇管理部门或者外汇指定银行不予办理有关结汇、售汇手续。

4. 商检机构对必须经检验的进口商品未报经检验而擅自销售或者使用，或者将必须经检验的出口商品未报经检验合格而擅自出口，进口或者出口属于掺杂掺假、以假充真、以次充好的商品或者以不合格进出口商品冒充合格进出口商品，伪造、变造、买卖或者盗窃商检单证、印章、标志、封识、质量认证标志等行为，依法给予行政处罚。

5. 口岸动植物检疫机关对不报检或者为依法办理检疫审批手续，擅自将进境动植物、动植物产品或者其他检疫物卸离运输工具或者运递，擅自调离或者处理在口岸动植物检疫机关指定的隔离场所中隔离检疫的动植物，报检的动植物、动植物产品或者其他检疫物与实际不符合，擅自开拆过境动植物、动植物产品或者其他检疫物的包装等行为，依法给予行政处罚。对逃避法律规定的认证、检验、检疫的，国务院对外贸易主管部门可以禁止违法行为人自行政处罚决定生效之日或者刑事处罚判决生效之日起 1 年以上 3 年以下的期限内从事有关对外贸易经营活动。在禁止期限内，海关根据国务院对外贸易主管部门依法作出的禁止决定，对该对外贸易经营者的有关进出口货物不予办理报关验放手续，外汇管理部门或者外汇指定银行不予办理有关结汇、售汇手续。

6. 海关对走私行为和申报不实、不按照规定接受检查查验等行为，依法给予没收货物和违法所得责令补缴关税罚款等行政处罚。

7. 对伪造、变造进出口货物原产地标记，伪造、变造或者买卖进出口货物原产地证书、进出口许可证、进口配额证明或者其他进出口证明文件，骗取出口退税或走私，受到行政处罚或被追究刑事责任的，国务院对外贸易主管部门可以禁止行为人自行政处罚决定生效之日或者刑事处罚判决生效之日起 1 年以上 3 年以下的期限内从事有关国际服务贸易经营活动。在禁止期限内，海关根据国务院对外贸易主管部门依法作出的禁止决定，对该对外贸易经营者的有关进出口货物不予办理报关验放手续，外汇管理部门或者外汇指定银行不予办理有关结汇、售汇手续。

二、国家对外贸易主管部门工作人员的法律责任

1. 负责对外贸易管理工作的部门工作人员玩忽职守、徇私舞弊或者滥用职权，构成犯罪的，依法追究刑事责任；尚不构成犯罪的，依法给予行政处分。

2. 负责对外贸易管理工作的工作人员利用职务上的便利，索取他人财物，或者非法

收受他人财物为他人谋取利益，构成犯罪的，依法追究刑事责任；尚不构成犯罪的，依法给予行政处分。

课后练习题

一、思考题

1. 国对外贸易遵循哪些原则?
2. 国货物进出口法律制度有哪些主要内容?
3. 国技术进出口法律制度有哪些主要内容?
4. 国海关法有哪些主要规定?
5. 反《中华人民共和国对外贸易法》的表现形式有哪些?分别应承担什么法律责任?

二、案例分析

中国不锈钢消费量的增长是世界上最快的国家之一。近年来，国内不锈钢产业也有较大的发展。但自1996年起，国内不锈钢冷轧薄板产业出现生产能力闲置，订单减少，价格大幅下降，企业利润急剧下降，甚至出现亏损，工人大量失业的现象。国内主要不锈钢冷轧薄板生产厂家太原钢铁(集团)有限公司、上海浦东钢铁(集团)有限公司和陕西精密金属(集团)有限责任公司经过协商一致认为，近期中国不锈钢冷轧薄板厂家陷入困境不是其自身原因所致，而是国外进口不锈钢冷轧薄板的倾销造成的。因此，上述代表中国不锈钢产业的企业决定，授权北京市环中律师事务所向中华人民共和国对外贸易经济合作部申请，对来自日本和韩国的不锈钢冷轧薄板进行反倾销调查。

请运用反倾销法律制度的相关知识对上述案例进行分析解决。

第十三章　劳　动　法

重点掌握内容

1. 劳动合同的订立、形式、内容、履行、解除和终止；
2. 工作时间、休息休假、工资制度、社会保险方面的法律规定；
3. 劳动合同争议的处理方式及违反劳动法的法律责任。

案例导学

案例：随着就业压力的增大，高校毕业生找工作困难重重，有些用人单位趁机以种种借口不与劳动者签订劳动合同。

思考：不签订劳动合同对用人单位与劳动者各将面临哪些风险？

第一节　劳动法概述

一、劳动法的概念

劳动法是调整劳动关系以及与劳动关系密切联系的其他社会关系的法律规范的总和，是融实体法和程序法为一体的劳动法律规范的总称。劳动法有狭义和广义之分。狭义的劳动法仅指 1994 年 7 月 5 日第八届全国人大常委会第八次会议通过的《中华人民共和国劳动法》①。广义的劳动法是指除了狭义的劳动法外，还包括全国人大、国务院制定的有关法律法规和国务院各部门以及地方机关制定的规章、地方性法规等，比如劳动合同法、工作时间法和休息休假法、劳动安全卫生法、女职工和未成年工特殊劳动保护法、社会保险和福利法、劳动争议处理法等。

① 2007 年 6 月 29 日中华人民共和国第十届全国人大常委会第二十八次会议通过了《中华人民共和国劳动合同法》，2012 年 12 月 28 日第十一届全国人大常委会第三十次会议通过了《全国人民代表大会常务委员会关于修订<中华人民共和国劳动合同法>的决定》

二、劳动法的调整对象

劳动法调整的对象包括两个方面的社会关系：一是劳动关系，即劳动者与用人单位在劳动过程中形成的权利义务关系。二是与劳动关系有密切联系的其他关系，与劳动关系有密切联系的其他社会关系本身并非劳动关系，但与劳动关系有着密切联系，包括：处理劳动争议而发生的关系、执行社会保险方面的关系、劳动管理方面的关系以及工会组织与用人单位之间的关系等。

三、劳动法律关系

（一）劳动法律关系的概念及构成要素

劳动法律关系是劳动法调整劳动关系所形成的劳动者与用人单位之间在实现劳动过程中的权利义务关系。劳动法律关系由主体、客体和内容三个要素构成，其中核心要素是劳动法律关系的内容，即用人单位和劳动者依法享有的劳动权利和应当承担的劳动义务。

（二）劳动者的基本权利与义务

劳动者是指达到法定年龄，具有劳动权利能力和劳动行为能力，能够依法签订劳动合同，独立劳动并获取劳动报酬的自然人。可以是中国人、外国人、无国籍人。我国劳动法规定的最低就业年龄为16周岁。《劳动法》第15条规定："禁止用人单位招用未满16周岁的未成年人。文艺、体育和特种工艺单位招用未满16周岁的未成年人，必须依照国家有关规定，履行审批手续，并保障其接受义务教育的权利。"

根据劳动法的规定，劳动者的基本权利主要有：平等就业和选择职业的权利；取得劳动报酬的权利；休息休假的权利；获得劳动安全卫生保护的权利；接受职业技能培训的权利；享受社会保险和福利的权利；依法参加工会和职工民主管理的权利；提请劳动争议处理的权利；法律规定的其他劳动权利。

劳动者的基本义务主要包括：劳动者应按合同约定完成劳动任务，提高职业技能，执行劳动安全卫生规程，遵守劳动纪律和职业道德，服从用人单位规章制度的监督、指挥及约定的其他特别义务等

（三）用人单位的基本权利和义务

用人单位是指依法使用和管理劳动者并付给其劳动报酬的企业、个体经济组织以及与劳动者形成劳动关系的国家机关、事业组织、社会团体。用人单位的基本权利主要有：要求劳动者完成劳动任务的权利；要求劳动者提高劳动技能和执行劳动安全卫生规章的权利；要求劳动者遵守劳动纪律和职业道德的权利；对违反劳动纪律的劳动者给予批评教育、纪律制裁和经济处罚的权利；依法享有用工及工资分配方面的权利；法律规定的其他权利。用人单位的基本义务包括：应当依法建立和完善规章制度；保障劳动者享有劳动权利；职工培训；按时足额支付工资报酬；按时交纳社会保险；法律规定的其他义务。

四、劳动法的适用范围

依据我国劳动法规定，我国劳动法的适用范围包括：在中华人民共和国境内的企业、个体经济组织、民办非企业单位等与之形成劳动关系的劳动者；国家机关、事业组织、社会团体和与其建立劳动关系的劳动者。劳动法不适用公务员以及农村劳动者(乡镇企业职工和进城务工、经商的农民除外)、现役军人和家庭保姆等。

第二节 劳动合同

一、劳动合同的概念与特征

劳动合同是指劳动者与用人单位之间确立劳动关系，明确双方权利和义务的协议。与一般的民事合同不同，劳动合同有其自身独特的特征：

1．劳动合同的主体具有特定性。劳动合同的主体一方是用人单位，另一方是劳动者。

2．劳动合同的内容具有较强的法定性。一般民事合同，双方当事人对合同的内容、形式及解除都可以自由约定，但劳动合同的内容是明确双方当事人在实现劳动过程中的权利义务，由于在实现劳动过程中，劳动者是隶属于用人单位，受到用人单位管理的，劳动合同不但涉及财产关系，而且涉及人身关系，所以为了保护处于弱势地位的劳动者，劳动法律规定了较多的强制性规范，当事人双方签订劳动合同不得违反强制性规定，否则无效。

3．劳动合同双方当事人的关系兼有平等关系和从属关系的属性。劳动者与用人单位在签订劳动合同时，遵循平等、自愿、协商一致的原则，双方法律地位是平等的，但在履行劳动合同过程中，用人单位与劳动者之间具有支配与被支配、管理与服从的从属关系。

二、劳动合同的分类

按照就业方式的不同来分类，劳动合同可分为全日制劳动合同与非全日制劳动合同。按照劳动合同的存在形式来分类，劳动合同可分为书面劳动合同与口头劳动合同。按照劳动合同期限的不同来分类，劳动合同可分为有固定期限的劳动合同、无固定期限的劳动合同和以完成一定的工作为期限的劳动合同。固定期限劳动合同，是指用人单位与劳动者约定合同终止时间的劳动合同。以完成一定的工作为期限的劳动合同，是指用人单位与劳动者约定以某项工作的完成为合同期限的劳动合同。无固定期限劳动合同，是指用人单位与劳动者签订的无确定终止时间的劳动合同。《劳动合同法》第十四条规定："用人单位与劳动者协商一致，可以订立无固定期限劳动合同。有下列情形之一，劳动者提出或者同意续订、订立劳动合同的，除劳动者提出订立固定期限劳动合同外，应当订立无固定期限劳动合同。

1．劳动者在该用人单位连续工作满 10 年的；

2．用人单位初次实行劳动合同制度或者国有企业改制重新订立劳动合同时，劳动者在该用人单位连续工作满 10 年且距法定退休年龄不足 10 年的；

3．连续订立二次固定期限劳动合同，且劳动者没有下述情形，续订劳动合同的：严重违反用人单位的规章制度的；严重失职，营私舞弊，给用人单位造成重大损害的；劳动者同时与其他用人单位建立劳动关系，对完成本单位的工作任务造成严重影响，或者经用人单位提出，拒不改正的；以欺诈、胁迫的手段或者乘人之危，使用人单位在违背真实意思的情况下订立或者变更劳动合同，致使劳动合同无效的；被依法追究刑事责任的。劳动者患病或者非因工负伤，在规定的医疗期满后不能从事原工作，也不能从事由用人单位另行安排的工作的；劳动者不能胜任工作，经过培训或者调整工作岗位，仍不能胜任工作的。

三、劳动合同的形式

劳动合同的形式，是指劳动合同内容存在的方式，即劳动合同当事人双方意思表示一致的外部表现。可分为书面劳动合同与口头劳动合同。

(一) 书面形式及要求

用人单位和劳动者建立劳动关系，应当订立书面劳动合同。已建立劳动关系，但未订立书面劳动合同的，应当自用工之日起 1 个月内订立书面劳动合同。劳动关系自用人单位用工之日起建立。为了规范现实生活中用人单位未与劳动者签订书面合同的情形，劳动合同法区分不同情况作了规定。

1. 自用工之日起 1 个月内，经用人单位书面通知后，劳动者不与用人单位订立书面劳动合同的，用人单位应当书面通知劳动者终止劳动关系，无需向劳动者支付经济补偿，但是应当依法向劳动者支付其实际工作时间的劳动报酬。

2. 用人单位自用工之日起超过 1 个月不满 1 年未与劳动者订立书面劳动合同的，应当向劳动者每月支付两倍的工资，并与劳动者补订书面劳动合同；劳动者不与用人单位订立书面劳动合同的，用人单位应当书面通知劳动者终止劳动关系，并支付经济补偿。

用人单位向劳动者每月支付两倍工资的起算时间为用工之日起满 1 个月的次日，截止时间为补订书面劳动合同的前 1 日。

3. 用人单位自用工之日起满 1 年不与劳动者订立书面劳动合同的，视为用人单位与劳动者已订立无固定期限劳动合同。用人单位自用工之日起满 1 年未与劳动者订立书面劳动合同的，自用工之日起满 1 个月的次日至满 1 年的前 1 日应当向劳动者每月支付两倍的工资，并视为自用工之日起满 1 年的当日已经与劳动者订立无固定期限劳动合同，应当立即与劳动者补订书面劳动合同。

(二) 非全日制用工劳动合同形式

作为订立劳动合同应当采用书面形式的例外，《劳动合同法》第 69 条规定，非全日制用工的劳动合同既可以是书面形式，也可以是口头协议。

四、劳动合同的内容

劳动合同的内容包括必备条款与约定条款两大部分。

(一) 劳动合同的必备条款

劳动合同的必备条款是指依照法律规定劳动合同应当具备的条款。根据《劳动合同法》

的规定，劳动合同应当具备以下条款：用人单位的名称、住所和法定代表人或者主要负责人；动者的姓名、住址和居民身份证或者其他有效证件号码；劳动合同期限；作内容和工作地点；工作时间和休息休假；劳动报酬；社会保险；劳动保护、劳动条件和职业危害防护；法律、法规规定应当纳入劳动合同的其他事项。

（二）约定条款

劳动合同除前述必备条款外，用人单位与劳动者可以约定试用期、培训、保守秘密、补充保险和福利待遇等其他事项。

1. 用期条款

约定试用期应遵守以下规定：

（1）试用期的期限。劳动合同期限 3 个月以上不满 1 年的，试用期不得超过 1 个月；劳动合同期限 1 年以上不满 3 年的，试用期不得超过 2 个月；3 年以上固定期限和无固定期限的劳动合同，试用期不得超过 6 个月。

同一用人单位与同一劳动者只能约定一次试用期。以完成一定工作任务为期限的劳动合同或者劳动合同期限不满 3 个月的，不得约定试用期。试用期包含在劳动合同期限内。劳动合同仅约定试用期的，试用期不成立，该期限为劳动合同期限。

（2）试用期的工资。劳动者在试用期的工资不得低于本单位相同岗位最低档工资或者劳动合同约定工资的 80%，并不得低于用人单位所在地的最低工资标准。

（3）试用期内劳动合同的解除。在试用期中，除劳动者有过错或患病、非因公负伤以及经培训转岗后仍无法胜任工作的情形外，用人单位不得解除劳动合同。用人单位在试用期解除劳动合同的，应当向劳动者说明理由。

2. 务期条款

服务期条款是指双方当事人约定，由用人单位对其提供专项培训待遇（一般与脱产培训学习相关）的劳动者，必须为用人单位服务满约定的期限，期限内劳动者不得单方解除劳动合同的条款。劳动者违反服务期约定的，应当按照约定向用人单位支付违约金。违约金的数额不得超过用人单位提供的培训费用。用人单位要求劳动者支付的违约金不得超过服务期尚未履行部分所应分摊的培训费用。

3. 保守商业秘密与竞业限制

用人单位与劳动者可以在劳动合同中约定保守用人单位的商业秘密和与知识产权相关的保密事项。对负有保密义务的劳动者，用人单位可以在劳动合同或者保密协议中与劳动者约定竞业限制条款，并约定在解除或者终止劳动合同后，在竞业限制期限内按月给予劳动者经济补偿。劳动者违反竞业限制约定的，应当按照约定向用人单位支付违约金。

竞业限制的人员限于用人单位的高级管理人员、高级技术人员和其他负有保密义务的人员。竞业限制的范围、地域、期限由用人单位与劳动者约定，竞业限制的约定不得违反法律、法规的规定。

在解除或者终止劳动合同后，竞业限制的人员到与本单位生产或者经营同类产品、从事同类业务的有竞争关系的其他用人单位，或者自己开业生产或者经营同类产品、从事同类业务的竞业限制期限，不得超过 2 年。

五、劳动合同的订立

(一) 劳动合同订立的概念和原则

劳动合同的订立是指劳动者与用人单位经过相互选择和平等协商，就劳动合同的各项条款协商一致，并以书面形式明确规定双方权利、义务及责任，从而确立劳动关系的法律行为。订立劳动合同，应当遵循合法、公平、平等自愿、协商一致、诚实信用的原则。

(二) 订立劳动合同的程序

劳动合同订立的程序必须符合法律规定，未经双方协商一致、强迫订立的劳动合同无效。订立劳动合同主要经过要约与承诺两个基本阶段。

我国劳动法还规定了双方当事人在订立劳动合同时具有的先合同义务，即用人单位在招用劳动者时，应当如实告知劳动者工作内容、工作条件、工作地点、职业危害、安全生产状况、劳动报酬，以及劳动者要求了解的其他情况。用人单位有权了解劳动者与劳动合同直接相关的基本情况，劳动者应当如实说明。

用人单位招用劳动者，不得扣押劳动者的居民身份证和其他证件，不得要求劳动者提供担保或者以其他名义向劳动者收取财物。用人单位扣押劳动者的居民身份证等证件的，由劳动行政部门责令限期退还劳动者本人，并依照有关法律规定给予处罚。用人单位以担保或者以其他名义向劳动者收取财物的，由劳动行政部门责令限期退还劳动者本人，并以每人 500 元以上 2000 元以下的标准对用人单位处以罚款；给劳动者造成损害的，应当承担赔偿责任。

(三) 劳动合同的法律效力

1. *劳动合同的生效*

劳动合同的生效是指依法成立的劳动合同，对当事人双方产生法律约束力。劳动合同由用人单位与劳动者协商一致，并经用人单位与劳动者在劳动合同文本上签字或者盖章即生效，对双方具有法律约束力。除非当事人对劳动合同生效有特殊约定，如约定须经公证或鉴证方可生效的劳动合同，其生效时间开始于公证、鉴证手续办理完毕之日。

劳动合同生效后对当事人双方产生的法律约束力具体表现为：当事人双方必须亲自全面履行劳动合同所规定的义务(并同时享受权利)，否则，当事人必须依法承担相应责任；合同的变更和解除都必须遵循法定的条件和程序，任何一方当事人都不得擅自变更和解除合同，否则，当事人必须依法承担相应责任；当事人双方因劳动合同发生争议，必须以法定方式处理。

2. *劳动合同的无效*

无效劳动合同，是指劳动合同虽然已经成立，但因违反法律、法规的强制性规定或违背平等、自愿原则而对当事人全部或部分不产生法律约束力的劳动合同。依据《劳动合同法》的规定，下列劳动合同无效或者部分无效：以欺诈、胁迫的手段或者乘人之危，使对方在违背真实意思的情况下订立或者变更劳动合同的；用人单位免除自己的法定责任、排除劳动者权利的；违反法律、行政法规强制性规定的。

无效劳动合同，从订立时起就没有法律效力，而不是从被确认无效之日起才无效。劳动合同部分无效，不影响其他部分效力的，其他部分仍然有效。对劳动合同的无效或者部分无效有争议的，由劳动争议仲裁机构或者人民法院确认。劳动合同被确认无效，劳动者已付出劳动的，用人单位应当向劳动者支付劳动报酬。劳动报酬的数额，参照本单位相同或者相近岗位劳动者的劳动报酬确定。

六、劳动合同的履行与变更

（一）劳动合同的履行

劳动合同的履行是指劳动合同生效后，双方当事人按照劳动合同的约定履行各自所应承担的义务和实现各自应享受的权利，使双方当事人订立劳动合同的目的得以实现的法律行为。劳动合同依法订立就具有法律效力。用人单位与劳动者双方应当按照劳动合同的约定，履行各自的义务。

1. *劳动合同的履行原则*

(1) 实际履行原则。劳动合同实际履行原则包括两层含义：一是双方当事人都必须亲自履行合同义务，而不能由第三人代替履行；二是要求劳动者按合同规定的工作岗位和工作任务完成劳动过程，从而使劳动力与生产资料的结合成为最佳状态。

(2) 全面履行原则。劳动合同全面履行原则，是指劳动合同的当事人按照合同规定和要求全面履行合同义务。

(3) 协作履行原则。劳动合同合作履行原则，要求双方当事人在履行劳动合同过程中相互配合、友好合作，并在遇到困难时相互理解和帮助。

2. *劳动合同履行的具体要求*

(1) 用人单位应当按照劳动合同约定和国家规定，向劳动者及时足额支付劳动报酬。用人单位拖欠或者未足额支付劳动报酬的，劳动者可以依法向当地人民法院申请支付令，人民法院应当依法发出支付令。

(2) 用人单位应当严格执行劳动定额标准，不得强迫或者变相强迫劳动者加班。用人单位安排加班的，应当按照国家有关规定向劳动者支付加班费。

(3) 劳动者拒绝用人单位管理人员违章指挥、强令冒险作业的，不视为违反劳动合同。劳动者对危害生命安全和身体健康的劳动条件，有权对用人单位提出批评、检举和控告。

3. *特殊情况下劳动合同的履行*

用人单位变更名称、法定代表人、主要负责人或者投资人等事项，不影响劳动合同的履行。用人单位发生合并或者分立等情况，原劳动合同继续有效，劳动合同由承继其权利和义务的用人单位继续履行。

（二）劳动合同的变更

劳动合同的变更是指劳动者与用人单位对依法成立、尚未履行完毕的劳动合同，因主客观条件发生变化，当事人对原合同中的某些条款所做的修改、补充的法律行为。《劳动合同法》第三十五条规定：用人单位与劳动者协商一致，可以变更劳动合同约定的内容。变更劳动合同，应当采用书面形式。变更后的劳动合同文本由用人单位和劳动者各执一份。

劳动合同依法订立后，双方当事人必须全面履行合同规定的义务，任何一方不得擅自变更劳动合同。同订立劳动合同一样，变更劳动合同也应当遵循平等自愿、协商一致的原则，不得违反法律、行政法规的规定。未对变更劳动合同达成一致意见的，任何一方不得擅自变更劳动合同。

七、劳动合同的解除

劳动合同的解除是指在劳动合同订立后，劳动合同期限届满之前，因出现法定的情形，当事人一方单方通知结束劳动关系或双方协商提前终止劳动合同的法律行为。劳动合同解除可分为协议解除和法定解除。

（一）协议解除

协议解除又称双方解除，是指劳动合同订立后，双方当事人在完全自愿的基础上协商一致，合意解除劳动合同，提前终止劳动合同的效力。《劳动法》第二十四条和《劳动合同法》第三十六条都规定，经劳动合同当事人协商一致，劳动合同可以解除。劳动合同是双方当事人在自愿的基础上订立的，当然也允许其自愿协商解除，而不问解除的理由或原因。

（二）法定解除

法定解除又称单方解除，是指在出现国家法律、法规或劳动合同规定的可以解除劳动合同的情形时，不需双方当事人一致同意，劳动合同可以自然或由单方提前终止。法定解除又可分为劳动者的单方解除和用人单位的单方解除。

1. 劳动者可单方解除劳动合同的情形

(1)劳动者预告解除劳动合同的情形。《劳动合同法》第三十七条规定，劳动者提前30日以书面形式通知用人单位，可以解除劳动合同。劳动者在试用期内提前3日通知用人单位，可以解除劳动合同。劳动者预告辞职没有任何法定理由，通知后超过30日，劳动者即可以向用人单位提出办理解除劳动合同的手续，用人单位应予办理，不得以扣留人事档案或扣发工资等相要挟、阻挠。

(2)劳动者可即时解除劳动合同的情形。《劳动合同法》第三十八条规定，用人单位有下列情形之一的，劳动者可以随时通知用人单位解除劳动合同：①未按照劳动合同约定提供劳动保护或者劳动条件的；②未及时足额支付劳动报酬的；③未依法为劳动者缴纳社会保险费的；④用人单位的规章制度违反法律、法规的规定，损害劳动者权益的；⑤用人单位以欺诈、胁迫的手段或者乘人之危，使劳动者在违背真实意思的情况下订立或者变更劳动合同的；⑥用人单位在劳动合同中免除自己的法定责任、排除劳动者权利的；⑦用人单位违反法律、行政法规强制性规定的；⑧法律、行政法规规定劳动者可以解除劳动合同的其他情形。

用人单位以暴力、威胁或者非法限制人身自由的手段强迫劳动者劳动的，或者用人单位违章指挥、强令冒险作业危及劳动者人身安全的，劳动者可以立即解除劳动合同，不需事先告知用人单位。

2. 用人单位可单方解除劳动合同的情形

(1)用人单位预告解除劳动合同的情形。用人单位预告解除劳动合同是指劳动者虽无过错，但由于客观情况发生了变化或劳动者患病、非因公伤残等，用人单位在采取弥补措施无果的情况下，法律赋予用人单位在履行特定程序后解除劳动合同的权利。可称为用人单位“非过错性辞退”或“预告辞退”。

《劳动合同法》第四十条规定，有下列情形之一的，用人单位提前 30 日以书面形式通知劳动者本人或者额外支付劳动者 1 个月工资后，可以解除劳动合同：①劳动者患病或者非因工负伤，在规定的医疗期满后不能从事原工作，也不能从事由用人单位另行安排的工作的；②劳动者不能胜任工作，经过培训或者调整工作岗位，仍不能胜任工作的；③劳动合同订立时所依据的客观情况发生重大变化，致使劳动合同无法履行，经用人单位与劳动者协商，未能就变更劳动合同内容达成协议的。

(2)用人单位即时解除劳动合同的情形。用人单位即时解除劳动合同，指用人单位可以不必依法提前预告而立即解除劳动合同的行为，也可称为过错性解雇或即时辞退。

《劳动合同法》第三十九条规定，劳动者有下列情形之一的，用人单位可以随时通知劳动者解除劳动合同：①劳动者在试用期间被证明不符合录用条件的；②劳动者严重违反用人单位的规章制度的；③劳动者严重失职，营私舞弊，给用人单位造成重大损害的；④劳动者同时与其他用人单位建立劳动关系，对完成本单位的工作任务造成严重影响，或者经用人单位提出，拒不改正的；⑤劳动者以欺诈、胁迫的手段或者乘人之危，使用人单位在违背真实意思的情况下订立或者变更劳动合同的；⑥劳动者被依法追究刑事责任的。

(3)用人单位经济性裁减人员的情形。《劳动合同法》第四十一条规定，有下列情形之一，需要裁减人员 20 人以上或者裁减不足 20 人但占企业职工总数 10%以上的，用人单位提前 30 日向工会或者全体职工说明情况，听取工会或者职工的意见后，裁减人员方案经向劳动行政部门报告，可以裁减人员：①依照企业破产法规定进行重整的；②生产经营发生严重困难的；③企业转产、重大技术革新或者经营方式调整，经变更劳动合同后，仍需裁减人员的；④其他因劳动合同订立时所依据的客观经济情况发生重大变化，致使劳动合同无法履行的。

裁减人员时，应当优先留用下列人员：①与本单位订立较长期限的固定期限劳动合同的；②与本单位订立无固定期限劳动合同的；③家庭无其他就业人员，有需要扶养的老人或者未成年人的。

用人单位裁减人员后，在六个月内重新招用人员的，应当通知被裁减的人员，并在同等条件下优先招用被裁减的人员。

八、劳动合同的终止

劳动合同的终止是指劳动合同关系因一定的法律事实的出现而终结，劳动者与用人单位之间原有的权利义务不复存在。劳动合同的终止主要是基于某种法定事实的出现，其一般不涉及用人单位与劳动者的意思表示，只要法定事实出现，一般情况下，都会导致双方劳动关系消灭。

根据《劳动合同法》第四十四条规定，有下列情形之一的，劳动合同终止：①劳动合同期满的；②劳动者开始依法享受基本养老保险待遇的；③劳动者死亡，或者被人民法院宣告死亡或者宣告失踪的；④用人单位被依法宣告破产的；⑤用人单位被吊销营业执照、责令关闭、撤销或者用人单位决定提前解散的；⑥法律、行政法规规定的其他情形。

(二)劳动合同终止的限制性规定

一般劳动合同期满，劳动合同就终止，但也有例外。如果有下列情形，用人单位既不得解除劳动合同，也不得终止劳动合同，劳动合同应当延续至相应的情形消失时才终止：①从事接触职业病危害作业的劳动者未进行离岗前职业健康检查，或者疑似职业病病人在诊断或者医学观察期间的；②在本单位患职业病或者因工负伤并被确认丧失或者部分丧失劳动能力的；③患病或者非因工负伤，在规定的医疗期内的；④女职工在孕期、产期、哺乳期的；⑤在本单位连续工作满 15 年，且距法定退休年龄不足 5 年的；⑥法律、行政法规规定的其他情形。

【讨论】据世界卫生组织估计，全球约 30 亿工人中有 80%工作在不健康的作业环境中，没有得到职业卫生服务，主要集中在发展中国家。我国职业病种类 50 年增加了 7 倍，由 1957 年的 14 种扩大到现在的 10 大类 115 种。常见的职业病有哪些?

九、劳动合同解除或终止的经济补偿

劳动法中的经济补偿是指按照劳动合同法的规定，在劳动者无过错的情况下，用人单位与劳动者解除或终止劳动合同而依法应当给予劳动者经济上的补偿。

(一)用人单位应当向劳动者支付经济补偿的情形

根据《劳动合同法》第四十六条规定，有下列情形之一的，用人单位应当向劳动者支付经济补偿：

1．由用人单位向劳动者提出解除劳动合同并与劳动者经协商一致而解除劳动合同的；

2．劳动者符合随时通知解除和不需事先通知即可解除劳动合同规定情形而解除劳动合同的；

3．用人单位符合提前 30 日以书面形式通知劳动者本人或额外支付劳动者 1 个月工资后，可以解除劳动合同规定情形而解除劳动合同的；

4．用人单位依符合可裁减人员规定而解除劳动合同的；

5．除用人单位维持或者提高劳动合同约定条件续订劳动合同，劳动者不同意续订的情形外，劳动合同期满终止固定期限劳动合同的；

6．以完成一定工作任务为期限的劳动合同因任务完成而终止劳动合同的；

7．用人单位被依法宣告破产终止劳动合同的；

8．用人单位被吊销营业执照、责令关闭、撤销或者用人单位决定提前解散而终止劳动合同的；

9．法律、行政法规规定解除或终止劳动合同应当向劳动者支付经济补偿的其他情形。

(二) 经济补偿的标准

经济补偿按劳动者在本单位工作的年限，每满 1 年支付 1 个月工资的标准向劳动者支付。6 个月以上不满 1 年的，按 1 年计算；不满 6 个月的，向劳动者支付半个月工资的经济补偿。

劳动者月工资高于用人单位所在直辖市、设区的市级人民政府公布的本地区上年度职工月平均工资 3 倍的，向其支付经济补偿的标准按职工月平均工资 3 倍的数额支付，向其支付经济补偿的年限最高不超过 12 年。月工资是指劳动者在劳动合同解除或者终止前 12 个月的平均工资。

十、劳动合同的特别规定

(一) 集体合同

1. 集体合同的概念和特征

集体合同是指用人单位的工会组织或者职工代表代表全体职工与所在用人单位为规范劳动关系而签订的，以全体劳动者共同利益为中心内容的书面协议。集体合同具有以下几个法律特征。

(1) 集体合同当事人一方是工会组织或职工代表，另一方是用人单位。

(2) 集体合同是最低标准的合同。集体合同是就劳动报酬、工作休息、保险福利等事项的最低标准与用人单位达成的协议，用人单位与劳动者签订的劳动合同所定的各种待遇不得低于集体合同的标准。

(3) 集体合同是要式合同。集体合同要以书面形式签订，并经劳动主管机关备案才具有法律效力。

2. 集体合同的分类

根据《劳动合同法》的规定，集体合同可以分为两类。

(1) 专项集体合同，是指企业职工一方与用人单位就劳动安全卫生、女职工权益保护、工资调整机制等专项事务订立的，对用人单位与所属劳动者具有约束力的集体合同。

(2) 行业性集体合同，是指在县级以下区域内建筑业、采矿业、餐饮服务业等行业，由工会与企业方面代表订立的，对当地本行业的用人单位和所属劳动者具有约束力的集体合同。

3. 订立集体合同的注意事项

(1) 订立集体合同的主体只能是工会代表企业职工一方与用人单位订立；尚未建立工会的用人单位，由上级工会指导劳动者推举的代表与用人单位订立。

(2) 订立集体合同应当遵循以下原则：合法原则；民主原则；平等合作、协商一致原则；三兼顾原则，即兼顾国家、企业或事业组织、职工的利益。

(3) 集体合同中劳动报酬和劳动条件等标准不得低于当地人民政府规定的最低标准；用人单位与劳动者订立的劳动合同中劳动报酬和劳动条件等标准不得低于集体合同规定的标准。

(4) 集体合同订立后，应当报送劳动行政部门；劳动行政部门自收到集体合同文本之日起 15 日内未提出异议的，集体合同即行生效。

（二）劳务派遣

劳动派遣就是由派遣单位通过与用工单位（接受以劳务派遣形式用工的单位）订立劳动派遣协议，将和自己签订劳动合同的劳动者派往用工单位从事劳动的一种用工方式。根据劳动合同法及其相关规定，劳务派遣应当注意如下法律规定。

1. 劳务派遣单位即劳动合同法所称的用人单位，应当履行用人单位对劳动者的义务。劳务派遣单位与被派遣劳动者应订立劳动合同，劳动合同的内容除应当载明《劳动合同法》第十七条规定的事项外，还应当载明被派遣劳动者的用工单位以及派遣期限、工作岗位等情况。

2. 劳务派遣单位应当与被派遣劳动者订立 2 年以上的固定期限劳动合同，按月支付劳动报酬。被派遣劳动者在无工作期间，劳务派遣单位应当按照所在地人民政府规定的最低工资标准，向其按月支付报酬。

3. 劳务派遣单位和用工单位不得向被派遣劳动者收取费用。劳务派遣单位不得克扣用工单位按照劳务派遣协议支付给被派遣劳动者的劳动报酬。

4. 用工单位应当执行国家劳动标准，告知被派遣劳动者的工作要求和劳动报酬，支付加班费与绩效奖金，提供与工作岗位相关的福利待遇，对在岗被派遣劳动者进行工作岗位所必需的培训，提供相应的劳动条件和劳动保护。用工单位不得将被派遣劳动者再派遣到其他用人单位。

5. 被派遣劳动者享有与用工单位的劳动者同工同酬的权利；有权在劳务派遣单位或者用工单位依法参加或者组织工会，维护自身的合法权益。

（三）非全日制用工

非全日制用工，是指以小时计酬为主，劳动者在同一用人单位一般平均每日工作时间不超过 4 小时，每周工作时间累计不超过 24 小时的用工形式。非全日制用工应当注意如下法律规定。

1. 非全日制用工双方当事人可以订立口头协议。从事非全日制用工的劳动者可以与一个或者一个以上用人单位订立劳动合同；但是，后订立的劳动合同不得影响先订立的劳动合同的履行。非全日制用工双方当事人不得约定试用期。

2. 非全日制用工双方当事人任何一方都可以随时通知对方终止用工。终止用工，用人单位不向劳动者支付经济补偿。

3. 非全日制用工小时计酬标准不得低于用人单位所在地人民政府规定的最低小时工资标准。非全日制用工劳动报酬结算支付周期最长不得超过 15 日。

第三节　劳动基准法

一、工作时间

工作时间是指劳动者为履行劳动义务，在法律规定的标准下，根据劳动合同和集体合同的规定提供劳动的时间。通常是指在一昼夜内或一周内从事劳动的时间，即劳动者每天应工作的时数或每周应工作的天数。我国现行的工时制度主要有标准工时制、不定时工时制和综合计算工时制。

(1)标准工作日制度。标准工作日是指国家统一规定的劳动者从事工作或劳动的时间。我国劳动法规定，我国实行劳动者每日工作 8 小时、每周工作 40 小时的标准工时制度。不能实行标准工时制度的，应保证劳动者每天工作不超过 8 小时，每周工作不超过 40 小时，每周至少休息 1 天。

用人单位由于生产经营需要，经与工会和劳动者协商后可以延长工作时间，一般每日不得超过 1 小时；因特殊原因需要延长工作时间的，在保障劳动者身体健康的条件下，每日不得超过 3 小时，每月不得超过 36 小时。但有下列情形之一的，延长工作时间不受上述规定的限制：①发生自然灾害、事故或者因其他原因，威胁劳动者生命健康和财产安全，需要紧急处理的；②生产设备、交通运输线路、公共设施发生故障，影响生产和公众利益，必须及时抢修的；③法律、行政法规规定的其他情形。

(2)不定时工作制，也称无定时工作日，是指没有固定的工作时数限制的工作制度。主要适用于一些因工作性质或职责范围不受标准工作时间限制的劳动者。如因工作无法按标准工作时间衡量的高级管理人员、外勤人员，因工作性质特殊需要机动作业的职工等。

(3)综合计算工作制，也称综合计算工作日，是指用人单位根据生产和工作的特点，分别以周、月、季、年等为周期，综合计算劳动者工作时间，但其平均日工作时间和平均周工作时间仍与法定标准工作时间基本相同的工时制度。对于因工作性质或生产特点的限制，实行综合计算工作制的用人单位应当根据国家有关规定，听取职工意见，保障劳动者身体健康，采取集中工作、集中休息、轮休调休、弹性工作时间等适当的工作和休息方式。

二、休息休假

休息休假是劳动者在国家规定的法定工作时间以外的，不从事劳动而自行支配的时间。目前我国休息休假可以分为以下几种：

1. 一个工作日内的休息时间(亦称工间休息)，是指在工作日内给予劳动者休息和用膳的时间。一般为 1~2 小时，最少不得少于半小时。

2. 工作日间的休息时间，是指劳动者在 2 个相邻工作日之间的休息时间，一般不得少于 1 6 个小时。

3. 公休假日即周休日，是指劳动者在 1 周(7 日)内享有不少于 2 4 小时的连续休息时间。一般每周为星期六与星期日 2 日，用人单位应当保证劳动者每周至少休息 1 日。

4. 法定节假日，是指法律规定用以开展纪念、庆祝活动的休息时间。我国法定假日包括新年、春节、清明节、劳动节、端午节、中秋节、国庆节及法律法规规定的其他休假节日等。

5. 年休假，是指工作满一定年限(累计满 1 年以上)的劳动者每年享有保留本职工作并领取工资的连续休息时间。

《职工带薪年休假条例》(2007 年 12 月 7 日国务院第 198 次常务会议通过，自 2008 年 1 月 1 日起施行)规定：自 2008 年 1 月 1 日起，机关、团体、企业、事业单位、民办非企业单位、有雇工的个体工商户等单位的职工连续工作 1 年以上的，享受带薪年休假。累计工作年限已满 1 年不满 10 年的，年休假 5 天；已满 10 年不满 20 年的，年休假 10 天；已满 20 年的，年休假 15 天。国家法定休假日、休息日不计入年休假的假期。年休假在 1 个年度内可以集中安排，也可以分段安排，一般不跨年度安排。单位因生产、工作特点确有必要跨年度安排职工年休假的，可以跨 1 个年度安排。

职工有下列情形之一，不得享受当年的年休假：职工依法享受寒暑假，其休假天数多于年休假天数的；职工请事假累计 20 天以上且单位按照规定不扣工资的；累计工作满 1 年不满 10 年的职工，请病假累计 2 个月以上的；累计工作满 10 年不满 20 年的职工，请病假累计 3 个月以上的；累计工作满 20 年以上的职工，请病假累计 4 个月以上的。

三、工资法律制度

工资是指用人单位依据国家有关规定或劳动合同的约定，以货币形势直接支付给劳动者的劳动报酬,它包括基本工资、奖金、津贴、补贴、加班费等。这是劳动者为用人单位提供劳动获得的直接回报，是劳动者提供劳动的直接目的，是劳动者的生活来源。

(一) 工资分配原则

用人单位根据本单位的生产经营特点和经济效益，依法自主确定本单位的工资分配方式和工资水平。工资分配应当遵循以下原则:同工同酬原则；按劳分配为主、多种分配方式并存原则；工资总量宏观调控原则；效率优先、兼顾公平原则；逐步提高工资水平原则。

(二) 工资支付保障

工资支付保障是指为保障劳动者劳动报酬权的实现，防止用人单位滥用工资分配权而制定的有关工资支付的一系列规则。支付工资是用人单位的法定义务，用人单位应当依法足额支付，除法定或约定允许扣除工资的情况外，严禁非法克扣或无故拖欠劳动者工资。

1. 工资应当以法定货币形式支付，不得以实物及有价证券替代货币支付

2. 工资必须在用人单位与劳动者约定的日期支付。如遇节假日或休息日，则应提前在最近的工作日支付。

3. 至少每月支付一次，实行周、日、小时工资制的可按周、日、小时支付工资。

4. 完成一次性临时劳动或某项具体工作的劳动者，用人单位应按有关协议或合同规定在其完成劳动任务后即支付工资。

(三) 特殊情况下的工资支付

1. 劳动者依法享受法定休假日和婚丧假期间以及依法参加社会活动期间，用人单位应当依法支付工资。

2. 在部分公民放假的节日期间(妇女节、青年节)，对参加社会活动或单位组织庆祝活动和照常工作的职工，单位应支付工资报酬，但不支付加班工资。

3. 加班加点工资支付。用人单位依法安排劳动者在日标准工作时间以外延长工作时间的，按照不低于劳动合同规定的劳动者本人小时工资标准的 150%支付；用人单位依法

安排劳动者在休息日工作，不能安排补休的，按照不低于劳动合同规定的劳动者本人日或小时工资标准的 200%支付；用人单位依法安排劳动者在法定休假日工作的，按照不低于劳动合同规定的劳动者本人日或小时工资标准的 300%支付。

（三）最低工资保障

最低工资是指劳动者在法定工作时间或依法签订的劳动合同约定的工作时间内提供了正常劳动的前提下，用人单位应支付的最低劳动报酬。为确保公平分配、保障劳动者及其家庭成员的最低生活，国家实行最低工资保障制度。用人单位支付劳动者的工资不得低于当地最低工资标准。

我国不实行全国统一最低工资标准，最低工资的具体标准由省、自治区、直辖市人民政府规定，报国务院备案。在确定和调整最低工资标准时，综合参考下列因素：劳动者本人及平均赡养人口的最低生活费用；社会平均工资水平；劳动生产率；就业状况；地区之间经济发展水平的差异。

最低工资不包括以下项目：加班加点工资；中班、夜班、高温、低温、井下、有毒有害等特殊工作环境条件下的津贴；国家法律、法规和政策规定的劳动者保险、福利待遇；用人单位通过贴补伙食、住房等支付给劳动者的非货币性收入。

劳动合同履行地与用人单位注册地不一致的，有关劳动者的最低工资标准、劳动保护、劳动条件、职业危害防护和本地区上年度职工月平均工资标准等事项，按照劳动合同履行地的有关规定执行；用人单位注册地的有关标准高于劳动合同履行地的有关标准，且用人单位与劳动者约定按照用人单位注册地的有关规定执行的，从其约定。

四、社会保险

（一）社会保险的概念及特征

社会保险是国家通过立法手段设立社会保险基金，在劳动者因年老、患病、工伤、失业、生育等原因，暂时或永久失去生活来源的时候，依法给予一定的物质帮助和补偿，以保证劳动者的基本生活需要的一种社会保障制度。《劳动法》第七十条规定：“国家发展社会保险事业，建立社会保险制度，设立社会保险基金，使劳动者在年老、患病、工伤、失业、生育等情况下获得帮助和补偿。”社会保险制度具有强制性、统一性、补偿性和互济性等特征。

（二）我国的社会保险制度

我国目前设立的社会保险制度主要有：养老保险制度、医疗保险制度、失业保险制度、工伤保险制度和生育保险制度。

(1)养老保险是指依法由社会保险行政主管部门负责组织和管理，由用人单位和劳动者个人共同承担养老保险费缴纳义务，劳动者退休后依法享受养老保险待遇的基本社会保险制度。它是社会保险体系中重要的组成部分，国家通过建立养老保险制度解决劳动者“老有所养”的社会问题。

(2) 医疗保险是为了保障劳动者和退休人员因疾病或非因工伤害时得到基本医疗，享受医疗保险待遇的保险制度。它具有分摊疾病风险、集中资金补偿疾病损失的功能。

(3) 失业保险是指国家对失业人员提供一定时期的物质帮助与再就业服务，保障失业人员失业期间的正常生活的保险制度。这里所说的失业是指劳动者在有劳动能力的情况下，非本人意愿中断就业而失去工资收入的现象。

(4) 工伤保险是指为了保障由于工作原因遭受事故伤害或者因为职业危害因素引发职业病的劳动者获得必要的医疗救治和经济补偿的保险制度。这里强调伤害或疾病与工作或职业有直接的关系。2003 年 4 月，国务院颁布了《工伤保险条例》，标志着国家将工伤保险制度以法律形式确定下来。

(5) 生育保险是为保障女职工生育期间得到必要的经济补偿和医疗保障的保险制度。

上述五种保险中，前三种保险的保险费由用人单位和劳动者个人共同缴纳，后两种保险的保险费由用人单位缴纳。缴纳社会保险费是用人单位和劳动者的法定义务，双方都必须履行。

五、职业安全卫生

(一) 职业安全卫生法的概念和特点

职业安全卫生法，是指以保护劳动者在职业劳动过程中的安全和健康为宗旨，以劳动安全卫生规则等为内容的法律规范的总称。职业安全卫生法的立法目的是减少和避免因工伤亡事故以及职业危害、职业中毒和职业病。《劳动法》第五十二条规定："用人单位必须建立、健全劳动安全卫生制度，严格执行国家劳动安全卫生规程和标准，对劳动者进行劳动安全卫生教育，防止劳动过程中的事故，减少职业危害。"

职业安全卫生法与其他劳动法规相比有其特有的特征：

1. 保护对象的特定性。职业安全卫生法保护的对象是特定的，即保护的是劳动者在生产、劳动过程中的生命安全和健康；

2. 法规内容具有技术性。职业安全卫生法主要由劳动安全、劳动卫生技术规程和标准组成，是具有技术性的法律规范；

3. 法律规范多为强制性和禁止性规范。

(二) 职业安全卫生工作的方针和制度。

职业安全卫生工作方针是：安全第一，预防为主。职业安全卫生制度包括：安全生产责任制度；安全技术措施计划制度；职业安全卫生教育制度；职业安全卫生检查制度；职业安全卫生监督制度；伤亡事故和职业病统计报告处理制度。

(三) 女职工特殊劳动保护制度

女职工特殊保护，是指根据女职工身体结构，生理机能的特点以及抚育子女的特殊需要，对其在劳动过程中的安全健康所采取的有别于男性的特殊保护包括禁止或限制女职工从事某些作业和女职工"四期"保护。

1. 女职工禁忌从事的劳动范围

根据《劳动法》第五十九条与《女职工禁忌从事劳动范围的规定》，一般情况下，女职工禁忌从事以下范围的劳动：①矿山井下作业；②森林业伐木、归楞及流放作业；③《体力劳动强度分级》标准中第四级体力劳动强度的作业；④建筑业脚手架的组装和拆除作业，以及电力、电信行业的高处架线作业；⑤连续负重每次超过 20 千克，间断负重每次超过 25 千克的作业。

2. 女职工“四期”特殊保护

(1)经期保护。经期保护是对女职工月经期间的特殊保护。《劳动法》第六十条规定：“不得安排女职工在经期从事高处、低温、冷水作业和国家规定的第三级体力劳动强度的劳动。”

(2)孕期保护。《劳动法》第六十一条规定：“不得安排女职工在怀孕期间从事国家规定的第三级体力劳动强度的劳动和孕期禁忌从事的活动。对怀孕 7 个月以上的女职工，不得安排其延长工作时间和夜班劳动。”

(3)产期保护。产期保护是对女职工生育期间的特殊保护。《劳动法》我国《女职工劳动保护规定》对此做了进一步规定：第七条女职工生育享受 98 天产假，其中产前可以休 15 天，难产的，增加产假 15 天，生育多胞胎的，每多生育一个婴儿，增加产假 15 天。第六十二条规定：“女职工生育享受不少于 90 天的产假。”

(4)哺乳期保护。哺乳期保护是对女职工哺乳未满 1 周岁婴儿期间的特殊保护。《劳动法》第六十三条规定：“不得安排女职工在哺乳未满 1 周岁的婴儿期间从事国家规定的第三级体力劳动强度的劳动和哺乳期禁忌从事的其他劳动，不得安排其延长工作时间和夜班劳动。”

(四)未成年工特殊保护制度

未成年工特殊保护是指根据未成年工生长发育的特点和接受义务教育的需要，国家对其在劳动过程中的安全健康所采取的有别于成年职工的特殊保护。未成年工是指年满 16 周岁未满 18 周岁的劳动者。

1. 未成年工禁忌从事的劳动

《劳动法》第六十四条规定：“不得安排未成年工从事矿山井下、有毒有害、国家规定的第四级体力劳动强度的劳动和其他禁忌从事的劳动。”

2. 对未成年工进行定期健康检查

《劳动法》第六十五条规定：“用人单位应当对未成年工定期进行健康检查。”

3. 对未成年工的使用和特殊保护实行登记制度

用人单位招收使用未成年工，除符合一般用工要求外，还须向所在地的县以上劳动行政部门办理登记。劳动行政部门根据《未成年工健康检查表》、《未成年工登记表》，核发《未成年工登记证》，未成年工须持《未成年工登记证》上岗。

第四节　劳动争议的解决

一、劳动争议的概念

劳动争议也称劳动纠纷，是指用人单位与劳动者之间因劳动权利和劳动义务所发生的纠纷，又称劳动纠纷或劳资纠纷。这一概念包含以下主要内容：劳动争议的双方主体具有特定性；劳动争议的产生基础具有特定性；劳动争议的内容具有特定性；某些劳动争议具有广泛的社会影响性。

二、劳动争议的适用范围

劳动争议的范围主要指中华人民共和国境内的用人单位与劳动者发生的下列劳动争议：

1. 因确认劳动关系发生的争议；
2. 因订立、履行、变更、解除和终止劳动合同发生的争议；
3. 因除名、辞退和辞职、离职发生的争议；
4. 因工作时间、休息休假、社会保险、福利、培训以及劳动保护发生的争议；
5. 因劳动报酬、工伤医疗费、经济补偿或者赔偿金等发生的争议；
6. 法律、法规规定的其他劳动争议。

三、劳动争议的解决原则和方法

1. 劳动争议的解决原则。解决劳动争议，应当根据事实，遵循合法、公正、及时、着重调解的原则，依法保护当事人的合法权益。

2. 劳动争议的解决方法。根据《劳动法》第七十七条规定,劳动争议解决的方式有协商、调解、仲裁、诉讼。发生劳动争议，劳动者可以与用人单位协商，也可以请工会或者第三方共同与用人单位协商，达成调解协议。当事人不愿协商、协商不成或者达成和解协议后不履行的，可以向调解组织申请调解；不愿调解、调解不成或者达成调解协议后不履行的，可以向劳动争议仲裁委员会申请仲裁；对仲裁裁决不服的，除另有规定的外，可以向人民法院提起诉讼。

四、劳动争议的处理程序

（一）协商

协商不是劳动争议处理的必经程序，达成的调解协议无强制执行效力。如果不愿协商、协商不成或者达成和解协议后不履行的，可以申请调解。

（二）调解

发生劳动争议，当事人可以申请调解。这里的调解是指用人单位劳动争议调解委员会（以下简称调解委员会）的调解。它是劳动争议处理的第一道程序，但并非必经程序。

1. *劳动争议调解组织*

劳动争议调解组织是调解委员会，它既非司法机构，也非行政机构，而是依法成立的专门处理劳动争议的群众组织。根据有关法律、法规，目前可以受理劳动争议的调解组织有3种：

(1) 企业劳动争议调解委员会；国家鼓励企业尤其是大型企业尽量设立调解委员会，

以缓和劳资矛盾；(2)依法设立的基层人民调解组织；(3)在乡镇、街道设立的具有劳动争议调解职能的组织。

企业劳动争议调解委员会的调解委员由职工代表和企业代表组成。职工代表由工会成员担任或者由全体职工推举产生，企业代表由企业负责人指定。企业劳动争议调解委员会主任由工会成员或者双方推举的人员担任。

2. *劳动调解程序*

(1)当事人申请劳动争议调解可以书面申请，也可以口头申请。

(2)经调解达成协议的，应当制作调解协议书。

①调解协议书由双方当事人签名或者盖章，经调解员签名并加盖调解组织印章后生效，对双方当事人具有约束力，当事人应当履行。②达成调解协议后，一方当事人在协议约定期限内不履行调解协议的，另一方当事人可以依法申请仲裁。③因支付拖欠劳动报酬、工伤医疗费、经济补偿或者赔偿金事项达成调解协议，用人单位在协议约定期限内不履行的，劳动者可以持调解协议书依法向人民法院申请支付令。人民法院应当依法发出支付令。

(3)自劳动争议调解组织收到调解申请之日起 15 日内未达成调解协议的，当事人可以依法申请仲裁。

(三)仲裁

劳动仲裁是指由劳动争议仲裁委员会对当事人申请仲裁的劳动争议居中公断与裁决。在我国，劳动仲裁是解决劳动争议的必经程序。劳动争议仲裁不向当事人收取费用。劳动争议仲裁委员会的经费由财政予以保障。

1. *劳动争议仲裁机构*

劳动争议仲裁机构是劳动争议仲裁委员会。劳动争议仲裁委员会是国家授权，依法独立处理劳动争议案件的专门机构。这是法定的必须设立的机构。根据《劳动仲裁法》第十七条规定，劳动争议仲裁委员会按照统筹规划、合理布局和适应实际需要的原则设立。省、自治区人民政府可以决定在市、县设立；直辖市人民政府可以决定在区、县设立。直辖市、设区的市也可以设立一个或者若干个劳动争议仲裁委员会。劳动争议仲裁委员会不按行政区划层层设立。

劳动争议仲裁委员会由劳动行政部门代表、工会代表和企业方面代表组成。劳动争议仲裁委员会组成人员应当是单数。

劳动争议仲裁委员会应当设仲裁员名册。仲裁员应当公道正派并符合下列条件之一：曾任审判员的；从事法律研究、教学工作并具有中级以上职称的；具有法律知识、从事人力资源管理或者工会等专业工作满 5 年的；律师执业满 3 年的。

2. *劳动仲裁程序*

(1)仲裁申请。劳动争议由劳动合同履行地或者用人单位所在地的劳动争议仲裁委员会管辖。双方当事人分别向劳动合同履行地和用人单位所在地的劳动争议仲裁委员会申请仲裁的，由劳动合同履行地的劳动争议仲裁委员会管辖。

劳动争议申请仲裁的时效期间为 1 年。仲裁时效期间从当事人知道或者应当知道其权利被侵害之日起计算。劳动关系存续期间因拖欠劳动报酬发生争议的，劳动者申请仲裁不受 1 年仲裁时效期间的限制；但是，劳动关系终止的，应当自劳动关系终止之日起 1 年内提出。

当事人申请仲裁，应提交书面仲裁申请书。书写仲裁申请书确有困难的，可以口头申请，由劳动争议仲裁委员会记入笔录，并告知对方当事人。

(2) 仲裁受理。仲裁委员会收到仲裁申请之日起 5 日内，认为符合受理条件的，应当受理，并通知申请人。认为不符合受理条件的，应当书面通知申请人不予受理，并说明理由。

对劳动争议仲裁委员会不予受理或逾期未作出决定的，申请人可以就该劳动争议事项向人民法院提起诉讼。

劳动争议仲裁委员会受理仲裁申请后，应当在 5 日内将仲裁申请书副本送达被申请人。被申请人收到仲裁申请书副本后，应当在 10 日内向劳动争议仲裁委员会提交答辩书。劳动争议仲裁委员会在收到答辩书后，应当在 5 日内将答辩书副本送达申请人。被申请人未提交答辩书的，不影响仲裁程序的进行。

(3) 开庭审理和裁决。劳动争议仲裁委员会裁决劳动争议案件实行仲裁庭制。仲裁庭由 3 名仲裁员组成，设首席仲裁员。简单劳动争议案件可以由 1 名仲裁员独任仲裁。劳动争议仲裁委员会应当在受理仲裁申请之日起 5 日内将仲裁庭的组成情况书面通知当事人。仲裁员有下列情形之一，应当回避，当事人也有权以口头或者书面方式提出回避申请：①是本案当事人或者当事人、代理人的近亲属的；②与本案有利害关系的；③与本案当事人、代理人有其他关系，可能影响公正裁决的；④私自会见当事人、代理人，或者接受当事人、代理人的请客送礼的。仲裁庭应当在开庭 5 日前，将开庭日期、地点书面通知双方当事人。当事人有正当理由的，可以在开庭 3 日前请求延期开庭。是否延期，由劳动争议仲裁委员会决定。

开庭审理时，仲裁员应当听取申请人的陈述和被申请人的答辩，主持庭审调查、质证和辩论，征询当事人意见，并进行调解。

仲裁庭应当将开庭情况记入笔录。当事人和其他仲裁参加人认为对自己陈述的记录有遗漏或者差错的，有权申请补正。如果不予补正，应当记录该申请。笔录由仲裁员、记录人员、当事人和其他仲裁参加人签名或者盖章。

(4) 裁决。当事人申请劳动争议仲裁后，可以自行和解。达成和解协议的，可以撤回仲裁申请。

仲裁庭在作出裁决前，应当先行调解。调解达成协议的，仲裁庭应当制作调解书。调解书经双方当事人签收后，发生法律效力。调解不成或者调解书送达前，一方当事人反悔的，仲裁庭应当及时作出裁决。

仲裁庭裁决劳动争议案件，应当自劳动争议仲裁委员会受理仲裁申请之日起 45 日内结束。案情复杂需要延期的，经劳动争议仲裁委员会主任批准，可以延期并书面通知当事人，但是延长期限不得超过 15 日。

逾期未作出仲裁裁决的，当事人可以就该劳动争议事项向人民法院提起诉讼。

裁决应当按照多数仲裁员的意见作出，仲裁庭不能形成多数意见时，裁决应当按照首席仲裁员的意见作出。

劳动者对仲裁裁决不服的，可以自收到仲裁裁决书之日起 15 日内向人民法院提起诉讼，但追索劳动报酬、工伤医疗费、经济补偿或者赔偿金，不超过当地月最低工资标准 12 个月金额的争议以及因执行国家的劳动标准在工作时间、休息休假、社会保险等方面发生的争议的除外。期满不起诉的，裁决书发生法律效力。

当事人对发生法律效力的调解书、裁决书，应当依照规定的期限履行。一方当事人逾期不履行的，另一方当事人可以依照民事诉讼法的有关规定向人民法院申请强制执行。受理申请的人民法院应当依法执行。

（四）劳动诉讼

劳动者对仲裁裁决不服的，可以自收到仲裁裁决书之日起 15 日内向人民法院提起诉讼。劳动诉讼依照民事诉讼程序进行。

第五节　违反劳动法的法律责任

一、违反劳动法的法律责任的概念及其形式

违反劳动法的法律责任是指由于用人单位、劳动者、劳动行政部门和其他有关部门及其工作人员违反劳动法律法规的规定而应承担的不利法律后果。我国劳动法对违法责任均有相应规定，违反劳动法可能承担的责任形式主要有三种：民事责任、行政责任和刑事责任。

二、用人单位的法律责任

（一）用人单位规章制度违法的法律责任

用人单位直接涉及劳动者切身利益的规章制度违反法律、法规规定的，由劳动行政部门责令改正，给予警告；给劳动者造成损害的，应当承担赔偿责任。

（二）用人单位订立劳动合同违法的法律责任

1. 用人单位提供的劳动合同文本未载明本法规定的劳动合同必备条款或者用人单位未将劳动合同文本交付劳动者的，由劳动行政部门责令改正；给劳动者造成损害的，应当承担赔偿责任。

2. 用人单位自用工之日起超过 1 个月不满 1 年未与劳动者订立书面劳动合同的，应当向劳动者每月支付 2 倍的工资。用人单位违反规定不与劳动者订立无固定期限的劳动合同的，自应当订立无固定期限劳动合同之日起向劳动者每月支付 2 倍的工资。

3. 用人单位违反本法规定与劳动者约定试用期的，由劳动行政部门责令改正；违法约定的试用期已经履行的，由用人单位以劳动者试用期满月工资为标准，按已经履行的超过法定试用期的期间向劳动者支付赔偿金。

4. 用人单位违反法律规定，扣押劳动者居民身份证等证件的，由劳动行政部门责令限期退还劳动者本人，并依照有关法律规定给予处罚。

5. 用人单位违反规定，以担保或者其他名义向劳动者收取财物的，由劳动行政部门责令限期退还劳动者本人，并以每人 500 元以上 2000 元以下的标准处以罚款；给劳动者造成损害的，应当承担赔偿责任。

(三)用人单位履行劳动合同违法的法律责任

1. 用人单位有下列情形之一的，由劳动行政部门责令限期支付劳动报酬、加班费或者经济补偿金；劳动报酬低于当地最低工资标准的，应当支付其差额部分；逾期不支付的，责令用人单位按应支付金额 50%以上 100%以下的标准向劳动者加付赔偿金：未按照劳动合同的约定或者国家规定及时足额支付劳动者劳动报酬的；低于当地最低工资标准支付劳动者工资的；安排加班不支付加班费的；解除或者终止劳动合同，未按照法律规定向劳动者支付经济补偿的。

2. 用人单位有下列情形之一的，依法给予行政处罚；构成犯罪的，依法追究刑事责任；给劳动者造成损害的，应当承担赔偿责任：以暴力、威胁或者非法限制人身自由的手段强迫劳动的；违章指挥或者强令冒险作业危及劳动者人身安全的；侮辱、体罚、殴打、非法搜查或者拘禁劳动者的；劳动条件恶劣、环境污染严重，给劳动者身心健康造成严重损害的。

3. 用人单位无故不缴纳社会保险费的，由劳动行政部门责令其限期缴纳；逾期不缴的，可以加收滞纳金。

4. 用人单位的劳动安全设施和劳动卫生条件不符合国家规定或者未向劳动者提供必要的劳动防护用品和劳动保护设施的，由劳动行政部门或者有关部门责令改正，可以处以罚款；情节严重的，提请县级以上人民政府决定责令停产整顿；对事故隐患不采取措施，致使发生重大事故，造成劳动者生命和财产损失的，对责任人员比照刑法第 187 条的规定追究刑事责任。

(四)用人单位违法解除和终止劳动合同的法律责任

1. 用人单位违反《劳动合同法》的规定解除或者终止劳动合同的，应当依照《劳动合同法》规定的经济补偿标准的 2 倍向劳动者支付赔偿金。

2. 用人单位违反《劳动合同法》的规定未向劳动者出具解除或者终止劳动合同的书面证明，由劳动行政部门责令改正；给劳动者造成损害的，应当承担赔偿责任。

3. 劳动者依法解除或者终止劳动合同，用人单位扣押劳动者档案或者其他物品的，由劳动行政部门责令限期退还劳动者本人，并以每人500元以上2000以下的标准处以罚款；给劳动者造成损害的，应当承担赔偿责任。

(五)用人单位的其他法律责任

1. 用人单位招用与其他用人单位尚未解除或者终止劳动合同的劳动者，给其他用人单位造成损失的，应当承担“连带赔偿责任”。

2. 个人承包经营者违反《劳动合同法》规定招用劳动者，给劳动者造成损害的，发包的组织与个人承包经营者承担“连带赔偿责任”。

3. 用人单位无理阻挠劳动行政部门、有关部门及其工作人员行使监督检查权，打击报复举报人员的，由劳动行政部门或者有关部门处以罚款；构成犯罪的，对责任人员依法追究刑事责任。

三、劳动者的法律责任

劳动者违反劳动合同中约定的保密义务或者竞业限制，劳动者应当按照劳动合同的约定，向用人单位支付违约金。给用人单位造成损失的，应承担赔偿责任。劳动者违反培训协议，未满服务期解除或者终止劳动合同的，或者因劳动者严重违纪，用人单位与劳动者解除约定服务期的劳动合同的，劳动者应当按照劳动合同的约定，向用人单位支付违约金。

四、劳动行政部门和其他有关部门及其工作人员的法律责任

《劳动法》第 104 条规定："劳动行政部门或者有关部门的工作人员滥用职权、玩忽职守、徇私舞弊，构成犯罪的，依法追究刑事责任；不构成犯罪的，给予行政处分。"

《劳动法》第 105 条规定："国家工作人员和社会保险基金经办机构的工作人员挪用社会保险基金，构成犯罪的，依法追究刑事责任。"

课后练习题

一、简答题

1. 简述劳动法调整的劳动关系的特征。
2. 劳动法的适用范围是什么？
3. 简述延长工作时间的条件、限度及工资支付标准。
4. 用人单位在劳动者存在哪些过错的情况下可以单方解除劳动合同？
5. 劳动争议处理的方式有哪些？

二、案例分析

1. 小李托亲戚找朋友好不容易进了一家公司，当时没有签合同，进去后干的活很杂，工作岗位不固定，每个月领的工资也不一样。一年后，他多次与公司协商签订劳动合同，想把工作岗位、内容、工资等各方面固定下来，可公司总是以"我们需要的就是一个能干杂活的人"，"公司效益不固定工资也不能固定"，"如果不想干就另谋高就"等各种理由予以推托。结果，他干了一年多，合同也没签成。后来公司换了个老板，一上任就把他辞退了。请对该案例进行分析。

2. 某公司与张某之间的劳动合同期限为 2 年，该公司与张某约定试用期为 6 个月，试用期内的月工资为 1000 元，试用期满后的月工资为 1500 元。如果张某在该单位按照合同约定完成了 6 个月的试用期工作，而且该公司按照合同支付了试用期的全部工资，那么某公司与张某约定的试用期是否合法？如果违法，该公司与张某最多可以约定试用期的期限为多长？某公司实际应当承担的违约成本为多少？

第十四章　证　券　法

重点掌握内容

证券的种类、证券法的概念、性质和基本原则、证券发行、交易和上市的基本法律法规

案例导学

中国证监会于2009年7月受理了甲股份有限公司(本题下称"甲公司")申请在主板首次公开发行股票并上市的申报材料，该申报材料披露了以下相关信息:

(1)甲公司(非金融类企业)本次发行前的股本总额为人民币4000万元(每股面值人民币1元)，本次拟发行8000万股，拟募集资金4亿元，其中20%的募集资金拟用于委托理财。

(2)甲公司2006年、2007年和2008年扣除非经常性损益前的净利润分别为800万元、1000万元和1500万元，扣除非经常性损益后的净利润分别为700万元、1200万元和1200万元。甲公司2006年、2007年和2008年经营活动产生的现金流量净额分别为1400万元、1600万元和1800万元，营业收入分别为8000万元、9000万元和11000万元。

(3)截止到2009年6月30日，甲公司经过审计后的财务会计资料显示：资产总额为16000万元，负债总额为11000万元，无形资产(扣除土地使用权、水面养殖权和采矿权等后)为1400万元。

(4)2007年8月，经甲公司股东大会决议，甲公司的主营业务进行了重大调整。

要求：根据证券法律制度的规定，分别回答以下问题:

(1)根据本题要点(1)所提示的内容，甲公司本次发行前的股本总额、募集资金的用途是否符合中国证监会的有关规定?并分别说明理由。

(2)根据本题要点(2)所提示的内容，甲公司最近3个会计年度的净利润是否符合中国证监会规定的首次公开发行股票并上市的条件?并说明理由。甲公司最近3个会计年度的现金流量净额和营业收入是否符合中国证监会规定的首次公开发行股票并上市的条件?并说明理由。

(3)根据本题要点(3)所提示的内容，甲公司最近一期期末的无形资产是否符合中国证监会规定的首次公开发行股票并上市的条件?并说明理由。

(4) 根据本题要点 (4) 所提示的内容，甲公司 2007 年 8 月调整主营业务是否对本次发行的批准构成实质性障碍?并说明理由。

第一节　证券法概述

一、证券的概念与特征

(一) 证券的概念

证券有广义和狭义之分。广义的证券一般指财物证券（如货运单、提单等）、货币证券（如支票、汇票、本票等）和资本证券（如股票、公司债券、投资基金份额等）。狭义的证券仅指资本证券。我国证券法规定的证券为股票、公司债券和国务院依法认定的其他证券。其他证券主要指投资基金份额、非公司企业债券、国家政府债券等。

(二) 证券的特征

1. 证券是财产性权利凭证。

证券是具有财产价值的权利凭证。在现代社会，人们已经不满足于对财富形态的直接占有、使用、收益和处分，而是更重视对财富的终极支配和控制，证券这一新型财产形态应运而生。持有证券，意味着持有人对该证券所代表的财产拥有控制权，但该控制权不是直接控制权，而是间接控制权。

2. 证券是流通性权利凭证。

证券的活力就在于证券的流通性。传统的民事权利始终面临转让上的诸多障碍，就民事财产权利而言，由于并不涉及人格及身份，其转让在性质上并无不可，但其转让是个复杂的民事行为。

3. 证券是收益性权利凭证。

证券持有人的最终目的是获得收益，这是证券持有人投资证券的直接动因。一方面，证券本身是一种财产性权利，反映了特定的财产权，证券持有人可通过行使该项财产权而获得收益，如取得股息收入（股票）或者取得利息收入（债券）；另一方面，证券持有人可以通过转让证券获得收益，如二级市场上的低价买入、高价卖出，证券持有人可通过差价而获得收益，尤其是投机收益。

4. 证券是风险性权利凭证。

证券的风险性，表现为由于证券市场的变化或发行人的原因，使投资者不能获得预期收入，甚至发生损失的可能性。证券投资的风险和收益是相联系的。在实际的市场中，任何证券投资活动都存在着风险，完全回避风险的投资是不存在的。

二、证券市场

证券市场是指证券发行与交易的场所。证券市场分为发行市场和流通市场。

（一）证券发行市场

证券发行市场又称“一级市场”或“初级市场”，是发行人以筹集资金为目的，按照一定的法律规定和发行程序，向投资者出售证券所形成的市场。证券发行市场作为一个抽象的市场，其买卖成交活动并不局限于一个固定的场所。证券发行市场体现了证券由发行主体流向投资者的市场关系。

发行者之间的竞争和投资者之间的竞争，是证券发行市场赖以形成的契机。在证券发行市场上，不仅存在着由发行主体向投资者的证券流，而且存在着由投资者向发行主体的货币资本流。因此，证券发行市场不仅是发行主体筹措资金的市场，也是给投资者提供投资机会的市场。

（二）证券交易市场

证券交易市场是已发行的证券通过买卖交易实现流通转让的场所。相对于发行市场而言，证券交易市场又称为“二级市场”或“次级市场”。证券经过发行市场的承销后，即进入流通市场，它体现了新老投资者之间投资退出和投资进入的市场关系。因此，证券流通市场具有两个方面的职能：其一是为证券持有者提供需要现金时按市场价格将证券出卖变现的场所；其二是为新的投资者提供投资机会。证券交易市场又可以分为有形的交易所市场和无形的场外市场。

证券发行市场与交易市场紧密联系，互相依存，互相作用。发行市场是交易市场的存在基础，发行市场的发行条件及发行方式影响着交易市场的价格及流动性。而交易市场又能促进发行市场的发展，为发行市场所发行的证券提供了变现的场所，同时交易市场的证券价格及流动性又直接影响发行市场新证券的发行规模和发行条件。

三、证券法的概念、适用范围及基本原则

（一）证券法的概念及适用范围

证券法有广义和狭义之分。广义证券法指一切与证券相关的法律规范的总称。狭义证券法，指调整和规范证券总类、证券发行关系、证券交易关系、证券市场监督管理关系以及其他相关法律规范的总称。

1998 年 12 月 29 日，第九届全国人民代表大会常务委员会第六次会议通过了《证券法》，自 1999 年 7 月 1 日起施行。2004 年 8 月 28 日，根据第十届全国人民代表大会常务委员会第十一次会议《关于修改〈中华人民共和国证券法〉的决定》，对《证券法》作了个别条款的修正。2005 年 10 月 27 日，第十届全国人民代表大会常务委员会第十八次会议对《证券法》作了大幅修订后重新颁布，自 2006 年 1 月 1 日起施行。2013 年 6 月 29 日第十二届全国人民代表大会常务委员会第三次会议《关于修改等十二部法律的决定》第二次修改、2014 年 8 月 31 日第十二届全国人民代表大会常务委员会《关于修改等五部法律的决定》修正新的《证券法》。

《证券法》的调整范围，按《证券法》第二条的规定，包括在中华人民共和国境内，

股票、公司债券和国务院依法认定的其他证券的发行和交易，适用本法;本法未规定的，适用《中华人民共和国公司法》和其他法律、行政法规的规定。政府债券、证券投资基金份额的上市交易适用《证券法》，其他法律、行政法规有特别规定的适用其规定。证券衍生品种发行、交易的管理办法，由国务院依照《证券法》的原则规定。

（二）证券法的基本原则

《证券法》的立法宗旨是为了规范证券发行和交易行为，保护投资者的合法权益，维护社会经济秩序和社会公共利益，促进社会主义市场经济的发展。

根据《证券法》的规定，在证券活动和证券管理中应坚持如下原则：

1. 保护投资者合法权益原则

投资者是证券市场的核心元素，投资者的资金是证券市场的源泉，是证券市场赖以生存和发展的基础，投资者投资于证券市场的前提是其合法权益能得到充分保护。

2. 公开、公平、公正原则

公开原则又称信息披露原则，其核心是实现证券市场信息的公开化，要求证券发行人于证券的发行与流通诸环节中，依法将与其证券有关的、可能影响投资者作出理性投资决策的所有信息真实、准确、完整、及时地向社会公开，不得有虚假记载、误导性陈述或重大遗漏。

3. 自愿、有偿、诚实信用原则

自愿是指当事人有权按照自己的意愿参与证券发行与证券交易活动，其他人不得干涉，也不得采取欺骗、威吓或胁迫等手段影响当事人决策。在市场交易活动中，任何一方都不得把自己的意志强加给对方。有偿是指在证券发行和交易活动中，一方当事人不得无偿占有他方当事人的财产和劳动。诚实是指要客观真实，不欺人、不骗人；信用是指遵守承诺，并及时、全面地履行承诺。

4. 证券业与其他金融业分业经营管理为主，混业经营另作规定的原则

《证券法》第六条规定：“证券业和银行业、信托业、保险业分业经营、分业管理。证券公司与银行、信托、保险业务机构分别设立。国家另有规定的除外”。原《证券法》实行分业经营、分业管理的原则。新《证券法》在规定分业经营、分业管理原则的同时，规定“国家另有规定的除外”，为混业经营留下了一定的法律空间，也为银行资金间接进入证券市场准备了条件。

第二节　证券机构

证券机构是指依法设立的，从事证券服务业务的法人机构。证券服务业务包括：证券投资咨询；证券发行及交易的咨询、策划、财务顾问、法律顾问及其他配套服务；证券资信评估服务；证券集中保管；证券清算交割服务；证券登记过户服务；证券融资；经证券管理部门认定的其他业务。我国证券机构包括证券交易所、证券公司 、证券登记结算机构、证券业协会、证券监督管理机构。

一、证券交易所

证券交易所是为证券集中交易提供场所和设施，组织和监督证券交易，实行自律管理

的法人。证券交易所有公司制和会员制之分。中国的证券交易所是不以营利为目的，仅为证券的集中和有组织的交易提供场所、设施，并履行国家有关法律、法规、规章、政策规定的职责，实行自律性管理的会员制的事业法人。

中国有两家证券交易所，即 1990 年 12 月设立的上海证券交易所和 1991 年 7 月设立的深圳证券交易所。证券交易所的设立和解散，由国务院决定。

根据证券法的相关规定，证券交易所具有以下职能：

1．为组织公平的集中竞价交易提供保障，公布证券交易即时行情，并按交易日制作证券市场行情表，予以公布。

2．依照法律、行政法规的规定，办理股票、公司债券的暂停上市、恢复上市或者终止上市的事务。

3．因突发性事件而影响证券交易正常进行时，证券交易所可以采取技术性停牌的措施；因不可抗力的突发性事件或者为维护证券交易的正常秩序，证券交易所可以决定临时停市；证券交易所采取技术性停牌或者决定临时停市，必须及时向中国证监会报告。

4．对在交易所进行的证券交易实行实时监控，并按照国务院证券监督管理机构的要求，对异常的交易情况提出报告；对上市公司披露信息进行监督，督促上市公司依法及时、准确地披露信息。

5．依照证券法律、行政法规制定证券集中竞价交易的具体规则，制定证券交易所的会员管理规章和证券交易所从业人员业务规则，并报国务院证券监督管理机构批准。

6．对违反证券交易所交易规则的证券交易人给予纪律处分；对情节严重的，可撤销其交易资格，禁止其入场进行证券交易。

二、证券公司

证券公司是指依照公司法的规定并经国务院证券监督管理机构审查批准而成立的专门经营证券业务，具有独立的法人地位的金融机构。

证券公司的设立必须经中国证监会依照法定的程序审查批准，未经中国证监会批准，不得经营证券业务。而且，如果证券公司需要设立或撤销分支机构、变更业务范围或者注册资本、变更公司章程、合并、分立、变更公司形式或解散，也必须经中国证监会批准。设立证券公司，应当具备下列条件：

1．有符合法律、行政法规规定的公司章程；

2．主要股东具有持续盈利能力，信誉良好，3 年无重大违法违规记录，净资产不低于人民币 2 亿元；

3．有符合证券法规定的注册资本；

4．董事、监事、高级管理人员具备任职资格，从业人员具有证券从业资格；

5．有完善的风险管理与内部控制制度；

6．有合格的经营场所和业务设施；

7．法律、行政法规规定的和经国务院批准的国务院证券监督管理机构规定的其他条件。

证券公司的组织形式为有限责任公司或者股份有限公司，证券公司必须在其名称中标明“证券有限责任公司”或者“证券股份有限公司”字样。

经国务院证券监督管理机构批准，证券公司可以经营下列部分或者全部业务：(1)证券经纪；(2)证券投资咨询；(3)与证券交易、证券投资活动有关的财务顾问；(4)证券承销与保荐；(5)证券自营；(6)证券资产管理；(7)其他证券业务。证券公司经营上述第(1)项至第(3)项业务的，注册资本最低限额为人民币 5000 万元；经营第(4)项至第(7)项业务之一的，注册资本最低限额为人民币 1 亿元；经营第(4)项至第(7)项业务中两项以上的，注册资本最低限额为人民币 5 亿元。证券公司的注册资本应当是实缴资本。

国务院证券监督管理机构根据审慎监管原则和各项业务的风险程度，可以调整注册资本最低限额，但不得少于前款规定的限额。

三、证券登记结算机构

证券登记结算机构是为证券交易提供集中登记、存管与结算服务、不以营利为目的的法人。

证券登记结算机构履行下列职能：证券账户、结算账户的设立；证券的托管和过户；证券持有人名册登记；证券交易所上市证券交易的清算和交收；受发行人的委托派发证券权益；办理与上述业务有关的查询；国务院证券监督管理机构批准的其他业务。

证券登记结算机构的责任包括：应当向证券发行人提供证券持有人名册及其有关资料；应当根据证券登记结算的结果，确认证券持有人持有证券的事实，提供证券持有人登记资料；应当保证证券持有人名册和登记过户记录真实、准确、完整，不得伪造、篡改、毁坏；应当妥善保存登记、托管和结算的原始凭证，重要的原始凭证的保存期不少于 20 年；采取下列措施保证业务的正常进行：具有必备的服务设备和完善的数据安全保护措施；建立健全的业务、财务和安全防范等管理制度，建立完善的风险管理系统。

四、证券业协会性质与机构设置

1991 年 8 月 28 日，中国成立了中国证券业协会。它是中国证券发展史上第一个全国性的证券行业自律性管理组织，是证券经营机构依法自行组织的自律性会员组织，具有独立的社团法人资格。按照证券法的规定，证券业协会是证券业的自律性组织，是社会团体法人。证券公司应当加入证券业协会。

证券业协会的权力机构是全体会员组成的会员大会。证券业协会设理事会，理事会成员依章程的规定由选举产生。证券业协会的章程由会员大会制定，并报国务院证券监督管理机构备案。

证券业协会履行下列职责：教育和组织会员遵守证券法律、行政法规；依法维护会员的合法权益，向证券监督管理机构反映会员的建议和要求；收集整理证券信息，为会员提供服务；制定会员应遵守的规则，组织会员单位的从业人员的业务培训，开展会员间的业务交流；对会员之间、会员与客户之间发生的证券业务纠纷进行调解；组织会员就证券业的发展、运作及有关内容进行研究；监督、检查会员行为，对违反法律、行政法规或者协会章程的，按照规定给予纪律处分；证券业协会章程规定的其他职责。

五、证券监督管理机构

按证券法规定，国务院证券监督管理机构依法对中国证券市场实行监督管理。中国证券监督管理委员会。根据国务院 1998 年 9 月批准的《中国证券监督管理委员会职能配置、内设机构和人员编制规定》，中国证券监督管理委员会属于国务院正部级事业单位，是全国证券期货市场的主管部门，它根据国务院的授权履行其行政监管职能，依法对全国证券业和期货业进行集中统一监管。

证券法规定国务院证券监督管理机构在对证券市场实施监督管理中履行下列职责：依法制定有关证券市场监督管理的规章、规则，并依法行使审批或者核准权；依法对证券的发行、上市、交易、登记、存管、结算，进行监督管理；依法对证券发行人、上市公司、证券公司、证券投资基金管理公司、证券服务机构、证券交易所、证券登记结算机构的证券业务活动，进行监督管理；依法制定从事证券业务人员的资格标准和行为准则，并监督实施；依法监督检查证券发行、上市和交易的信息公开情况；依法对证券业协会的活动进行指导和监督；依法对违反证券市场监督管理法律、行政法规的行为进行查处；法律、行政法规规定的其他职责。国务院证券监督管理机构可以和其他国家或者地区的证券监督管理机构建立监督管理合作机制，实施跨境监督管理。

第三节　证券的发行

一、证券发行的一般规定

新《证券法》将原《公司法》有关证券发行的规定全部移至《证券法》中，并对证券发行的规定作出重大修订，完善了证券发行的条件与程序，设置了保荐人制度，将证券的发行分为公开发行与非公开发行，并对公开发行作出了定义。

《证券法》第十条规定："公开发行证券，必须符合法律、行政法规规定的条件，并依法报经国务院证券监督管理机构或者国务院授权的部门核准；未经依法核准，任何单位和个人不得公开发行证券。

有下列情形之一的，为公开发行：

（一）向不特定对象发行证券；

（二）向累计超过 200 人的特定对象发行证券；

（三）法律、行政法规规定的其他发行行为。

非公开发行证券，不得采用广告、公开劝诱和变相公开方式。"

发行人申请公开发行股票、可转换为股票的公司债券，依法采取承销方式的，或者公开发行法律、行政法规规定实行保荐制度的其他证券的，应当聘请具有保荐资格的机构担任保荐人。保荐人应当遵守业务规则和行业规范，诚实守信，勤勉尽责，对发行人的申请文件和信息披露资料进行审慎核查，督导发行人规范运作。

《证券法》主要对股票、公司债券的发行作出规定。

二、首次公开发行股票并上市

(一)首次公开发行股票并上市的条件

根据《证券法》、《公司法》和中国证监会于2006年5月17日公布的《首次公开发行股票并上市管理办法》(以下简称《首发管理办法》,该办法于2006年5月18日实施)的有关规定,公司首次公开发行股票除应当符合《公司法)第七十七条的规定外,作为拟上市公司,还应当符合如下条件:

1. 发行人应当是依法设立且合法存续一定期限的股份有限公司。发行人合法存续的期限条件符合下列情形之一即可:第一,该股份有限公司应自成立后,持续经营时间在3年以上;第二,有限责任公司按原账面净资产值折股整体变更为股份有限公司的,持续经营时间可以从有限责任公司成立之日起计算,并达3年以上(经国务院批准,有限责任公司在依法变更为股份有限公司时,可以采取募集设立方式公开发行股票);第三,经国务院批准,可以不受上述时间的限制。

2. 发行人已合法并真实取得注册资本项下载明的资产。发行人的注册资本已足额缴纳,发起人或者股东用作出资的资产的财产权转移手续已经办理完毕,发行人的主要资产不存在重大权属纠纷。

3. 发行人的生产经营符合法律、行政法规和公司章程的规定,符合国家产业政策。

4. 发行人最近3年内主营业务和董事、高级管理人员没有发生重大变化,实际控制人没有发生变更。

5. 发行人的股权清晰,控股股东和受控股股东、实际控制人支配的股东持有的发行人股份不存在重大权属纠纷。

6. 发行人的资产完整,人员、财务、机构和业务独立。(1)生产型企业应当具备与生产经营有关的生产系统、辅助生产系统和配套设施,合法拥有与生产经营有关的土地、厂房、机器设备以及商标、专利、非专利技术的所有权或者使用权,具有独立的原料采购和产品销售系统;非生产型企业应当具备与经营有关的业务体系及相关资产。(2)发行人的总经理、副总经理、财务负责人和董事会秘书等高级管理人员不得在控股股东、实际控制人及其控制的其他企业中担任除董事、监事以外的其他职务,不得在控股股东、实际控制人及其控制的其他企业领薪;发行人的财务人员不得在控股股东、实际控制人及其控制的其他企业中兼职。(3)发行人应当建立独立的财务核算体系,能够独立作出财务决策,具有规范的财务会计制度和对分公司、子公司的财务管理制度;发行人不得与控股股东、实际控制人及其控制的其他企业共用银行账户。(4)发行人应当建立健全内部经营管理机构,独立行使经营管理职权,与控股股东、实际控制人及其控制的其他企业间不得有机构混同的情形。(5)发行人的业务应当独立于控股股东、实际控制人及其控制的其他企业,与控股股东、实际控制人及其控制的其他企业间不得有同业竞争或者显失公平的关联交易。

7. 发行人具备健全且运行良好的组织机构。(1)发行人已经依法建立健全了股东大会、董事会、监事会、独立董事、董事会秘书制度,其相关机构和人员能够依法履行职责。(2)发行人的董事、监事和高级管理人员已经了解与股票发行上市有关的法律法规,知悉上市公司及其董事、监事和高级管理人员的法定义务和责任。(3)发行人的董事、监事和高级管理人员符合法律、行政法规和规章规定的任职资格，而且不得有：被中国证监会采取证券市场禁入措施尚在禁入期的；最近 36 个月内受到中国证监会行政处罚，或者最近 12 个月内受到证券交易所公开谴责；因涉嫌犯罪被司法机关立案侦查或者涉嫌违法违规被中国证监会立案调查，尚未有明确结论意见。(4) 发行人的内部控制制度健全且被有效执行，能够合理保证财务报告的可靠性、生产经营的合法性、营运的效率与效果。(5) 发行人的公司章程中已明确对外担保的审批权限和审议程序，不存在为控股股东、实际控制人及其控制的其他企业进行违规担保的情形。(6) 发行人有严格的资金管理制度，不得有资金被控股股东、实际控制人及其控制的其他企业以借款、代偿债务、代垫款项或者其他方式占用的情形。

8. 发行人具有持续盈利能力。根据《首发管理办法》的规定，发行人应当具有持续盈利能力，不得有下列影响持续盈利能力的情形：(1) 发行人的经营模式、产品或服务的品种结构已经或者将发生重大变化，并对发行人的持续盈利能力构成重大不利影响；(2) 发行人的行业地位或发行人所处行业的经营环境已经或者将发生重大变化，并对发行人的持续盈利能力构成重大不利影响；(3) 发行人最近一个会计年度的营业收入或净利润对关联方或者存在重大不确定性的客户存在重大依赖；(4) 发行人最近一个会计年度的净利润主要来自合并财务报表范围以外的投资收益；(5) 发行人在用的商标、专利、专有技术以及特许经营权等重要资产或技术的取得或者使用存在重大不利变化的风险；(6) 其他可能对发行人持续盈利能力构成重大不利影响的情形。

9. 发行人的财务状况良好。(1) 财务管理规范。发行人的内部控制在所有重大方面应是有效的，并由注册会计师出具了无保留结论的内部控制鉴证报告。发行人的会计基础工作规范，财务报表的编制符合企业会计准则和相关会计制度的规定，在所有重大方面都公允地反映了发行人的财务状况、经营成果和现金流量，并由注册会计师出具了无保留意见的审计报告。发行人编制财务报表应以实际发生的交易或者事项为依据；在进行会计确认、计量和报告时应当保持应有的谨慎；对相同或者相似的经济业务，应选用一致的会计政策，不得随意变更。发行人完整披露关联方关系并按重要性原则恰当披露关联交易。关联交易价格公允，不存在通过关联交易操纵利润的情形。(2) 财务指标良好。根据《首发管理办法》的规定，发行人发行股票并上市的财务指标应当达到以下要求：第一，最近 3 个会计年度净利润均为正数且累计超过人民币 3000 万元，净利润以扣除非经常性损益前后较低者为计算依据。第二，最近 3 个会计年度经营活动产生的现金流量净额累计超过人民币 5000 万元；或者最近 3 个会计年度营业收入累计超过人民币 3 亿元。第三，发行前股本总额不少于人民币 3000 万元。第四，最近一期期末无形资产（扣除土地使用权、水面养殖权和采矿权等后）占净资产的比例不高于 20%。第五，最近一期期末不存在未弥补亏损。(3) 依法纳税。发行人依法纳税，各项税收优惠符合相关法律法规的规定。发行人的经营成果对税收优惠不存在严重依赖。(4) 发行人不存在重大偿债风险，不存在影响持续经营的担保、诉讼以及仲裁等重大或有事项。(5) 财务资料真实完整。发行人披露的财务资料不得存在以下情形：第一，故意遗漏或虚构交易、事项或者其他重要信息；第二，滥用会计政策或者会计估计；第三，操纵、伪造或篡改编制财务报表所依据的会计记录或者相关凭证。

10. 发行人募集资金用途符合规定。根据《首发管理办法》的规定，发行人的募集资金应当符合以下条件：(1) 募集资金原则上应当用于主营业务。除金融类企业外，募集资金使用项目不得为持有交易性金融资产和可供出售的金融资产、借予他人、委托理财等财务性投资，不得直接或者间接投资于以买卖有价证券为主要业务的公司。(2)募集资金数额和投资项目应当与发行人现有生产经营规模、财务状况、技术水平和管理能力等相适应。募集资金投资项目应当符合国家产业政策、投资管理、环境保护、土地管理以及其他法律、法规和规章的规定。(3)发行人董事会应当对募集资金投资项目的可行性进行认真分析，确信投资项目具有较好的市场前景和盈利能力，有效防范投资风险，提高募集资金使用效益。(4)募集资金投资项目实施后，不会产生同业竞争或者对发行人的独立性产生不利影响。(5)发行人应当建立募集资金专项存储制度，募集资金应当存放于董事会决定的专项账户。

11．发行人不存在法定的违法行为。根据《首发管理办法》的规定，发行人存在下列情形之一的，构成首次发行股票并上市的法定障碍：(1)最近 36 个月内未经法定机关核准，擅自公开或者变相公开发行过证券；或者有关违法行为虽然发生在 36 个月前，但目前仍处于持续状态；(2)最近 36 个月内违反工商、税收、土地、环保、海关以及其他法律、行政法规，受到行政处罚，且情节严重；(3)最近 36 个月内曾向中国证监会提出发行申请，但报送的发行申请文件有虚假记载、误导性陈述或重大遗漏；或者不符合发行条件以欺骗手段骗取发行核准；或者以不正当手段干扰中国证监会及其发行审核委员会审核工作；或者伪造、变造发行人或其董事、监事、高级管理人员的签字、盖章；(4)本次报送的发行申请文件有虚假记载、误导性陈述或者重大遗漏；(5)涉嫌犯罪被司法机关立案侦查，尚未有明确结论意见；(6)严重损害投资者合法权益和社会公共利益的其他情形。

(二)首次公开发行股票的程序和承销

1. 首次公开发行股票的程序

(1)发行人董事会应当依法就本次股票发行的具体方案、本次募集资金使用的可行性及其他必须明确的事项作出决议，并提请股东大会批准。发行人股东大会应就本次发行股票作出决议。决议至少应当包括下列事项：本次发行股票的种类和数量；发行对象；价格区间或者定价方式；募集资金用途；发行前滚存利润的分配方案；决议的有效期；对董事会办理本次发行具体事宜的授权；其他必须明确的事项。

(2)发行人应当按照中国证监会的有关规定制作申请文件，由保荐人保荐并向中国证监会申报。特定行业的发行人应当提供管理部门的相关意见。依照《证券法》规定聘请保荐人的，应当报送保荐人出具的发行保荐书。

(3)中国证监会收到申请文件后，应在 5 个工作日内作出是否受理的决定。中国证监会如果决定受理，应在受理申请文件后，由相关职能部门对发行人的申请文件进行初审，并由发行审核委员会审核。中国证监会在初审过程中，将征求发行人注册地省级人民政府是否同意发行人发行股票的意见，并就发行人的募集资金投资项目是否符合国家产业政策和投资管理的规定征求国家发展和改革委员会的意见。中国证监会依照法定条件对发行人的发行申请作出予以核准或者不予核准的决定，并出具相关文件。

(4)股票发行申请经核准后，发行人应自中国证监会核准发行之日起 6 个月内发行股票；超过 6 个月未发行的，核准文件失效，须重新经中国证监会核准后方可发行。股票发行申请未获核准的，自中国证监会作出不予核准决定之日起 6 个月后，发行人可再次提出股票发行申请。

(5) 发行申请核准后、股票发行结束前，发行人发生重大事项的，应当暂缓或者暂停发行，并及时报告中国证监会，同时履行信息披露义务。影响发行条件的，应当重新履行核准程序。

(6) 中国证监会或者国务院授权的部门对已作出的核准证券发行的决定，发现不符合法定条件或者法定程序，尚未发行证券的，应当予以撤销，停止发行。已经发行尚未上市的，撤销发行核准决定，发行人应当按照发行价并加算银行同期存款利息返还证券持有人；保荐人应当与发行人承担连带责任，但是能够证明自己没有过错的除外；发行人的控股股东、实际控制人有过错的，应当与发行人承担连带责任。

(7) 发行股票。发行人股票发行申请经核准后，发行的股票一般由证券公司承销。承销是指证券公司依照协议包销或者代销发行人向社会公开发行的证券的行为。发行人向不特定对象公开发行的证券，法律、行政法规规定应当由证券公司承销的，发行人应当同证券公司签订承销协议。公开发行证券的发行人有权依法自主选择承销的证券公司。证券公司不得以不正当竞争手段招揽证券承销业务。

2. 证券的承销

证券承销业务采取代销或者包销方式。证券代销是指证券公司代发行人发售证券，在承销期结束时，将未售出的证券全部退还给发行人的承销方式。证券包销是指证券公司将发行人的证券按照协议全部购入或者在承销期结束时将售后剩余证券全部自行购入的承销方式。

股票发行采取溢价发行的，其发行价格由发行人与承销的证券公司协商确定。股票依法发行后，发行人经营与收益的变化，由发行人自行负责；由此变化引致的投资风险，由投资者自行负责。

证券公司承销证券，应当对公开发行募集文件的真实性、准确性、完整性进行核查；发现有虚假记载、误导性陈述或者重大遗漏的，不得进行销售活动；已经销售的，必须立即停止销售活动，并采取纠正措施。

向不特定对象公开发行的证券票面总值超过人民币5000万元的，应当由承销团承销。承销团应当由主承销和参与承销的证券公司组成。主承销即牵头组织承销团的证券公司。主承销可以由证券发行人按照公平竞争的原则，通过竞标的方式产生，也可以由证券公司之间协商确定。主承销一般要承担组建承销团、代表承销团与证券发行者签订承销合同和有关文件等事项。作为主承销的证券公司与参与承销的证券公司之间应签订承销团协议，就当事人的情况、承销股票的种类、数量、金额、发行价格、承销的具体方式、各承销成员承销的份额及报酬以及承销组织工作的分工、承销期及起止日期、承销付款的日期及方式等达成一致意见。

第四节　证券交易

一、证券交易的一般规则

根据《证券法》的规定，在证券交易中，应遵守如下一般规则。

（一）证券交易的标的与主体必须合法

证券交易当事人依法买卖的证券，必须是依法发行并交付的证券。非依法发行的证券，不得买卖。证券交易当事人买卖的证券可以采用纸面形式或者国务院证券监督管理机构规定的其他形式。其次，依法发行的股票、公司债券及其他证券，法律对其转让期限有限制性规定的，在限定的期限内不得买卖。如《公司法》规定，发起人持有的本公司股份，自公司成立之日起 1 年内不得转让；公司董事、监事、高级管理人员在任职期间每年转让其持有的本公司股份总数不得超过规定比例等。

（二）在合法的证券交易场所交易

依法公开发行的股票、公司债券及其他证券，应当在依法设立的证券交易所上市交易或者在国务院批准的其他证券交易场所转让。我国的证券交易所有上海证券交易所和深圳证券交易所。发行人发行证券可以上市交易。即在证券交易所交易，也可以不上市交易，即在国务院批准的其他证券交易场所转让。

（三）以合法方式交易

证券交易有现货交易和期货交易两种情况。《证券法》规定，证券交易以现货和国务院规定的其他方式进行交易，从而为发展证券期货交易留有法律空间。

（四）规范证券交易服务

首先，证券交易所、证券公司、证券登记结算机构必须依法为客户开立的账户保密。除法律和行政法规另有规定者，证券交易所、证券公司、证券登记结算等机构不向任何人提供客户开立账户的情况，否则将承担相应的法律责任。

其次，是证券交易的收费必须合理，并公开收费项目、收费标准和收费办法。证券交易的收费项目、收费标准和管理办法由国务院有关主管部门统一规定。

二、证券上市

申请证券上市交易，应当向证券交易所提出申请，由证券交易所依法审核同意，并由双方签订上市协议。政府债券的上市交易，由证券交易所根据国务院授权部门的决定安排。申请股票、可转换为股票的公司债券或者法律、行政法规规定实行保荐制度的其他证券上市交易，应当聘请具有保荐资格的机构担任保荐人。

证券交易所可以依法作出对证券不予上市、暂停上市、终止上市的决定，对证券交易所的上述决定不服的，可以向证券交易所设立的复核机构申请复核。

（一）股票上市的条件

国家鼓励符合产业政策并符合上市条件的公司股票上市交易。根据《证券法》的规定，股份有限公司申请股票上市，应当符合下列条件：

1．股票经国务院证券监督管理机构核准已公开发行；

2. 公司股本总额不少于人民币3000万元；

3. 公开发行的股份达到公司股份总数的25%以上；公司股本总额超过人民币4亿元的，公开发行股份的比例为10%以上；

4. 公司最近3年无重大违法行为，财务会计报告无虚假记载。

证券交易所可以规定高于上述规定的上市条件，并报国务院证券监督管理机构批准。新《证券法》的规定降低了上市公司的股本总额标准，取消了开业时间在3年以上、最近3年连续盈利的要求，放宽了股票上市的条件，并取消了对原国有企业设立的公司的政策优惠，实现了市场主体的平等。

申请股票上市交易，应当向证券交易所报送下列文件：

1. 上市报告书；

2. 申请股票上市的股东大会决议；

3. 公司章程；

4. 公司营业执照；

5. 依法经会计师事务所审计的公司最近3年的财务会计报告；

6. 法律意见书和上市保荐书；

7. 最近一次的招股说明书；

8. 证券交易所上市规则规定的其他文件。

上市公司丧失法律规定的上市条件的，其股票应当依法暂停上市或者终止上市。《证券法》规定，上市公司有下列情形之一的，由证券交易所决定暂停其股票上市交易：

1. 公司股本总额、股权分布等发生变化不再具备上市条件；

2. 公司不按照规定公开其财务状况，或者对财务会计报告作虚假记载，可能误导投资者；

3. 公司有重大违法行为；

4. 公司虽近3年连续亏损；

5. 证券交易所上市规则规定的其他情形。

上市公司有下列情形之一的，由证券交易所决定终止其股票上市交易：

1. 公司股本总额、股权分布等发生变化不再具备上市条件，在证券交易所规定的期限内仍不能达到上市条件；

2. 公司不按照规定公开其财务状况，或者对财务会计报告作虚假记载．且拒绝纠正；

3. 公司最近3年连续亏损，在其后一个年度内未能恢复盈利；

4. 公司解散或者被宣告破产；

5. 证券交易所上市规则规定的其他情形。

（二）公司债券上市的条件

公司申请公司债券上市交易，应当符合下列条件：

1. 公司债券的期限为1年以上；

2. 公司债券实际发行额不少于人民币5000万元；

3. 公司申请债券上市时仍符合法定的公司债券发行条件。

申请公司债券上市交易，应当向证券交易所报送下列文件：

1. 上市报告书；

2. 申请公司债券上市的董事会决议；

3. 公司章程；

4. 公司营业执照；

5. 公司债券募集办法；

6. 公司债券的实际发行数额；

7. 证券交易所上市规则规定的其他文件。

三、禁止的交易行为

根据《证券法》规定，禁止的交易行为包括内幕交易行为、操纵证券市场行为、制造虚假信息行为和欺诈客户行为。

（一）内幕交易行为

内幕交易是指证券交易内幕信息的知情人员利用内幕信息进行证券交易的行为。内幕交易的主体是内幕信息知情人员，行为特征是利用其掌握的内幕信息买卖证券，或者建议他人买卖证券。内幕信息知情人员自己未买卖证券，也未建议他人买卖证券，但将内幕信息泄露给他人，接受内幕信息者依此买卖证券的，也属内幕交易行为。内幕交易行为是一种违法行为。它不仅侵犯了广大投资者的利益，违反了证券发行与交易中的“公开、公平、公正”原则，而且还会扰乱证券市场，所以，各国的证券立法都将其列为禁止的证券交易行为之一。

《证券法》禁止证券交易内幕信息的知情人和非法获取内幕信息的人利用内幕信息从事证券交易活动。证券交易内幕信息的知情人包括：

1. 发行人的董事、监事、高级管理人员；

2. 持有公司5%以上股份的股东及其董事、监事、高级管理人员，公司的实际控制人及其董事、监事、高级管理人员；

3. 发行人控股的公司及其董事、监事、高级管理人员；

4. 由于所任公司职务可以获取公司有关内幕信息的人员；

5. 证券监督管理机构工作人员以及由于法定职责对证券的发行、交易进行管理的其他人员；

6. 保荐人、承销的证券公司、证券交易所、证券登记结算机构、证券服务机构的有关人员；

7. 国务院证券监督管理机构规定的其他人。

证券交易活动中，涉及公司的经营、财务或者对该公司证券的市场价格有重大影响的尚未公开的信息，为内幕信息。下列信息皆属内幕信息：

1.《证券法》第六十七条第二款所列应报送临时报告的重大事件；

2. 公司分配股利或者增资的计划；

3. 公司股权结构的重大变化；

4. 公司债务担保的重大变更；

5. 公司营业用主要资产的抵押、出售或者报废一次超过该资产的30%；

6. 公司的董事、监事、高级管理人员的行为可能依法承担重大损害赔偿责任；

7. 上市公司收购的有关方案；

8. 国务院证券监督管理机构认定的对证券交易价格有显著影响的其他重要信息。

（二）操纵市场行为

操纵市场是指单位或个人以获取利益或者减少损失为目的，利用其资金、信息等优势或者滥用职权影响证券市场价格，制造证券市场假象，诱导或者致使投资者在不了解事实真相的情况下作出买卖证券的决定，扰乱证券市场秩序的行为。

《证券法》规定，禁止任何人以下列手段操纵证券市场：

1. 单独或者通过合谋，集中资金优势、持股优势或者利用信息优势联合或者连续买卖，操纵证券交易价格或者证券交易量；

2. 与他人串通，以事先约定的时间、价格和方式相互进行证券交易，影响证券交易价格或者证券交易量；

3. 在自己实际控制的账户之间进行证券交易，影响证券交易价格或者证券交易量；

4. 以其他手段操纵证券市场。

操纵证券市场行为给投资者造成损失的，行为人应当依法承担赔偿责任。

（三）制造虚假信息行为

制造虚假信息包括编造、传播虚假信息和进行虚假陈述或信息误导两种情况。《证券法》规定，禁止国家工作人员、传播媒介从业人员和有关人员编造、传播虚假信息，扰乱证券市场；禁止证券交易所、证券公司、证券登记结算机构、证券服务机构及其从业人员，证券业协会、证券监督管理机构及其工作人员，在证券交易活动中作出虚假陈述或者信息误导。各种传播媒介传播证券市场信息必须真实、客观，禁止误导。

（四）欺诈客户行为

欺诈客户是指证券公司及其从业人员在证券交易中违背客户的真实意愿，侵害客户利益的行为。《证券法》规定,禁止证券公司及其从业人员从事下列损害客户利益的欺诈行为：

1. 违背客户的委托为其买卖证券；

2. 不在规定时间内向客户提供交易的书面确认文件；

3. 挪用客户所委托买卖的证券或者客户账户上的资金；

4. 未经客户的委托，擅自为客户买卖证券，或者假借客户的名义买卖证券；

5. 为牟取佣金收入，诱使客户进行不必要的证券买卖；

6. 利用传播媒介或者通过其他方式提供、传播虚假或者误导投资者的信息；

7. 其他违背客户真实意思表示．损害客户利益的行为。

欺诈客户行为给客户造成损失的，行为人应当依法承担赔偿责任。

课后练习题

一、思考题

1. 什么是证券，有哪些种类和特征？

2. 《证券法》的基本原则有哪些？

3. 证券发行的基本条件有哪些？

4. 法律限制和禁止的证券交易行为有哪些？

5. 股票上市的基本条件有哪些？

二、案例分析

丁某在某证券公司营业部开立帐户，从事证券投资。某日，丁某发出以 10 万元价格卖出本帐户 A 公司股票 1000 股 的指令，但由于该营业部内交易员小王操作不慎，将丁卖出指令敲成买入，以每股 10 元的价格为丁某购入 A 公司股票 1000 股，当日该股票收盘价是 10.20 元。并且由于丁某账面资金不足，小王向营业部经理汇报后，给丁某透支了营业部其他客户保证金 3000 元。次日，该股即下跌，开盘价为 9.8 元，最高价为 10.18 元，收盘价为 9.75 元，交易员小王在 10.15 元卖出 1000 股 A 公司股票后，将透支的 3000 元归还。当日，丁某发现这一事件，即提出索赔。

问：(1)该案中小王有哪些违反《证券法》的行为？小王应直接承担相应的责任吗？为什么？

(2)丁某应向谁索赔？从《证券法》角度看，他的索赔依据是什么？

第十五章　信　托　法

重点掌握内容

掌握信托的概念、特征、分类、信托的当事人、信托关系的内容、变更及终止。

案例导学

甲与朋友创设A公司，多年经营有所获益后，拿出10万元人民币，以B信托投资公司为受托人，为其正在上小学的儿子乙设立大学教育经费信托。其儿子读高一时，由于经营管理不善，A公司宣告破产，此时，B投资信托公司也由于连续2年年检不合格，依法被中国人民银行撤销。之后，C信托投资公司受甲之托继续管理器教育经费信托事务。两年后，甲的儿子在一起交通事故中意外死亡。问题：(1)A公司的破产和B公司的被撤销是否会影响原信托的存在？(2)甲的儿子死亡后，信托的效力如何？(3)甲的儿子死亡后，信托财产的归属如何确定？

第一节　信托概述

一、信托的概念

《中华人民共和国信托法》(以下简称《信托法》)第2条明确规定了信托的概念，它是是指委托人基于对受托人的信任，将其财产权委托给受托人，由受托人按委托人的意愿以自己的名义，为受益人的利益或者特定目的，进行管理或者处分的行为。信托既是一种理财方式，又是一种特殊的财产管理制度和法律行为，同时还是一种金融制度。信托与银行、保险、证券一起构成了现代金融体系。

现代信托起源于13世纪前后的英国“尤斯(USE)”制。“尤斯”制是当时教徒为规避土地转让给教会必须经君主及诸侯批准，否则予以没收这一风险的产物。早期模式为：凡以土地捐赠给教会，不直接捐赠，而是先赠送给第三者，并表明其赠送目的是为了维护教会的利益，第三者必须将从土地上取得的收益转交给教会。随着封建制度的彻底崩溃和资本主义市场经济的确立、契约关系的成熟、商业信用和货币信用的发展，以及分工的日益精细繁复，“尤斯”制逐渐演变为现代信托。

现代金融信托业起源于美国。19 世纪末至 20 世纪初，美国从英国引进信托，并以组织公司的形式大范围地经营信托，金融信托业务由此形成。19 世纪末，日本大力宣传、引进和发展美国类型的信托制度，并将它充实、创新，金融信托业务得到了飞速发展。

20 世纪初，我国出现金融信托业务。1917 年，上海商业储蓄银行设立保管部；1918 年，浙江兴业银行开办出租保险箱业务；1919 年，聚兴城银行上海分行成立信托部。这是我国最早经营信托业务的三家金融机构，标志着中国现代信托业的开始。1921 年在上海成立的中国通商信托公司，是中国第一家专业信托公司；1933 年成立的上海市兴业信托社，是旧中国官办信托之始；1935 年成立的中央信托局，是当时全国范围的官办信托机构。解放前夕，旧中国的私营、官办信托均呈萎缩无为之势。

新中国成立以后，政府对旧中国的金融信托业务进行接管、改造。初期，中国人民银行曾在上海、天津等大城市设立信托部。以后因经济形势的变化，金融信托失去了存在的基础，逐渐停办。十一届三中全会以后，金融信托又被重新推出。1979 年 10 月成立的中国国际信托投资公司，是中国开始恢复信托业务的标志。2001 年 4 月 28 日，《中华人民共和国信托法》正式颁布，标志着具有中国特色的信托法律体系正式建立，自此中国信托业全面步入“受人之托，代人理财”本源业务的坦途。2007 年，新的《信托公司管理办法》和《信托公司集合资金信托计划管理办法》颁布，促使信托公司实现业务转型和战略定位，信托业开始步入飞速发展的轨道。

二、信托的特征

(一) 信托是一种社会行为，必须严格遵守社会道德规范，这种社会行为应牢固地建立在三方当事人互相信任的基础上

委托人对受托人寄以重大信任，将财产权利移转给受托人，在法律上和形式上归受托人所有，而受托人又应对受益人负担忠贞无私的义务，不得谋取私利，要为受益人的利益尽其职责。如果作为此种关系中关键环节的受托人不被其他两方当事人所信任，不可能有信托之存在。信托的道德因素忠实可靠性，是信任最根本的特征。

(二) 法理上受托人义务的双重性

信托是以财产为中心的法律关系，在这种关系中.受托人对其他两方当事人承担双重义务。他对委托人承担提供劳务给付义务，对受益人承担提供金钱给付义务。这是在适法的信托文件中定了的。委托人将信托财产转移给受托人的目的，是让受托人为受益人之利益管理、经营或处理，要为向委托人承诺的目的服务。这种服务的具体表现，是为委托人提供必要的劳务。受托人在另一方面应为受益人提供信托文件规定的收益(金钱)。这也是受托人承担的一种法律上应尽的义务。受托人在法律上承担信托双重义务是信托的又一个特性。

（三）受托人对信托财产权能的有限性

信托过程中，受托人承让的信托财产所有权，与一般民法上所指的财产所有权不同。民法上的财产所有权，指对标的物之绝对支配权，其所有人为自己的利益而享有。信托关系中受托人受让的信托财产所有权，不是为受托人的利益而享有而是为受益人之利益所享有。受托人管理、经营或处理财产的权能，须受信托目的、性质和范围的限制。信托目的如何，应以信托文件的规定为准，这种文件是指信托契约与遗嘱。

（四）信托是当事人为达到某种经济上（或社会上）重要目的，所使用之法律手段

信托委托人为达到一定经济上（或社会上）的目的，以一定的财产作为信托标的物，为受益人的利益转移给受托人。由受托人管理处分以求达到当事人所要求的经济上（或社会上）的目的；但当事人本来的目的并不在发生信托财产移转之效果，即是说，转移财产不是当事人间所要求的真正目的。转移财产是作为达到其为受益人取得信托收益之目的的一种手段。

第二节　信托的种类

信托是一种金融行为，它具有财产管理与融通资金以及融资与融物相结合的特点，是一种金融信托。因为可以根据各种目的设立信托，所以信托的种类可谓多样。根据不同的标准，信托可以有不同的分类。

一、以信托财产的性质为标准划分

（一）金钱信托

金钱信托也叫资金信托，它是指在设立信托时委托人转移给受托人的信托财产是金钱，即货币形态的资金，受托人给付受益人的也是货币资金，信托终了，受托人交还的信托财产仍是货币资金。在金钱信托期间，受托人为了实现信托目的，可以变换信托财产的形式，比如用货币现金购买有价证券获利，或进行其它投资，但是受托人在给付受益人信托收益时要把其它形态的信托财产还原为货币资金。金钱信托是各国信托业务中运用比较普遍的一种信托形式。如日本的金钱信托占全日本信托财产总额的 90%。

（二）有价证券信托

有价证券信托是指委托人将有价证券作为信托财产转移给受托人，由受托人代为管理运用。比如委托受托人收取有价证券的股息、行使有关的权利，如股票的投票权，或将有价证券出租收取租金，或以有价证券作抵押从银行获取贷款，然后再转贷出去，以获取收益。

（三）不动产信托

不动产信托是指委托人把各种不动产，如房屋、土地等转移给受托人，由其代为管理和运用，如对房产进行维护保护、出租房屋土地、出售房屋土地等等。

（四）动产信托

动产信托是指以各种动产作为信托财产而设定的信托。动产包括的范围很广，但在动产信托中受托人接受的动产主要是各种机器设备，受托人受委托人委托管理和处理机器设备，并在这个过程中为委托人融通资金，所以动产信托具有较强的融资功能。

（五）金钱债权信托

金钱债权信托是指以各种金钱债权作信托财产的信托业务。金钱债权是指要求他人在一定期限内支付一定金额的权力，具体表现为各种债权凭证，如银行存款凭证、票据、保险单、借据等等。受托人接受委托人转移的各种债权凭证后，可以为其收取款项，管理和处理其债权，并管理和运用由此而获得的货币资金。例如西方国家信托机构办理的人寿保险信托就属于金钱债权信托，即委托人将其人寿保险单据转移给受托人，受托人负责在委托人去世后向保险公司索取保险金，并向受益人支付收益。

二、按区域来划分

（一）国内信托

信托业务所涉及的范围限于一国境内，或者说信托财产的运用只限于一国的范围之内即是国内信托。

（二）国际信托

国际信托是指信托业务所涉及的事项已超出了一国的范围，引起了信托财产在国与国之间的运用。

第三节　信托法律关系

一、信托法律关系的释义

根据我国信托立法的本意，信托被界定为是一种财产管理制度。

（一）信托是一种由他人进行财产管理、运用或处分的财产管理制度

信托所体现的财产管理方式具体表现为：委托人将其财产交由受托人管理、受托人与受益人完成对财产权内容的分配，即委托人享有财产权当中的占有、使用和处分权；受益人享有财产权当中的受益权。《中华人民共和国信托法释义》第一部分绪论对此所作的表述为："在信托关系中所考虑的是委托人所委托的是财产权，这是一种既包括有形财产又包括无形财产的权利，或者说是具有一定物质内容和直接体现一定经济利益的权利。财产权的内容为：一是对财产的实际使用权；二是获取财产收益的受益权；三是实施对财产管理的权力；四是对财产的处分的权力。这四种权利各有具体的、丰富的内

容，可以形成不同的范围和不同的层次。这四种权利是可以分离的，分别行使或者分别加以组合。

(二)信托法律关系是一种特殊的民事财产法律关系

根据《中华人民共和国信托法》的规定，信托的客体是财产所有权或者财产所有权权利。

根据对信托的释义，信托的本质即是财产管理制度。

因此，信托法律关系就是以信托财产为中心，由委托人、受托人、受益人三方面组成的信托财产管理法律关系。《中华人民共和国信托法释义》第一部分绪论的表述为："信托关系是一种以信托财产为中心的法律关系"、"信托关系就是以信托财产为中心，由委托人、受托人、受益人三方面组成的法律关系。"

二、信托法律关系的主体

信托法律关系的主体，又称信托法律关系的当事人，即信托法权利义务的承担者。托法律关系包括三个主体：委托人、受托人、受益人。

(一)委托人

委托人是指通过信托行为将自己的财产作为信托财产转移给受托人，并委托其为自己或者自己所指定的其他人的而进行管理或处分的人。通过实施信托行为将有关财产转移给受托人以设立信托关系，意味着对财产的处理。

委托人必须具备一定的条件：

1. 委托人具有民事行为能力。2. 委托人对信托财产享有所有权。因为信托的成立要有财产的转移，这就要求信托人必须对信托财产享有所有权，否则这一转移便无合法根据。3. 委托人未陷于破产。因为破产法一般都规定，破产人对于应当用于清偿债务的自己财产丧失处理权。

(二)受托人

受托人是指因接受委托人的委托而对信托财产负有为他人利益进行管理或处分职责的人。依各国信托法的惯例，自然人、法人、非法人团体均可以成为受托人。在大多数国家的社会生活中，国家在特殊情况下也可以成为受托人，在英国和英联邦国家中，国家在一般情况下也担任受托人。受托人可为一人，也可为多人。

受托人应当具备以下条件：受托人具有民事行为能力；受托人未陷于破产。

(三)受益人

受益人是享有信托财产利益的人，不从事信托财产的管理和处分，因此受益人无需具有民事行为能力，不论自然人或法人，只要具备民事权利能力，就可以作为受益人。胎儿也可以作为受益人，但出生时存活为条件。受益人可以是委托人自己，也可以是委托人之外的其他任何人。受托人原则上不得作为受益人，以防止其滥用受托人的权利，但是各国信托法也允许受托人成为多数受益人中的一个。

信托法律关系的内容是由信托法律规范确认并保证其实现的、法律关系各方主体之间应有的权利和义务。信托法律关系的内容因主体而异，主体不同，享有的权利和承担的义务也不一样。

三、信托的客体

信托客体的主要是指信托财产。信托财产是指受托人承诺信托而取得的财产；受托人因管理、运用、处分该财产而取得的信托利益，也属于信托财产。信托财产的具体范围我国没有具体规定，但必须是委托人自有的、可转让的合法财产。法律法规禁止流通的财产不能作为信托财产；法律法规限制流通的财产须依法经有关主管院批准后，可作为信托财产。

课后练习题

一、思考题

1. 什么是信托，有哪些特征？
2. 信托有哪些种类？
3. 信托的当事人有哪些，之间是什么样的关系？
4. 信托的委托人和受托人有哪些基本权利和义务？

二、案例分析

近几年来，频频遭遇兑付危机，新华信托成为名副其实的“踩雷专业户”，项目涉及的资金本息或超 16 亿元。

除了吉林长春孙女士购买的新华信托普天(核心资产并购)投资基金集合资金信托计划一再延期外。长江商报记者调查发现，新华信托产品被延期的不在少数。

闹了一年之久的“新华信托镇江冠城商业中心项目收益权投资集合资金信托计划”(简称“镇江冠城计划”)至今尚未见平息。

镇江冠城计划是由新华信托发起，共募集三期，总募集资金为 2.2 亿元。第一期成立日为 2012 年 10 月，第二期成立于 2012 年 12 月，第三期成立于 2013 年 1 月。

信托计划书显示，募集资金用于投资镇江“冠城国际商业中心”，预计年化收益率为 9%-10.8%。该商业项目于 2010 年 12 月开工，计划 2013 年 8 月交付，项目可销售面积约 7.8 万平方米，预计可实现销售收入约 8 亿元。这一信托计划的信用增级方式包括土地和房产抵押。融资方镇江冠城房地产开发有限公司(下称“镇江冠城”)将位于镇江市丹徒新城一块国有土地使用权抵押给新华信托，江苏申华置业有限公司将位于镇江市檀山路的 15 套房产用于抵押，两处不动产估值共计 4.64 亿元，以本次融资 2.2 亿元计，抵押率达 47.41%。

就该计划二期而言，原本 2014 年底兑付完结，但直到去年前三季度仅兑付部分投资人本息，其原因为融资方未能按期偿还本金。新华信托方曾公开表示，之所以迟迟未采取法律手段拍卖抵押资产，是直接起诉融资方、等法院拍卖资产，这一程序非常慢，公司是希望融资方从别的金融机构借钱偿还。

请分析在信托产品中如何尽量避免以上风险？

第十六章 保 险 法

重点掌握内容

保险法的概念、基本原则，保险合同的分类、主体，保险合同的成立与履行。

案例导学

2013 年 4 月，某厂 48 岁的机关干部龙某因患肝癌住院治疗，手术后出院并正常参加工作其家属因害怕情绪波动，未将真实病情各诉本人。9 月，龙某经领居张某推荐，与之一同到保险公司办理了简易人身保险(甲种)，在填写保险单时，“健康状况”一栏未填，保险公司的承办人也未按...2013 年 4 月，某厂 48 岁的机关干部龙某因患肝癌住院治疗，手术后出院并正常参加工作其家属因害怕情绪波动，未将真实病情各诉本人。9 月，龙某经领居张某推荐，与之一同到保险公司办理了简易人身保险(甲种)，在填写保险单时，“健康状况”一栏未填，保险公司的承办人也未按规定对此进行核实便准予投保。龙某拿到保险单后，每月如约按时交纳保险费。2014 年 6 月，龙某肝癌复发，经多次治疗无效而于 7 月 8 日死亡。龙某之妻以指定受益人身份到保险公司请求给付保险金。保险公司在审查提交的有关证明时发现，龙某的死亡病史上载明曾患癌症并动手术，于是以其违反告知义务为由，拒绝给付保险金。龙妻以丈夫不知自己身患何种病，并未违反告知义务为由抗辩，双方因此发生纠纷。

请问本案应如何处理，为什么？

第一节 保险和保险法概述

一、保险

(一) 保险的定义

《中华人民共和国保险法》(以下简称《保险法》) 明确规定了保险的定义，保险是指投保人根据合同约定，向保险人支付保险费，保险人对于合同约定的可能发生的事故因其发生所造成的财产损失承担赔偿保险金责任,或者当被保险人死亡、伤残、疾病或者达到合同约定的年龄、期限等条件时承担给付保险金责任的商业保险行为。

(二)保险的分类

根据划分的标准不同，保险可以有以下不同的分类：

1. 按保险经营性质可分为政策性保险和商业性保险。绝大多数保险都具有商业动机，由保险公司按商业惯例经营，而政策性保险则按政府有关法令或政策规定开办，有社会保险、财产保险和责任保险等，多为贯彻政府的某一项经济或社会政策服务。

2. 按保险实施方式可分为自愿保险和强制保险。自愿保险是当事人在平等互利和自愿的基础上确立合同关系，被保险人可自行决定是否投保、保险标的种类、金额和期限等，保险人也可选择承保与否及其有关承保项目和内容。强制保险又称法定保险，是政府以法令或政策形式强制规定被保险人与保险人的法律关系，在规定范围内，不管当事人双方自愿与否，必须按规定办理保险。凡属法令规定必须保险的标的，其保险责任自动开始，保险金额按规定标准收取，被保险人不得自行选定。强制保险的另一种形式是政府规定某些行业或个人从事某种经营或其他活动时，必须参加保险，否则不准从业。

3. 按业务保障对象分为财产保险、人身保险、责任保险和信用保险四个类别。

财产保险　以物质财富及其有关的利益为保险标的的险种。主要有海上保险、货物运输保险、工程保险、航空保险、火灾保险、汽车保险、家庭财产保险、盗窃保险、营业中断保险(又称利润损失保险)、农业保险等(见财产保险)。

人身保险是以人的身体为保险标的的险种。主要有人身意外伤害保险、疾病保险(又称健康保险)、人寿保险(分为死亡保险、生存保险和两全保险)等(见人身保险)。

责任保险是以被保险人的民事损害赔偿责任为保险标的的险种。凡根据法律被保险人应对其他人的损害所负经济赔偿责任，均由保险人承担，一般附加在损害赔偿保险中，如船舶保险的碰撞责任、汽车保险、飞机保险、工程保险、海洋石油开发保险等均已扩展了第三者责任险。主要有：公众责任保险，承保被保险人对他人造成人身伤害或财产损失应负的法律赔偿责任；雇主责任保险，又称劳工险，承保雇主根据法律或雇佣合同对受雇人员的人身伤亡应负的经济赔偿责任；产品责任保险，承保被保险人因制造或销售的产品质量缺陷导致消费者或使用者遭受人身伤亡或其他损失所引起的赔偿责任；职业责任保险，承保医生、律师、会计师、工程师等自由职业者因工作中的过失造成他人的人身伤亡或其他损失所引起的赔偿责任；保赔保险，全称保障与赔偿保险，承保船主在经营中按照法律或合同规定对他人应负的损害赔偿责任。

信用保险是以第三者对被保险人履约责任为标的的险种。主要有：忠诚保证保险，承保雇主因雇员的不法行为所致损失；履约保险，承保合同当事人中一方违约所负的经济责任。

二、保险法

(一)保险法的概念

《保险法》是为了规范保险活动，保护保险活动当事人的合法权益，加强对保险业的监督管理，维护社会经济秩序和社会公共利益，促进保险事业的健康发展，制定的法律。

1995 年 6 月 30 日第八届全国人民代表大会常务委员会第十四次会议通过《保险法》，根据 2002 年 10 月 28 日第九届全国人民代表大会常务委员会第三十次会议《关于修改〈中华人民共和国保险法〉的决定》第一次修正，2009 年 2 月 28 日第十一届全国人民代表大会常务委员会第七次会议修订。根据 2014 年 8 月 31 日第十二届全国人民代表大会常务委员会第十次会议《关于修改〈中华人民共和国保险法〉等五部法律的决定》第二次修正。根据 2015 年 4 月 24 日第十二届全国人民代表大会常务委员会第十四次会议《关于修改〈中华人民共和国计量法〉等五部法律的决定》第三次修正。

（二）保险法的基本原则

《保险法》的基本原则是进行保险活动，解释和执行《保险法》的基本依据，主要有：

1．遵守法律与行政法规的原则

保险活动属于民事活动，因此保险当事人必须遵守法律与行政法规。因为只有守法，才能受到法律的保护，违法就就受到制裁。保险活动的当事人，不但要遵守《保险法》及有关的行政法规，而且要遵守国家所有的法律与行政法规。

2．自愿原则

3．诚实信用原则

诚实信用原则的含义是，为了保持社会的稳定与和谐发展，民事主体在保险活动中，要维持双方的利益以及当事人利益与社会利益平衡的立法意志，即立法者要实现以上三方利益平衡的要求。

4．境内投保的原则

5．公平竞争的原则

6．专业经营的原则

第二节　保险合同

一、保险合同的概念和特征

《保险法》第十条规定：“保险合同是投保人与保险人约定保险权利义务关系的协议”。保险合同的特征包括以下几点：

1．有偿合同

有偿合同是指因为享有一定的权利而必须偿付一定对价的合同。

2．双务合同

双务合同是指合同双方当事人相互享有权利、承担义务的合同。

3．射幸合同

射幸合同是指合同的效果在订约时不能确定的合同，即合同当事人一方不必然履行给付义务，而只有当合同中约定的条件具备或合同约定的事件发生时才履行。

4．附和合同

附和合同是指内容不是由当事人双方共同协商拟定，而是由乙方当事人先拟就，另一方当事人只是作出是否同意的意思表示的一种合同。

5．诚信合同

由于保险双方信息的不对称性，保险合同对诚信的要求远远高于其他合同。

二、保险合同的分类

1．根据保险合同的标的不同可分为财产保险合同和人身保险合同

财产保险合同是以财产及其有关利益为保险标的的保险合同。财产保险合同所涉及的标的包括有形财产和无形财产，故而以有形的物质财产为合同标的的是有形财产保险合同，如企业财产保险合同等；以无形的财产为合同标的的是无形财产保险合同，如责任保险合同、信用保险合同等。

人身保险合同是以人的寿命和身体为保险标的的保险合同。由于人身保险合同所保障的危险不同，又可以具体分为人寿保险合同、意外伤害保险合同和健康保险合同。

2．根据保险合同订立时是否确定保险价值可分为定值保险合同和不定值保险合同

定值保险合同是指保险合同当事人将保险标的的保险价值事先约定并在合同中给予载明作为保险金额的保险合同。

不定值保险合同是指只载明保险标的保险金额而未载明其保险价值的合同。在不定值保险合同中，仅载明保险金额，并依此作为赔偿的最高限额，至于保险标的的保险价值则处于不确定的状态。财产保险多采用不定值保险合同。一般而言，财产损失是以赔偿实际损失为原则，因此，不定值保险合同通常以保险标的的实际价值作为判定损失额的依据。

3．根据保险人支付保险金的行为性质不同可分为补偿性保险合同和给付性保险合同

补偿性保险合同是指当保险事故发生时，保险人根据被保险人的要求并对保险标的的实际损失进行核定后支付保险金的合同。大多数的财产保险合同都是补偿性保险合同，尤其是不定值保险合同。

给付性保险合同是指保险人与投保人协商一定的保险金额，待保险事故发生时，保险人负有支付全部保险金义务的合同。该类保险合同多为人身保险所采用。

4．根据订立合同的主体不同可分为原保险合同和再保险合同。

原保险合同是指投保人与保险人之间就保险标的约定保险权利与义务的协议。

再保险合同是指保险合同的分出人与分入人就保险责任的分担约定保险权利义务关系的协议

三、保险合同的主体

保险合同的主体分为保险合同当事人、保险合同关系人和保险合同辅助人三类。

（一）保险合同的当事人

1．保险人

保险人也称承保人，是指经营保险业务，与投保人订立保险合同，收取保费，组织保

险基金，并在保险事故发生或者保险合同届满后，对被保险人赔偿损失或给付保险金的保险公司。保险人具有以下特征：保险人仅指从事保险业务的保险公司，其资格的取得只能是符合法律的严格规定；保险人有权收取保险费；保险人有履行承担保险责任或给付保险金的义务。

2. 投保人

投保人也称“要保人”，是指与保险人订立保险合同，并按照合同约定负有支付保险费义务的人。在人身保险合同中，投保人对被保险人必须具有保险利益；在财产保险合同中，投保人对保险标的要具有保险利益。投保人必须具备以下两个条件：具备民事权利能力和民事行为能力；承担支付保险费的义务。

(二)保险合同的关系人

1. 被保险人

被保险人俗称“保户”，是指受保险合同保障并享有保险金请求权的人。被保险人具有以下特征：被保险人是保险事故发生时遭受损失的人。在人身保险中，被保险人是其生命或健康因危险事故的发生而遭受直接损失的人；在财产保险中，被保险人必须是财产的所有人或其它权利人；被保险人是享有保险金请求权的人；被保险人的资格一般不受限制，被保险人可以是投保人自己，也可以是投保人以外的第三人；被保险人也可以是无民事行为能力人，但是在人身保险中，只有父母才可以为无民事行为能力人投保以被保险人死亡为给付保险金条件的保险。

2. 受益人

受益人是指在人身保险合同中有被保险人或者投保人指定的享有保险金请求权的人，投保人、被保险人或者第三人都可以成为受益人。受益人具有以下特征：受益人享有保险金请求权；受益人由被保险人或者投保人指定；受益人的资格一般没有资格限制，受益人无需受民事行为能力或保险利益的限制；但是若投保者为与其由劳动关系的人投保人身保险时，不得指定被保险人及其近亲属以外的人为受益人。

(三)保险合同的辅助人

1．保险代理人保险代理人即保险人的代理人，指依保险代理合同或授权书向保险人收取报酬、并在规定范围内，以保险人名义独立经营保险业务的人。保险代理是一种特殊的代理制度，表现在：

(1)保险代理人与保险人在法律上视为一人；

(2)保险代理人所知道的事情，都假定为保险人所知的；

(3)保险代理必须采用书面形式。保险代理人既可以是单位也可以是个人，但须经国家主管机关核准具有代理人资格。

2．保险经纪人保险经纪人是基于投保人的利益，为投保人和保险人订立合同提供中介服务，收取劳务报酬的人。

3．保险公估人保险公估人是指接受保险当事人委托，专门从事保险标的之评估、勘验、鉴定、估损理算等业务的单位。

课后练习题

一、思考题

1. 什么是保险法及其基本原则？
2. 投保人未履行如实告知义务的法律后果是什么？
3. 保险的当事人与关系人分别有哪些？
4. 保险合同包括哪些基本条款？

二、案例题

A公司为防止其采暖锅炉发生爆炸造成巨额财产损失，遂于2013年11月向甲保险公司投保了为期一年的财产保险，保险金额为1亿元，相等于保险价值。甲保险公司承保后，将保险金额的40%向乙保险公司再保险。A公司投保后，担心甲保险公司赔付能力不足，又于2013年12月向丙保险公司投保了为期一年的财产保险，保险金额仍为1亿元。丙保险公司承保后，将保险金额的20%向丁保险公司再保险。A公司在丙保险公司投保时，向其说明了已向甲保险公司投保的事实，随后又向甲保险公司说明了向丙保险公司投保的事实，甲保险公司与丙保险公司均未表示反对，2014年5月，A公司的锅炉果然发生爆炸，造成严重经济损失。于是，A公司要求甲、乙、丙、丁四家保险公司支付保险金。

问：本案应如何处理？为什么？

第十七章　金　融　法

重点掌握内容

掌握中央银行的概念、法律地位、性质，商业银行的主要业务和其主要条件，银监会的设立及其职责。

案例导学

从 2010 年的数据来看，16 家上市银行中，五大商业银行营业收入占全部上市银行收入的 78%以上，即在上市商业银行范围内，市场集中度 CR5 达到 78%以上。从 2009 年以来的统计数据可以看出，五大国有银行总资产占全国银行业金融机构总资产的 50%左右，若将政策性银行剔除，则比例更高。同时，也可以看出这一比例程缓慢下降趋势。在利润方面，2011 年五大国有商业银行净利润水平占行业总利润的六成多。这些均从市场结构上证明了我国银行业垄断问题的存在。

银行业垄断产生的原因是什么，如何打破银行业的垄断？

第一节　金融与金融法概述

一、金融的含义

金融指货币的发行、流通和回笼，贷款的发放和收回，存款的存入和提取，汇兑的往来等经济活动。金融的本质是价值流通。金融产品的种类有很多，其中主要包括银行、证券、保险、信托等。

二、金融法的概述

金融法是调整金融关系的法律总称。金融关系包括金融监管关系与金融交易关系。所谓“金融监管关系”，主要是指政府金融主管机关对金融机构、金融市场、金融产品及金融交易的监督管理的关系。所谓“金融交易关系”，主要是指在货币市场、证券市场、保险市场和外汇市场等各种金融市场，金融机构之间，金融机构与大众之间，大众之间进行的各种金融交易的关系。

在我国没有以“金融法”来命名的单独的某个法律。涉及金融类的具体法律，通常用它涉及的金融行业的名称来命名。例如，中国人民银行法和商业银行法等。金融关系的特点，决定了金融法以下三个主要特点。

1. 系统性

传统的商业关系是“一对一”的关系。例如，消费者到一家商店买东西，他们之间是买卖关系。如果这家商店关门了，消费者就会到另一家商店去买东西。而且，当一家商店关门时，另一家商店的生意还可能更兴旺。但是，银行与存款人的关系就不同了。如果一家银行倒闭了，可能会引起整个银行业的不安。这就是金融界所称“连锁反应”。因为存款人对所有银行的支付能力开始怀疑。于是，民众对其他银行开始挤提，结果许多银行都可能倒闭。

金融法调整的关系不是“一对一”的关系，而是“一对多”和“多对一”的关系。由于金融业有“连锁反应”的特点，所以，金融法对金融业有“牵一发动全身”的系统作用。例如，我国在制定与执行商业银行法时，不仅考虑商业银行法的问题，还要考虑与证券法的关系问题。过去，不允许银行资金进入证券市场，证券市场会因资金来源不充足而萎缩。现在，允许银行接受股票抵押贷款，股市资金来源比过去更充足，股市就会膨胀。再如，银行存款利息提高时，证券市场交易量，通常会相应减少；反之，便会增加。在金融领域看来，银行与证券市场就好像两个互相连通的“水库”，资金就像水库中的“水”。当一个金融市场的压力升高时，“水”就会从一个“水库”流向另一个“水库”。除了银行与证券市场之外，其他各金融市场也像互相连在一起的“水库”，资金之“水”可从银行信贷市场流向证券市场；也可以从证券市场流向保险市场；可以从证券投资基金市场流向证券市场，也可以流向外汇市场或银行储蓄市场等。

2. 宏观调控性

金融法是调整金融交易与金融监管关系的法律，所以，比较其他商法和民法，具有更明显的宏观调控性。金融法对金融关系的四大要素进行规范，这四大要素是：市场准入、经营范围、利率及汇率和资格审查。由于上述因素对国民经济有直接或间接的影响，所以，金融法对宏观经济的调控作用，比其他法律更加明显。

3. 效率性

“时间就是金钱”，“寸金难买寸光阴”，这两句话都将时间与金钱联系在一起，也反映出金融业中资金融通及效率的重要性。所以，调整金融关系的法律，也要求特别关注资金融通效率，也就是特别关注金融关系中的时间因素。假如，如果我国某公司欠日本某公司，用美元计帐的债务，由于不同时间美元对日元的汇率不同，要付的钱就会相差很大。金融交易关系对时间特别敏感，所以，采用金融法调整金融关系时，也要特别关注资金流通的效率性。

第二节 中央银行法

一、中央银行法概述

中央银行法是确立中央银行的地位与职责，调整中央银行在组织管理和业务经营活动中形成的内外关系的法律规范总称。

我国最早的中央银行法是1995年3月18日八届全国人大三次会议审议通过的《中华人民共和国中国人民银行法》（以下简称《人民银行法》），它是我国建国以来管理和规范金融业的第一部大法，是金融法制建设的里程碑，该法于2003年12月27日进行修改。此外，我国中央银行法的有关法律规定还散见于《中华人民共和国宪法》、《中华人民共和国刑法》、《中华人民共和国外汇管理条例》、《金融机构撤销条例》以及《中国人民银行行政复议办法》等多部法律法规当中，这构成了我国中央银行法律体系。

中央银行法确立了中央银行地位和职责，调整中央银行在组织管理和业务经营活动中形成的内外关系，规范了部分金融法律制度，为金融法律制度完善提供了可能，使中央银行能独立行使职能，保障了国家国币政策的制定和执行，促使金融体系稳健运行。

二、中央银行的法律地位

《人民银行法》对我国中央银行的性质及法律地位作了明确规定：

1．中国人民银行是中华人民共和国的中央银行。中国人民银行在国务院的领导下，制定和实施货币政策，防范和化解金融风险，维护金融稳定。

2．中国人民银行应当向全国人民代表大会常务委员会提出有关货币政策情况和金融监管情况的工作报告。

3．中国人民银行就年度货币供应量、利率、汇率和国务院规定的其他重要事项作出的决定，报国务院批准后执行。中国人民银行就其他有关货币政策事项作出决定后，即予执行，并报国务院备案。

4．中国人民银行在国务院的领导下依法独立执行货币政策，履行职责，开展业务，不受地方政府、各级政府部门、社会团体和个人的干涉，具有相对的独立性。

5．中国人民银行实行行长负责制。行长的人选，根据国务院总理的提名，由全国人民代表大会决定;全国人民代表大会闭会期间，由全国人民代表大会常务委员会决定，由中华人民共和国主席任免;副行长由国务院总理任免。

6．中国人民银行实行独立的财务预算管理制度。但应当执行法律、行政法规和国家统一的财务会计制度，并接受国务院审计机关和财政部门依法分别进行的审计和监督。

三、中央银行的职能

1．发行的银行。中央银行由国家以法律形式授予货币的发行权，因此也承担起对调节货币供应量、稳定币值的重要责任。独占货币发行权是其最先具有的职能，也是其区别于普通商业银行的根本标志。货币发行权一经国家法律形式授予，中央银行即对保证货币流通的正常与稳定负有责任。

2．银行的银行。中央银行集中保管商业银行的准备金，并对它们发放贷款，充当最后贷款者；作为全国票据的清算中心，并对所有金融机构负有监督和管理的责任。我国自中国银监会成立以后，由于职能分拆，这一部分职能事实上已划归银监会负责，中国人民银行则主要负责与货币政策紧密相关的那一部分监管，具体做法还有待在实践中摸索。

3．国家的银行。中央银行是国家货币政策的执行者和干预经济的工具，代表国家执行金融政策，代为管理国家财政收支以及为国家提供各种金融服务。主要表现为代理国库，代理发行政府债券，为政府筹集资金，代表政府参加国际金融组织和国际金融活动，制定和执行货币政策。

第三节　商业银行法

一、商业银行法概述

《中华人民共和国商业银行法》（以下简称《银行法》）是为了保护商业银行、存款人和其他客户的合法权益，规范商业银行的行为，提高信贷资产质量，加强监督管理，保障商业银行的稳健运行，维护金融秩序，促进社会主义市场经济的发展，而制定的法律。

《商业银行法》由第八届全国人民代表大会常务委员会第十三次会议于 1995 年 5 月 10 日通过，自 1995 年 7 月 1 日起施行。现行版本为 2015 年 8 月 29 日第十二届全国人民代表大会常务委员会第十六次会议修改。

二、商业银行的设立

商业银行设立的主要条件有：

1．有符合本法和《中华人民共和国公司法》规定的章程；

2．有符合本法规定的注册资本最低限额：设立全国性商业银行的注册资本最低限额为十亿元人民币。设立城市商业银行的注册资本最低限额为一亿元人民币，设立农村商业银行的注册资本最低限额为五千万元人民币。注册资本应当是实缴资本。国务院银行业监督管理机构根据审慎监管的要求可以调整注册资本最低限额，但不得少于前款规定的限额；

3．有具备任职专业知识和业务工作经验的董事、高级管理人员；

4．有健全的组织机构和管理制度；

5．有符合要求的营业场所、安全防范措施和与业务有关的其他设施。

三、商业银行的业务

根据《中华人民共和国商业银行法》的规定，中国商业银行可以经营下列业务：吸收公众存款，发放贷款；办理国内外结算、票据贴现、发行金融债券；代理发行、兑付、承销政府债券，买卖政府债券；从事同业拆借；买卖、代理买卖外汇；提供信用证服务及担保；代理收付款及代理保险业务等。按照规定，商业银行不得从事政府债券以外的证券业务和非银行金融业务。

尽管各国商业银行的组织形式、名称、经营内容和重点各异，但就其经营的主要业务来说，一般均分为负债业务、资产业务以及中间业务。随着银行业国际化的发展，国内这些业务还可以延伸为国际业务。

1. 负债业务

负债业务是形成商业银行的资金来源业务，是商业银行资产业务的前提和条件。归纳起来，商业银行广义的负债业务主要包括自有资本和吸收外来资金两大部分。

2. 资产业务

商业银行的资产业务是其资金运用业务，主要分为放款业务和投资业务两大类。资产业务也是商业银行收入的主要来源。商业银行吸收的存款除了留存部分准备金以外，全部可以用来贷款和投资。中间业务

3. 中间业务

中间业务有狭义和广义之分。狭义的中间业务指那些没有列入资产负债表，但同资产业务和负债业务关系密切，并在一定条件下会转为资产业务和负债业务的经营活动。广义的中间业务则除了狭义的中间业务外，还包括结算、代理、咨询等无风险的经营活动，所以广义的中间业务是指商业银行从事的所有不在资产负债表内反映的业务。

课后练习题

一、思考题

1. 银监会的主要职责是什么？
2. 商业银行的业务包括哪些？
3. 中央银行的性质是什么？
4. 主要的货币政策工具包括哪些？

二、案例题

2013年2月某商业银行与某房地产开发公司共同开发某经济特区的房地产项目，并成立项目公司，因该行付行长兼任房地产公司付董事长，商业银行向该项目公司投资1亿元人民币。同年6月房地产开发公司以该公司的房地产作抵押，向商业银行提出贷款申请，商业银行经审核后，向其发放了2亿元抵押贷款。该行当月资本余额为17.9亿元人民币。2014年7月房地产开发公司因经营亏损濒临破产，商业银行的贷款已无法收回。1994年底该商业银行被人民银行决定接管。请问:

1. 商业银行能否向项目公司投资？为什么？
2. 商业银行能否向房地产开发公司发放抵押贷款？为什么？
3. 商业银行向房地产开发公司发放2亿元人民币贷款是否合法？为什么？
4. 人民银行对该商业银行的接管决定是否正确？为什么？

参考文献

[1] 曲振涛，王福友. 经济法. 北京：高等教育出版社，2007.

[2] 罗荣，黄南平. 经济法教程. 广州：华南理工大学出版社，2006.

[3] 财政部注册会计师考试委员会办公室. 经济法. 北京：经济科学出版社，2004.

[4] 钱晓英. 经济法概论. 北京：电子工业出版社，2002.

[5] 华本良. 经济法概论. 大连：东北财经大学出版社，2001.

[6] 曲振涛，黄洁.经济法案例教程. 北京：经济科学出版社，2002.

[7] 隋彭生. 经济法概论. 北京：中国政法大学出版社，2001.

[8] 黄河. 经济法概论. 北京：中国政法大学出版社，2002.

[9] 郭敬轩，罗爱玲. 经济法基础. 北京：中国农业出版社，2005.

[10] 崔建远. 合同法. 北京：法律出版社，2000.

[11] 徐杰. 合同法教程. 北京：法律出版社，2000.

[12] 丁关良. 经济法. 上海：上海人民出版社.2002.

[13] 王立波. 经济法教程. 北京：清华大学出版社，北京交通大学出版社，2007.

[14] 杨桂红，戴秀丽，金春. 经济法概论. 北京：中国人民公安大学出版社，2003.

[15] 中国注册会计师协会. 经济法. 北京：中国财政经济出版社，2008.

[16] 史际春. 经济法. 北京：中国人民大学出版社，2005.

[17] 国家司法考试辅导用书编辑委员会. 国家司法考试辅导用书. 北京：法律出版社，2008.

[18] 胡志民，施延亮，龚建荣，经济法原理，上海：复旦大学出版社，2004,

[19] 潘静成，刘文华，经济法，北京：中国人民大学出版社，2005,

[20] 赵威. 经济法. 北京：中国人民大学出版社. 2012.

[21] 杨紫烜. 经济法. 北京：北京大学出版社. 2014.

[22] 朱大旗. 金融法. 北京：中国人民大学出版社；第 3 版. 2015.

[23] 何宝玉. 信托法原理与判例. 北京：中国法制出版社. 2013.

[24] 贾林青. 保险法. 北京：中国人民大学出版社. 2014.

[25] 张秀全. 新编金融法案例教程. 立信会计出版社. 2014.

[26] 杨春宝. 公司全程法律风险防控实务操作与案例评析. 北京：中国法制出版社. 2015.

反侵权盗版声明

举报电话：（010）88254396；（010）88258888
传　　真：（010）88254397
E-mail：　dbqq@phei.com.cn
通信地址：北京市海淀区万寿路 173 信箱
　　　　　电子工业出版社总编办公室
邮　　编：100036